# Gweddnewidiadau

*Ysgrifau Beirniadol XXXV*

# Gweddnewidiadau

Gareth Evans-Jones ac Elis Dafydd

Argraffiad cyntaf: 2025

© Hawlfraint yr awduron unigol a'r Lolfa Cyf., 2025

Y mae *Ysgrifau Beirniadol* yn gyhoeddiad gan Adran y Gymraeg
ac Astudiaethau Celtaidd, Prifysgol Bangor

Dymuna'r cyhoeddwyr gydnabod cymorth ariannol
Cyngor Llyfrau Cymru

Cynllun y clawr: Y Lolfa

Rhif Llyfr Rhyngwladol: 978 1 80099 628 1

Cyhoeddwyd ac argraffwyd yng Nghymru
ar bapur o goedwigoedd cynaladwy gan
Y Lolfa Cyf., Talybont, Ceredigion SY24 5HE
*gwefan* www.ylolfa.com
*e-bost* ylolfa@ylolfa.com
*ffôn* 01970 832 304

# Cynnwys

# Rhagair

MAE I SAWL STORI a chwedl dda atgyfodiad. Wrth feddwl am fytholeg Groeg, dyna ichi'r ffenics, yr aderyn tanllyd sy'n troi'n goelcerth cyn hunan-atgyfodi o'r lludw. Wrth feddwl am y Pair Dadeni yn Ail Gainc y Mabinogi, gwelir cyrff meirw'n cael eu taflu i'w grombil ac yn atgyfodi, ond heb y gallu i lefaru. Ac wrth feddwl am lenyddiaeth fwy diweddar, o John Harmon yn *Our Mutual Friend*, Gandalff yn *The Lord of The Rings* i Aslan yn *The Lion, the Witch and the Wardrobe*, gwelir atgyfodi'r cymeriadau nodedig hynny. A dyma'r gyfres *Ysgrifau Beirniadol* hefyd wedi ei hatgyfodi, mewn ffordd. O'r holl enghreifftiau a nodir uchod, mae'n debyg mai sefyllfa'r ffenics yw'r un sy'n taro'r tant agosaf ag *Ysgrifau Beirniadol*, er yr haen ystrydebol allai fod i 'atgyfodiad megis ffenics'. Ond dyna'n wir a welir: daeth y gyfres i ben yn 2016, ond dyma hi bellach yn ei hôl, wedi codi o egni'r hen ymgnawdoliad, ac wedi ymddangos ar ei newydd wedd, ond â'r un tân yn ei chynnau.

Naw mlynedd yn ôl, darfu *Ysgrifau Beirniadol* yn dilyn 34 rhifyn cyfoethog a olygwyd gan feddylwyr blaenllaw astudiaethau llenyddol a syniadaethol Cymru. Yn sgil hynny, gadawyd bwlch nodedig, fel twll mewn lôn bost nad yw wedi'i lenwi'n llwyr hyd yn hyn. Mae cyhoeddiadau Cymraeg a Chymreig sy'n mynd i'r afael ag astudiaethau testunol, beirniadaeth lenyddol, a thrafodaethau syniadaethol wedi prinhau yn sylweddol, a'r twll yn y lôn ar droi'n bydew. Ond daeth cyfle yn 2022 i Brifysgol Bangor brynu'r gyfres *Ysgrifau Beirniadol* a'i hatgyfodi, ond ar ei newydd wedd, a than gyd-olygyddiaeth dau academydd cymharol ifanc. Afraid dweud ein bod wedi pendilio'n gyson o fod wedi'n tanio gan frwdfrydedd eithriadol, i barchedig ofn o hanes, gwaddol ac

7

enw'r gyfres, i ryfeddod ein bod wedi'n hanrhegu â'r fath gyfle ac anrhydedd. Mae beirniadaeth a thrafodaeth yn rhan hanfodol o'r broses creu, y mireinio, a'r adlewyrchu, a dyna'n wir pam mae angen *Ysgrifau Beirniadol* heddiw. Ac mae'r brawd-deitl, *Gweddnewidiadau*, yn cyfleu bwriad y gyfres ar ei ffurf gyfoes.

Yn y gyfrol hon, ceir trafodaethau gwreiddiol sy'n cynnig sylwadau a golygon amgen ar destunau a ffigyrau sydd eisoes wedi bod yn sail i astudiaethau niferus. Dyna ysgrifau Jerry Hunter am Morgan Llwyd a Miriam Elin Jones am Islwyn Ffowc Elis, er enghraifft. Ceir hefyd astudiaethau goleuedig am ffigyrau sydd heb dderbyn y sylw dyledus eto, sef Rhiannon Davies Jones a Tony Bianchi; y naill ymdriniaeth gan Rebecca Thomas a'r llall gan T. Robin Chapman. Ac mae ysgrifau Llewelyn Hopwood a Marged Haycock yn mynd â ni i diroedd tra gwahanol, ond yr un mor ysgogol. Y Twrch Trwyth yn llenyddiaeth ganoloesol Sbaen yw testun y naill ysgrif, a chyfrol gyntaf Gwasg Prifysgol Cymru, ar waith Dafydd Nanmor, yw'r llall. Dyna ddangos ystod eang y pynciau a'r amrediad o ymdriniaethau sydd yn y gyfrol.

Yr hyn a ddaeth yn nodweddiadol o gyfres *Ysgrifau Beirniadol* oedd cynnwys cyfweliadau, a phrin fod angen meddwl na thrafod cyn penderfynu mai Mihangel Morgan fyddai'r un yr hoffem sgwrsio ag ef. Mae'r cyfweliad hwnnw yn hynod ddiddorol ac, yn wir, yn ddadlennol.

A chan mai dyma ddechrau'r gyfres ar ei newydd wedd, penderfynwyd y byddai'n wych medru cael adran yn y gyfrol a fuasai'n cynnwys trafodaethau llai 'academaidd' ac wedi eu canolbwyntio fwyfwy ar lên a diwylliant cyfoes Cymru a'u perthynas â chylchoedd eraill. Braint, felly, yw medru cynnwys pedair trafodaeth oleuedig, a phryfoclyd gan ambell un, a fydd yn siŵr o esgor ar ymateb. O drafod fframwaith cyfieithu fel nodwedd graidd i'n cynghorau sir, i gyfieithu gwaith Saunders Lewis i Bwyleg, a bwrw golwg ar rôl y cylchgrawn *Cara* yng Nghymru dros y chwe blynedd diwethaf, i'r llenyddiaeth a ddylanwadodd ar broses ysgrifennu *Y Delyn Aur*, mae darnau beirniadol Elis Dafydd, Marta Listewnik, Meinir Wyn Edwards a Malachy Owain Edwards yn rhai ysgogol tu hwnt.

Dyma, felly, gyfrol *Ysgrifau Beirniadol XXXV* mewn gwisg arall, yn Ewropeaidd ei thôn, ac eang ei golygon, a chyda thân ffenics y 34 rhifyn blaenorol yn ei chynnal. Dyma'r *Gweddnewidiadau*.

Gareth Evans-Jones ac Elis Dafydd
Prifysgol Bangor
Ionawr 2025

# Canrif Fawr *Dafydd Nanmor*: Cyfrol Gyntaf Gwasg Prifysgol Cymru (1923)

## Marged Haycock

G ANRIF YN ÔL, CYHOEDDWYD cyfrol gyntaf Gwasg Prifysgol Cymru, sef *The Poetical Works of Dafydd Nanmor*, wedi'i golygu gan Thomas Roberts, a'i diwygio gan Ifor Williams.[1] Y bwriad yma yw dwyn i gof gefndir y gwaith hwn ac amgylchiadau anarferol ei gyhoeddi, gan ystyried hefyd *Nachleben* nerthol y gyfrol, megis y dadleuon a daniwyd – ac sy'n dal i fudlosgi – am y dulliau priodol o olygu a chyflwyno gwaith y Cywyddwyr. Edrychir ar yr ymateb i gynnwys y gyfrol, ynghyd â'r defnydd a wnaeth y Saunders Lewis ifanc ohono wrth gymhwyso syniadaeth (neu 'athroniaeth') Dafydd Nanmor a cheisio pennu cyfeiriad newydd i genedlaetholdeb Cymreig. Codi cenedl wâr ar hen seiliau oedd ei nod, yn rhannol trwy bwysleisio bydolwg arbennig llenorion y Cymry gynt, a beirdd mawl y 'Ganrif Fawr' (1435-1535) yn enwedig. Cyflwynir yma dystiolaeth newydd am adolygiad a gyhoeddodd Saunders Lewis ym Mai 1923, ddwy flynedd dda cyn i'w erthygl-adolygiad dylanwadol ar Dafydd Nanmor ymddangos yn *Y Llenor*, yn Hydref 1925. Yn y ddau gyhoeddiad cynnar hyn, gwelwn nid yn unig her i'r ysgolheictod testunol manwl a oedd, o'r diwedd, ar droed yng Nghymru, ond hefyd hadau'r anesmwythyd rhwng y ddau gawr llên, Saunders Lewis ac Ifor Williams.[2]

Peth cymharol newydd yn 1923 oedd neilltuo cyfrol i waith un o'r Cywyddwyr. Eisoes roedd cerddi beirdd toreithiog fel Dafydd ap Gwilym a Lewys Glyn Cothi wedi eu cynnull (yn 1789 ac 1837), ond nid golygiadau manwl oedd yn y cyfrolau hynny.[3] Roedd cryn ddibynnu ar y blodeugerddi poblogaidd, *Gorchestion Beirdd Cymru* gan Rhys Jones o'r Blaenau (1773, 1864), a *Ceinion Llenyddiaeth Gymreig* gan Owen Jones, Meudwy Môn (1875-6), y ddau gyda detholiad o gynnyrch y Cywyddwyr mewn orgraff fodern, a llond llaw o gerddi Dafydd Nanmor yn eu plith.[4] Tystiodd Ifor Williams mai o 'destun salw ac ansicr' y *Gorchestion* y cafwyd 'cipolwg wyrgam ar gywyddau'r Oes Aur', y rhai a ddatganai'r Athro John Morris-Jones mor swynol gerbron ei ddosbarthiadau yng Ngholeg Bangor ym mlynyddoedd cynta'r ugeinfed ganrif.[5] Ond bu sefydlu'r Llyfrgell Genedlaethol yn 1907, a chyhoeddi *Report on Manuscripts in the Welsh Language* J. Gwenogvryn Evans (1898-1910) yn sbardun newydd i ddwyn trysorau llenyddiaeth Gymraeg i olau dydd. Arbennig o bwysig oedd fod cyfrolau'r *Report* yn mapio'n fanwl gopïau niferus barddoniaeth y Cywyddwyr.

Sefydlwyd y Bangor Welsh Manuscripts Society yn 1907, efallai ar ddelw cymdeithasau tebyg yn Lloegr, Ffrainc ac Iwerddon – yr Early English Text Society (EETS) yn 1864 gan Frederick James Furnivall, W. W. Skeat ac eraill, y Société des Anciens Textes Français yn 1875 gan Gaston Paris, Paul Meyer ac eraill, a'r Irish Texts Society yn 1898 dan lywyddiaeth Douglas Hyde a chadeiryddiaeth Frederick York Powell, Athro Hanes Modern yn Rhydychen. Fel y cymdeithasau hyn, clwb gyda thanysgrifwyr oedd y Bangor Welsh MSS. Society, a'i amcan gwreiddiol oedd cyhoeddi cyfrol bob blwyddyn ar gyfer aelodau'n unig, ac argraffu nifer gyfyngedig o 200.[6] Morris-Jones ei hun a gynlluniodd yr argraffnod hardd yn null y mudiad Arts and Crafts, cynllun digon tebyg o ran siâp i ddyfais yr Alfred Jewel a addurnai gyfrolau'r EETS. Y Parchedig Thomas Shankland,

a fuasai er 1904 yng ngofal llyfrgell Coleg Bangor, oedd prif
ysgogydd y fenter, ynghyd â'r Athrawon Morris-Jones, J. E.
Lloyd, ac W. Lewis Jones. Cafwyd cefnogaeth gwŷr dylanwadol
Bangor, fel yr Arglwydd Kenyon a'r Prifathro Syr Harry Reichel,
ac eraill fel Syr John Rhys, R. Silyn Roberts, a J. Gwenogvryn
Evans, un a fu nid yn unig â rhan allweddol yn sefydlu'r Llyfrgell
Genedlaethol, ond a fu er 1887 yn atgynhyrchu llawysgrifau yn y
dull diplomatig ar ei wasg ei hun.[7] Shankland oedd Ysgrifennydd
y Gymdeithas, a'i ddirprwy ifanc oedd Ifor Williams, newydd
ei benodi'n ddarlithydd cynorthwyol yn yr Adran Gymraeg, ac
ar dân dros weld cyhoeddi testunau canoloesol — a maes o law
dros ddarparu golygiadau a fyddai o fewn cyrraedd myfyrwyr y
colegau, nid dethol aelodau cymdeithasau yn unig.

Cyfrol gyntaf y Bangor Welsh MSS. Society yn 1908 oedd
*Gwaith Barddonol Howel Swrdwal a'i Fab Ieuan* gan J. C. Morrice,
gŵr galluog a raddiodd dan Morris-Jones yn 1900 ac a urddwyd
yn offeiriad yn 1901. Detholiad o 13 cerdd a argraffwyd, o
'ysgriflyfrau y British Museum' yn unig, gan mai'r rheini a oedd
fwyaf hygyrch ar y pryd.[8] Yn ysbryd *ad fontes* y Gymdeithas a'i
sêl dros destunau diplomatig, gofalwyd nodi ffynhonnell pob
testun, a glynu wrth yr orgraff wreiddiol fel gelen heb ychwanegu
atalnodi na phriflythrennau. Anfanwl oedd cyfeiriadau Morrice
at yr amrywiadau a oedd i'w cael yn yr 'Other MSS'. Saesneg
oedd iaith yr ychydig nodiadau testunol, ond yn Gymraeg roedd
y pedwar tudalen rhagarweiniol.[9]

*Casgliad o Waith Ieuan Deulwyn* gan Ifor Williams ei hun
oedd trydedd gyfrol y gyfres, yn 1909, gwaith a ddilynodd yr un
egwyddorion llym: 'Ni wn i mi newid dim arall ac eithrio ambell
brif lythyren'.[10] Ond roedd yr amrywiadau wedi'u nodi'n ofalus y
tro hwn, ac mae ôl ymgynghori ag ystod ehangach o lawysgrifau
gan gynnwys rhai yn Aberystwyth a Chaerdydd. Lluniwyd
nodiadau yn Gymraeg, a rhagymadrodd cryno a deniadol gyda
dyfyniadau mewn orgraff fodern – arwydd fod Williams yn effro

i anghenion y darllenydd cyffredin llengar yn ogystal â rhai'r ysgolhaig a'r llyfrbryf. Gan fod bron hanner cynnyrch Ieuan Deulwyn yn gywyddau serch, roedd sôn anochel am y wedd honno – 'Perthyn i ysgol Dafydd ab Gwilym y mae' – ac mae'n debygol mai i gyfeiriad serch a chariad y trôi meddwl Ifor Williams yntau. Roedd wedi dod i adnabod Myfanwy Jones, merch fferm Cae-glas, Pontllyfni, ac roedd eisoes yn ei chanlyn yn 1908 pan oedd hi yn ei blwyddyn olaf yn astudio'r Gymraeg gyda'r Athro Edward Anwyl yng Ngholeg Aberystwyth. A Myfanwy yn 1908-9 yn athrawes gynorthwyol yn Ysgol Ganolradd y Merched yn y Bont-faen, ym mhen arall y wlad, hawdd y gallai'r golygydd ifanc ymuniaethu ag Ieuan Deulwyn: 'Cwyna am y disgwyl, am ei hiraeth, a'i gur fel pob serchog'.[11]

*Gwaith Dafydd ab Edmwnd* gan Thomas Roberts o Lanuwchllyn oedd penllanw cyhoeddiadau'r Gymdeithas, a'r gyfrol fwyaf swmpus o ddigon: roedd gwell heol at y llawysgrifau erbyn 1914, ac fe gafwyd cymorth i gywain y deunydd, ac i gopïo ambell englyn a oedd yng nghasgliad preifat Mostyn. Cyn-ddisgybl i Ifor Williams oedd Thomas Roberts Llanuwchllyn (Thomas Roberts y Coleg Normal fel y daethpwyd i'w adnabod) a gellir synhwyro ei fod ef, fel ei athro, yn cael fformat cyfrolau'r gyfres yn gaethiwus, yn enwedig yr angen i gyfyngu ar ymdriniaeth lenyddol, ac i lynu wrth y dull diplomatig. Gallai weld fod angen canllaw ar y darllenydd: 'Gan yr ymddengys llawer llinell yn y gyfrol hon yn lled ddieithr i rai sydd yn anghyfarwydd â hen ysgriflyfrau, tybiais mai buddiol fyddai dosbarthu prif nodweddion yr orgraff'.[12]

Ac yn wir, fe ddaeth hi'n bryd democrateiddio, diosg siaced gaeth y golygiadau cain, a chynnig testunau dibynadwy, ond darllenadwy ac eang eu hapêl. O leiaf, dyna oedd gweledigaeth Ifor Williams a Thomas Roberts y Coleg Normal yn 1914 wrth gychwyn Cyfres y Cywyddau, gyda'r amcan o 'ddwyn i gyrraedd llenorion Cymru y cyfoeth diderfyn bron o farddoniaeth gynganeddol a ganodd ein beirdd o'r bedwaredd ganrif ar ddeg hyd yr unfed ar bymtheg'.[13] Ar gyfer y gyfrol gyntaf, *Cywyddau Dafydd ap Gwilym a'i Gyfoeswyr*, y dull oedd casglu pob copi posibl o bob cywydd a dewis y darlleniad gorau (gan nodi amrywiadau),[14] ac yn sgil hynny, troi'r testun i'r orgraff ddiweddar 'mor gyson ag y medrid'.[15] Nid efrydwyr y colegau yn unig oedd y gynulleidfa mewn golwg, ond 'llenorion llai eu cyfleusterau … a hoffant astudio llên yr oesoedd gynt'. Y gobaith oedd cael 'cefnogaeth gwerin Cymru' i'r fenter a darparu nodiadau a geirfâu i wneud y cerddi'n hygyrch i bawb. Megis dechrau oedd hyn: 'Y mae cannoedd ar gannoedd o gywyddau mewn llawysgrifau na welwyd gan neb ond dyrnaid o ysgolheigion.' Prosiect hirdymor a chydweithredol oedd mewn golwg gan Ifor Williams, canys fel y nododd, 'llydan iawn yw'r maes ac ychydig o ddiwyllio fu arno'.[16] Llwyddodd i ffurfio *équipe* o ysgolheigion ('twrr o fechgyn o'r tri choleg')[17] i ymgymryd â'r gwaith copïo, yn eu plith Henry Lewis, William Davies, H.D. Jones, Thomas Roberts Llanuwchllyn, Timothy Lewis, Wil Rowlands, John Lloyd-Jones, a merched hefyd, fel Muriel Price (Pwllheli) a Gwenan Jones, a'r ysgolfeistr ifanc, Thomas Roberts (Borth-y-gest/Wrecsam) y trown ni at ei hanes nesaf. Evan Thomas, Bangor, oedd argraffwr y gyfrol hon a'r ail yn y gyfres, sef *Cywyddau Iolo Goch ac Eraill*,[18] ac mae'n amlwg fod Ifor Williams – fel ei daid egnïol, y bardd Hugh Derfel Hughes, a'i hen hen ewythr, Dafydd Hughes (Eos Iâl), o'i flaen – yn barod i gymryd rhan weithredol yn y fusnes o ddosbarthu a gwerthu'i gyfrolau.[19]

Gŵr o Borth Fechan, Borth-y-gest, Porthmadog, oedd Thomas Roberts (1884-1918), mab i saer ac un o chwech o blant.[20] Wedi graddio o Goleg y Brifysgol, Aberystwyth, yn 1906, yr un flwyddyn ag Ifor Williams ym Mangor, aeth Tom yn syth i fod yn athro Cymraeg yn Ysgol Grove Park yn Wrecsam, gan weithio ar yr un pryd ar gyfer y radd M.A. a ddyfarnwyd iddo ym Mangor yn 1910 am 'The Poetical Works of Dafydd Nanmor'. Mae'n bosibl mai dan gyfarwyddyd Morris-Jones y bu'n ymchwilio, ond o 1911 ymlaen y gwelwn y gohebu dwys rhwng Tom ac Ifor Williams, nid yn unig am y syniad o gyhoeddi detholiad o waith Dafydd Nanmor,[21] ond hefyd am y gwaith yr oedd Tom yn ei wncud fel rhan o'r tîm copïo. Bu Tom wrthi'n brysur yn ystod haf 1911 yn copïo cerddi Rhys Goch Eryri yn Aberystwyth, ac yn disgwyl cael gwell copïau o rai ohonynt yn yr Amgueddfa Brydeinig ac yng Nghaerdydd.[22] Bu'n parhau â'r gwaith hwnnw yn Llundain dros wyliau'r Nadolig 1911, a bwrw ymlaen gyda Dafydd Nanmor hefyd, gan adrodd ym mis Mehefin 1912 fod y testunau'n 'weddol gyflawn erbyn hyn' ond ei fod yn brysur iawn yn yr ysgol a'i bod yn anodd gweithio ar ragymadrodd heb lyfrau ar bwys.[23] Ac mewn cyfres o lythyrau yn 1914-15, mae 'dy gyfaill Tom' yn diolch i Ifor am anfon gwahanol rai o'i olygiadau ato, gan sôn am ei waith yn copïo Llywelyn ap Moel y Pantri, am werthu copïau o *Cywyddau Dafydd ap Gwilym a'i Gyfoeswyr* – 32 ohonynt – a'r angen nawr am ragor o stoc. Wedi deall fod gan Ifor 'agent' eisoes yn Aberystwyth, ni fyddai Tom yn mynd ar ofyn T. H. Parry-Williams. Hola'n daer am beth sydd ar y gweill gyda'r Bangor Welsh MSS. Society, a sut i ddod yn aelod ohoni, lledawgrym efallai mai yn y gyfres honno y gobeithiai Tom weld cyhoeddi Dafydd Nanmor.[24] Ym mis Chwefror 1915, wedi clywed fod Ifor am fynd i weld llawysgrifau yng nghasgliad preifat Mostyn, lleisiodd ei awydd yntau i fynd. Cafodd ymweld â'r Plas ym mis Gorffennaf, a mwynhau te yng nghwmni 'y Lord a'r Lady a'r mab a'r ferch', ond trosglwyddwyd y llawysgrif berthnasol i Swyddfa'r Ystad wedyn er mwyn i Tom gael 'copïo'n rhwydd' drannoeth.[25] Ni ddaeth casgliadau Mostyn i ofal y Llyfrgell Genedlaethol tan 1918.

Roedd Tom yn benderfynol o gael ei fachau ar holl lawysgrifau gwaith y bardd cyn dod â'i olygiad allan: fel y tystiodd Ifor yn 1923, 'T. R. told me years ago that he intended to carry out this task to the bitter end'.[26] Yn y cyfamser, bodlonodd Tom ar lunio dwy erthygl yn *Y Traethodydd,* yn Ionawr 1913 a 1914,[27] addasiad

Cymraeg o ran o'i draethawd M.A., a digon tebyg oedd y gyntaf i'r hyn a gyhoeddwyd yn y rhagymadrodd i gyfrol 1923. Ar yrfa Dafydd Nanmor y mae'r pwyslais – ei gyfoedion, ei noddwyr, ei ddysg a'i ddyddiadau tybiedig (*c.* 1410-80, meddai). Dim ond bras ddosbarthiad o'r cerddi a gynigiwyd, rhyw damaid i aros pryd am fod yna lawer cerdd 'nas cyhoeddwyd eto'. Ond yma, yn wahanol i'r fersiwn yng nghyfrol 1923, mae'n codi archwaeth drwy danlinellu arbenigrwydd 'y cyfnod mwyaf ffrwythlon a llewyrchus yn hanes ein barddoniaeth [...] nid yn unig ar gyfrif rhif y beirdd [...] ond hefyd ar gyfrif ansawdd uchel eu gwaith, o ran sylwedd gystal ag o ran ffurf – y syniadau'n fyw a chlir, a'r iaith a'r mydr yn goeth a dillyn'.[28] Yn yr ail erthygl, dyfynna mewn orgraff ddiweddar ddarnau o'r gwahanol gategorïau, a disgrifio'r cynnwys. 'Yn y cywyddau serch yr oedd y beirdd fwyaf wrth eu bodd', meddai, ac ymddengys nad oedd gan Tom ryw werthfawrogiad neilltuol o'r canu mawl, er canmol 'gormodiaeth [*sic*] chwareus' dwy awdl Dafydd i'w noddwr, Rhys o'r Tywyn.

Erbyn 1916 roedd Tom yn y fyddin. Mae ei ohebiaeth ryfel ddadlennol eisoes wedi'i thrafod yn ddeheuig gan Elen Simpson a'i gosod gyda'r llythyron eraill a anfonwyd o faes y gad at Ifor gan gyn-fyfyrwyr yng Ngholeg Bangor, fel Lewis Valentine ac Arthur Wyn Williams.[29] Ysgrifennodd Tom at Ifor o Barc Kinmel ym mis Ebrill, ac o Goleg Sant Ioan, Caer-grawnt, ym mis Hydref pan oedd yn hyfforddi i ddod yn swyddog yn yr York and Lancaster Regiment. O ffosydd Ffrainc yn 1917, disgrifiodd fagneliad nerthol Llun y Pasg: ac yntau wedi'i drwytho yng ngeirfa'r hen feirdd, clywai'r llu peli trymion erchyll 'tebig i ganu tabwrdd', a phersawr y pwdwr yn 'sens euraid' dros y cwbl.[30] Clwyfwyd Tom yn ei goes ar 11 Hydref 1917 a'i gludo'n ôl i Loegr, union fis ar ôl ei briodas â Gwladys M. Morris, merch o Gaernarfon, a chyfnither i T. H. Parry-Williams. Wrth i'r claf wella gan bwyll, mae'n sôn wrth Ifor am ei awch i weld printio Rhys Goch Eryri a Llywelyn ab y Moel,[31] ac yn anfon deunydd ato ym mis Ionawr 1918. Er hyn, ac er gwaetha cefnogaeth gyson Ifor, teimlai ei fod 'wedi colli pen llinyn efo popeth llenyddol' gan y gwyddai'n iawn mai 'dros y môr' y byddai'n cael ei symud nesaf. Ac felly y bu. Fe'i lladdwyd fis cyn y cadoediad, ac yntau'n 34 oed.[32] Eglurodd Ifor yn y rhagair i gyfrol 1923 fod Tom wedi ysgrifennu ei ewyllys ar faes y gad a chymynnu iddo lawysgrif ei draethawd M.A. ar Dafydd Nanmor, 'to be used as I thought fit in the preparation of the Cywyddwyr series'.[33] Trysorai Ifor y cof am Tom, y gŵr na chafodd weld ffrwyth ei lafur, na mwynhau cwmni ei wraig ifanc:

Y neithior a'i diddanion
A'i chân aeth heibio'n chwim,
A modrwy'r addewidion
Heb wisgo nemawr ddim.[34]

Gartref yng Nghymru, gallai Ifor Williams, 'permanently and totally disabled for service' o ganlyniad i'r ddamwain a'r salwch difrifol a gawsai pan oedd yn llanc, fwrw ymlaen gyda'i raglen i ddwyn testunau'r Oesoedd Canol i olau dydd. Yr hyn a newidiodd y tirlun cyhoeddi academaidd wedi'r Rhyfel oedd y penderfyniad gan Brifysgol Cymru yn 1919 i dderbyn un o argymhellion Comisiwn Brenhinol Haldane (1916-18) a ffurfio'r Bwrdd Gwybodau Celtaidd ('Bwrdd Dysg yr Ieithoedd Celtaidd' ar y dechrau); cyfetholwyd Ifor i'r Pwyllgor Iaith a Llên, lle brwydrodd 'yn daer nes byddaru pawb' dros sefydlu *Bulletin y Bwrdd Gwybodau Celtaidd*. Daeth rhifyn cyntaf y cyfnodolyn allan yn Hydref 1921, ac yn Gymraeg roedd bron pob erthygl yn yr adran dan ei ofal ef. Dygwyd perswâd hefyd i sefydlu Bwrdd Gwasg y Brifysgol, ac fe gynhaliwyd y cyfarfod cyntaf ar 6 Ionawr 1922.[35] Diau fod Ifor mewn sefyllfa i wthio'r cwch i'r dŵr gyda chyfrol yn ei faes ei hun, a sicrhau ar yr un pryd nad âi gwaith ei gyfaill i ebargofiant. Ond o ystyried ei ymlyniad digymrodedd wrth y Gymraeg fel iaith dysg ac addysg, tybed na fuasai wedi hoffi gweld y Wasg yn cyhoeddi ei chyfrol gyntaf yn Gymraeg? Rhyw 'Lyfr Du' o gyfrol oedd hon, felly, a'r awdur-filwr ifanc yn ei fedd, fel Hedd Wyn.

Fel y nodwyd eisoes, roedd craidd y gwaith wedi'i roi ynghyd cyn 1910, pan nad oedd heol rwydd at lawer o'r llawysgrifau y rhestrwyd eu cynnwys mor fanwl yn *Report* Gwenogvryn; a dim ond yn ysbeidiol rhwng 1910 a 1918 y câi Tom gyfle i ychwanegu ato o'r ffynonellau hynny. Mae'r deunyddiau cyfansawdd hyn i'w gweld yn llawysgrif Archifau a Chasgliadau Arbennig Prifysgol Bangor IW/13553, sef man cychwyn Ifor wrth baratoi'r gyfrol: ceir cywiriadau ac awgrymiadau gan sawl llaw, gan gynnwys llaw Morris-Jones.[36] Roedd llu o anawsterau wrth droi'r cyfan yn gyfrol brint. Y pennaf ohonynt oedd dull Tom o ddewis testun pob cerdd o'r llawysgrif hynaf a oedd ar gael (fel arfer yn yr Amgueddfa Brydeinig),[37] gan atgynhyrchu'n ffyddlon ei gwallau a'i llygriadau, dull a oedd yn nes at arfer diplomatig y Bangor Welsh MSS. Society, ac yn gam yn ôl o ran hygyrchedd i'r darllenydd lleyg. Mae'n wir iddo gynnig diwygiadau ar sail llawysgrifau eraill (a allai'n ddamcaniaethol fod wedi deillio o well testun na'r un hynaf), ond yn y nodiadau y lleolwyd y rheini. Penderfynodd Ifor fod yn bragmatig a mabwysiadu'r goreuon o'r darlleniadau hynny yng nghorff y testun, mewn bachau petryal. Ychwanegodd drafodaeth ar ddyddiadau'r bardd (c. 1420-1485).[38] Mireiniodd y nodiadau ac ysgrifennu ambell un newydd o'i gwr,[39] tocio deuddeg cerdd annilys, ac ychwanegu'r cywydd 'I Abad Ystrad Fflur' o lawysgrif Mostyn 136,[40] a gopïwyd yn arbennig gan T. H. Parry-Williams (cefnder i weddw Tom, fel y gwelsom). 'Dyletswydd santaidd' oedd y llafur hwn i Ifor, a'i 'galon fel y plwm' wrth gywiro ei addewid i Gwladys nad âi gwaith ei gŵr yn ofer.[41]

Un o'r llawysgrifau a ddefnyddiwyd gan Tom oedd llawysgrif Peniarth 52, llyfryn 44 tudalen, 'possibly in the autograph of Dd. Nanmor', yn ôl *Report* Gwenogvryn.[42] Tair llaw gyfoes yn ogystal

â Dafydd sydd yma, yn ôl Daniel Huws,[43] ond yn ei law ei hun
y mae'r rhan fwyaf, ym marn ddiweddar Gruffudd Antur.[44] Fel
testun awtograff, mae gan y llawysgrif statws neilltuol, ac mae
Thomas Roberts i'w ganmol am ei defnyddio'n sail i destun
chwech o'r naw cerdd gan Dafydd sydd yn Peniarth 52.[45] O ran
y tair arall roedd rheswm dros beidio â defnyddio dwy ohonynt:
roedd un yn anghyflawn (pedair llinell yn unig), ac roedd ymylon
y llall wedi duo'n wael.[46] Ond anodd gweld ei reswm dros
ymwrthod â'r drydedd, sef yr awdl 'I Rys o'r Tywyn' (*Poetical
Works*, rhif III), a defnyddio'n hytrach gopi Llanstephan 134 (yn
llaw Llywelyn Siôn, *c.* 1610).[47] Da, felly, yr aeth Owen Thomas
ati i unioni'r cam drwy argraffu testun newydd o'r awdl hon yn
seiliedig ar Peniarth 52, copi yn llaw y bardd ei hun, 'sef fersiwn
a fyddai'n gymeradwy, yn ddiau, gan Dafydd Nanmor ei hun'.[48]
Bu'r *Poetical Works*, a holl wendidau methodoleg Tom, yn sbardun
i rai fel Gilbert Ruddock ac Owen Thomas ystyried egwyddorion
sefydlu testun dibynadwy.[49] Ac fe droes ymchwilwyr fwyfwy at
lawysgrifau yn llaw'r beirdd er mwyn deall yn well eu harferion
wrth gofnodi eu gwaith eu hunain;[50] mae *Repertory* Daniel Huws
bellach yn arf anhepgor yn y gwaith hwn.

Bu cynnydd anghyffredin rhwng 1923 a 2023, rhyw ganrif
fawr euraid o olygu'r farddoniaeth ganoloesol. Gallwn fod yn falch
mai dull Ifor Williams o olygu'r Cywyddwyr a enillodd y dydd
— sef darparu testun hygyrch mewn orgraff fodern, yn seiliedig
ar dystiolaeth yr holl lawysgrifau a'r darlleniadau gorau, ynghyd
â phroses dryloyw o ddangos yr amrywiadau o dan y testun ac
egluro'r dewisiadau a wnaed, a'r cyfan hyn yn Gymraeg.[51] Gwasg
newydd y Brifysgol oedd y dewis gyhoeddwr bellach, ac i'r
cyfeiriad hwnnw y sianelwyd llafur rhai o hen dîm Ifor. Ond ar yr
un pryd, arhosai'r hen ysfa honno a oedd yn gyrru Gwenogvryn a'r
Bangor Welsh MSS. Society i arddangos beth yn gywir oedd ym
mhob ffynhonnell wreiddiol, adwaith yn rhannol efallai i'r twyllo
a'r ffugio a gafwyd gan Iolo Morganwg. Atgynhyrchu cynnwys

llawysgrifau cyfain o gywyddau mewn ffurf ddiplomatig oedd nod y gyfres 'Reprints of Welsh Manuscripts' hithau a gyhoeddwyd gan Urdd Graddedigion Prifysgol Cymru rhwng 1916 a 1921. Trawsysgrifau moel gan y sgolor anghymarol E. Stanton Roberts oedd y rhain – *Llanstephan MS 6, Peniarth MS. 67*, a *Peniarth MS. 57*. Y Wasg ei hun (a'r Bwrdd Celtaidd) a gyhoeddodd bedair cyfrol nesaf y gyfres rhwng 1927-31, a chymar gyfrol, sef *Mynegai i Farddoniaeth y Llawysgrifau*.[52] Erbyn 2023, diolch i'r chwyldro digidol, mae modd inni weld delweddau o'r llawysgrifau, a chymharu pob testun yn y 'gwreiddiol' ac yn ei gyd-destun; buan y daw'r dechnoleg i ddarllen hen lawysgrifen a'i throi yn destun print diplomatig. Gyda'r datblygiadau hyn ym myd y dyniaethau digidol, bydd modd bodloni gofynion sawl cynulleidfa wahanol, fel y gwnaed eisoes gan wefannau *dafyddapgwilym.net* a *gutorglyn.net*.

Ond gadewch inni gamu 'nôl i 1923, i weld yr ymateb a fu i lafur hir y milwr Tom ac ymdrechion glew ei gyfaill Ifor i roi trefn ar waith Dafydd Nanmor. Dyma gasgliad o gerddi y bu hir ddisgwyl amdanynt. Fel y nododd Carneddog mewn ysgrif yn 1904: 'Dylid cael cyfrol o honynt rhag blaen, er mwyn i [Ddafydd Nanmor] gael ennill ei iawn safle ym myd llên'.[53] Ofnai W. J. Gruffydd yntau yn 1921 'na chafodd Dafydd Nanmor ei le eto yn hanes llenyddiaeth Cymru', ac edrychai ymlaen at weld 'gwerthfawrocach trysorau' eto'n dod i'r golwg. Argraffiadol braf yw ei ymdriniaeth â'r cerddi: 'un o emau perffeithiaf yr iaith' yw'r gerdd i wallt Llio; 'fel yr afon lefn rugl, heb gyffro na thrwst' y rhed cywyddau Dafydd; a nod amgen y cerddi mawl yw eu hafiaith, neu, fel y dywed Gruffydd, eu *gusto*.[54]

Un o'r adolygiadau cyntaf o'r *Poetical Works* yn 1923 oedd eiddo H. M. H. ar 28 Ebrill yn y *Western Mail*, dan y teitl 'A fine Welsh poet: new work of pathetic interest'. Cefndir trasig y gwaith a llafur ychwanegol Ifor sy'n mynd â'i sylw yn bennaf: 'a thorough, reliable, learned, and complete guide to the story and poetry of one of the most remarkable of our old poets. It should be of great value to the Welsh historian as well as to the literary Welsh student.' Yn dynn ar sodlau'r *Western Mail*, ar 10 Mai, dyma'r *Faner* yn cyhoeddi adolygiad T. Gwynn Jones, a oedd wrthi ar y pryd yn paratoi golygiad o waith Tudur Aled i'r Wasg.[55] 'Trueni', meddai, 'oedd gyhoeddi testunau mor anllythrennog', a'r rheini yn 'ddolur llygad' ac yn boen i'r bysedd gan mor aml roedd rhaid troi at gefn y llyfr am oleuni. Mae Dafydd Nanmor yn enw mawr, yn ddi-os, meddai, yn canu'n syml gan osgoi geiriau llanw. Ceir 'darnau prydferth hyd yn oed yn y darnau defod — pethau yr oedd pob bardd yn eu canu', ond 'y ddau beth amlycaf yn ei gerddi mawl yw ei ormodedd a'i linellau diarhebol'.

Ac ar 12 Mai, cyhoeddwyd adolygiad bywiocach o dipyn, gan Saunders Lewis, yn y *Cambria Daily Leader*, papur a gyhoeddid yn Abertawe. Gan na ddaeth yr eitem ddiarffordd hon i rwyd D. Tecwyn Lloyd wrth iddo lunio llyfryddiaeth Saunders, dyma hi yn ei chrynswth:[56]

The University of Wales Press Board begins its work auspiciously. This, its first publication, is a very important contribution to Welsh printed literature. The late Thomas Roberts had long ago devoted himself to the editing of the major Welsh poets of the 15th century, and this collection of the works of Dafydd Nanmor was to have been his chief task. Professor Williams now presents the book with only those additions and changes he considers essential. Many of us will judge that he should have been more drastic. Welsh literature to-day has no better textual critic than he; yet in loyalty to his dead friend he has preserved a text which can offend no ear oftener than his, and he has hidden his many masterly emendations in the notes at the end of the volume. The critical part of Thomas Roberts's introduction is also inadequate and misleading. Roberts was haunted by the idea that the Welsh poets of the second half of the 15th century, because they used the metres made popular by Dafydd ap Gwilym, were devotees also of his religion of the woodland and imitated his style and thought.

That is really quite untrue, and it is a pity that it should so often be repeated by students who ought to know better.

Read through these fifty odd poems of Dafydd Nanmor, and you will find that they contain only a little natural description, and that little is superficial stuff which reveals no absorbed love of Nature but simply a willingness to use any pleasant sort of imagery that was convenient. There is simply nothing at all of Dafydd ap Gwilym's passion for wild life, and none of his vagabond descriptiveness. In fact Dafydd Nanmor's interests were at the opposite pole. Just as Ap Gwilym was the poet of the exterior, of the open air, so Dafydd Nanmor was the poet of interiors, a 'household poet' indeed in every sense of the term. Every passage of detailed description in this book is devoted to an interior, the interior of a castle during a feast,or the interior of an abbey, the famous and beautiful Strata Florida. And into these passages the poet puts all his gusto and his delight. They reveal his world, and are the conditions of his art.

The Theory of Aristocracy: For it is Dafydd Nanmor's distinction, a distinction he shares with a number of the best Welsh bards of his day, that he is essentially the poet of civilisation, that is to say of an aristocracy. One half of this collection of his poetry is devoted to the praise or memory of one or two of the great families of South Wales. It is only too easy to say that this was simply a matter of bread and butter: by so writing the poet earned his living. True enough, of course. But were there no more to be said, this book would only have the value of journeyman work. As it happens, every line of the book reveals the poet's joy in his courtly world, in its conventions and etiquette, in its luxury and ease and extravagance. A famous poem to a lady's hair is almost Baudelairian in its tropic imagery, its delight in exotic colours and fruits and peacocks, silks and precious stones, and rare and expensive combs. The poem on Strata Florida is an ode to architecture, full of insight and artistic perception. There is in fact nothing Bohemian, or should we say anachronistically Goliardic, in Dafydd Nanmor's mode of life. And one poem in this volume, now first published, bears profoundly on this view of the poet's attitude. It is a poem of advice to the young heir of a lordship, or at least it is ostensibly that. Actually, it is one of the great philosophic poems of the 15th century. It states in grave imagery the theory of aristocracy, the sense of traditional responsibility, of inherited powers and abilities, of fidelity to blood and soil. It is a great poem which makes bearable and even makes valuable the many other more conventional odes of courtly praise. For we can, after reading this one cywydd, understand how necessary the others were, so that this might grow out of them, and out of the life they reflect. There are some poems that are like a key to a whole collection, even to a life-work. This is such a poem. It is even key to an entire period in Welsh literature.

Mae eisiau oedi gyda rhai o'r pwyntiau yma. Yn gyntaf, er canmol y 'masterly emendations', dyma Saunders yn gwneud yr hyn a wnâi'n aml wedi hynny, sef gosod Ifor mewn blwch: 'no better textual critic than he'. Crintach fyddai ei farn yn 1943 wrth adolygu *Lectures on Early Welsh Poetry* Ifor – gwaith a ystyrir hyd heddiw yn *tour-de-force* beirniadol.[57] Er bod gan Ifor Williams 'a permanent and very high place in the history of Welsh scholarship', meddai Saunders, his 'main contribution to our understanding of the oldest Welsh poetry is a vast accumulation of detailed lexicographical notes'.[58] Yn wahanol i Ifor, ni chafodd Saunders ei ddysgu erioed yng ngwyddorau cysáct beirniadaeth destunol, darllen llawysgrifau, ac ieitheg. Nid oedd ganddo sgiliau anhepgor y golygydd; ac fel y nododd Tudur Hallam, '[he] lacked the patience of a meticulous medievalist'.[59] Fe'i cyfyngid, o raid, i ddehongli a brodio a phryfocio, ac i arfer creadigrwydd a phersonoliaeth yn ei feirniadaeth fel yn ei weithiau llenyddol. Yn sgil y bylchau yn ei arfogaeth ei hun — a fyddai'n ei arwain sawl gwaith ar gyfeiliorn yn yr Oesoedd Canol[60] — roedd ganddo duedd i ddilorni ysgolheictod manwl, gofalus, neu i bigo bai, fel y gwna yma. Eto, mae peth cyfiawnhad yn yr achos hwn: fel y gwelsom, bu'n rhaid i Ifor gyfaddawdu. Yn sicr, nid oedd darllen cerddi Dafydd Nanmor yn hen orgraff anghyson y gwahanol

lawysgrifau yn bleser i lygad neb, nac i'r glust ychwaith pan oedd
y gynghanedd yn cloffi.

Yn ail, mae'n wir fod y rhagymadrodd yn 'inadequate', yn
rhannol efallai os oedd Tom wedi bwriadu'n wreiddiol argraffu
ffrwyth ei thesis gyda'r Bangor Welsh MSS. Society, mewn
cyfres lle nad oedd gofod i drafodaeth lenyddol faith. Ond pam
'misleading'? Am fod Saunders wedi blino ar yr hen gân gron fod
beirdd y bymthegfed ganrif yn ddilynwyr 'in style and thought'
i Dafydd ap Gwilym. Ond yn bwysicach na hynny, roedd yn
benderfynol o symud y ffocws oddi ar y canu serch a brisid mor
uchel gan Tom (a ffasiwn yr oes), ac yn lle hynny, gorseddu'r
canu mawl (y 'canu defod' hwnnw yr oedd Gwyn Jones, fel
Gruffydd ac eraill, yn ddiamynedd ag ef). Dyma fynegiant cynnar,
felly, o'r hyn a alwodd Peredur Lynch yn 'draddodiadaeth radical'
Saunders,[61] sef troi at fath o farddoniaeth a oedd yn bodoli erioed
yn y Gymraeg – moliant gan fardd proffesiynol wyneb yn wyneb
â gwrthrych ei ganu, boed yn frenin, yn dywysog, yn uchelwr,
neu'n abad. Fe wyddai Saunders yn iawn o'i astudiaethau Saesneg
ym Mhrifysgol Lerpwl nad oedd prin ddim o hyn yn Lloegr.[62] Y
gwahaniaeth hwn, y 'distinct cultural past',[63] a oedd yn bwysig
i Saunders, yn enwedig o ystyried sut y daeth llenorion Cymru
fwyfwy dan ddylanwad Lloegr o gyfnod y Dadeni ymlaen.
Ameniwyd yr un dyhead gan Ambrose Bebb ym mis Hydref
1923, er mai i Morris-Jones a T. Gwynn Jones y mae'r diolch
am 'ein harwain yn ôl i'r traddodiad a gollasom'. 'O'n gorffennol
y mae inni greu ein dyfodol. Rhaid i genedl, fel i flodeuyn, ei
gwreiddyn er mwyn tyfu i'w llawn dwf. Cofiwn eirdoeth un
o'n beirdd goreu, Dafydd Nanmor, — "Ny thyf mal gwenith
hafaidd/ Brig ar yr yd lle ni bo gwraidd."'[64]

Trown yn ôl at yr adolygiad yn y *Cambria Daily Leader*.
'Dafydd Nanmor was the poet of interiors', meddai Saunders, ac
mae'n amlwg fod yr ormodiaith am foethusrwydd tai'r uchelwyr
— y gwledda ar helgig y fro, y gwinoedd o'r Cyfandir, y sbeisys

o'r India, y gwisgoedd lliwus — yn donig i un a gwynai mai 'lliw lludw yw lliw Cymru heddyw'.[65] Fel W. J. Gruffydd, gwerthfawrogai *gusto*'r disgrifiadau. Gwelodd gerddi cyfarwydd â llygaid ffres: mae'r cywydd 'I Wallt Llio', hen ffefryn cyfarwydd ers cyhoeddi'r *Gorchestion*, yn 'Baudelairian in its tropic imagery'. A gwyddai'n iawn apêl y datganiad ysgubol — er enghraifft, fod y cywydd moliant i Rys ap Rhydderch yn un o'r 'great philosophic poems of the 15th century', ac yntau'n dal ar eiriau Hywel Rheinallt yn ei farwnad i Ddafydd Nanmor, 'Darfod y myfyrdod mawr'. Ac yn wir, fe fentrodd ddweud am y cywydd i Rys ei fod 'even a key to an entire period in Welsh literature'. Canys pendefigaeth yr uchelwyr oedd testun moliant y bardd, ffyddlondeb y bonedd i 'blood and soil',[66] a'u 'inherited powers and abilities' yn caniatáu i genhedlaeth ar ôl cenhedlaeth gyflawni eu 'traditional responsibilities' (fel noddi'r beirdd). A dyna, fe ymddengys o'r adolygiad hwn, oedd delfryd Saunders yntau, un y byddai'n ymhelaethu arno a'i ddatblygu ar hyd ei oes.

Eisoes cafwyd mynegiant llenyddol o'r syniad creiddiol hwn yn ei ddrama, *Gwaed yr Uchelwyr*, a ysgrifennwyd yn 1921 ac a berfformiwyd i dderbyniad siomedig yng Nghaerdydd yn 1922, arwydd cynnar fod Saunders yn tynnu'n groes i dymer gynyddol ddemocrataidd yr oes. Yr un flwyddyn, yn ei adolygiad ar *Llenyddiaeth Cymru 1450-1600* W. J. Gruffydd, datganodd fod 'Welsh literature in its best periods was, like every literature, the product of an aristocracy, an aristocracy as high-born and as highly-educated as any other'. A thrachefn, 'the duty of an aristocracy is to cherish and uphold the traditions and permanent bases of national consciousness.'[67]

Ymhelaethu ar adolygiad 1923 a wnaeth ei ysgrif 'Dafydd Nanmor' i'r *Llenor* yn Hydref 1925: erbyn hyn roedd Saunders wedi ymsefydlu fel darlithydd Cymraeg yng Ngholeg y Brifysgol, Abertawe, chwarae rhan yng nghychwyn y Blaid Genedlaethol, a phriodi. Beth sy'n newydd yn erthygl y *Llenor*, felly? Yn un peth, ac yntau nawr yn ysgrifennu ar gyfer cynulleidfa Gymraeg, mae'n dyfynnu'n helaeth o'r darnau mwyaf blasus, ac yn eu disgrifio'n ddisglair. Mae'n cydio yn y gair 'perchentyaeth' i gwmpasu'r holl nawdd a'r cyfrifoldebau cymdeithasol eraill a nodweddai uchelwyr y bymthegfed ganrif. Gwêl hyn yn awr fel 'offeiriadaeth', a phwysleisia ei delweddau sagrafennol. Mae'r Cymry yn meddwl 'mai gormes ar werin a thlawd yw pendefigaeth, a'r ychydig uchelwyr yn byw yn fras', ond rhaid iddynt ddeall y gymdeithas a'r hanes a Christnogaeth Gatholig cyn medru caru ei llenyddiaeth, ac yn bwysicach fyth, 'i fyw arni a'i derbyn yn dref tad ac yn faeth i'r ysbryd'. Mawryga 'gysondeb meddwl a mawredd moesol' Dafydd Nanmor, gan resynu bod diffyg meddylfryd Cymreig o'r iawn ryw yn y Gymru gyfoes. Fe gyhuddwyd Saunders gan T. Robin Chapman o 'boeri ar gynnyrch cyntaf [G]wasg y Brifysgol' yn yr ysgrif hon yn 1925,[68] ond mae hynny'n fwy amlwg, os rhywbeth, yn adolygiad y *Cambria Daily Leader* yn 1923. Yn 1925, mae ei lach ar ddysg y colegau, 'astudio geirfa a gramadeg y cywyddau', gan leisio'r un gŵyn ag yn 1920 pan daranodd am 'German orgies' y 'philologists' a ysgrifennai yn *Y Beirniad* a'r *Cymmrodor,* y rhai na welant 'little more than an academic quarry' yn y testunau o'u blaen.[69] Ansicrwydd Saunders yn y meysydd hyn yw tarddle'r fath sylwadau pegynol, fel yr awgrymwyd uchod, ond roeddent yn cydgordio â rhagfarn llawer un tebyg iddo, ac arwain rhai i feddwl, ysywaeth, mai galwedigaeth uwch oedd eiddo'r beirniad, ac mai *plodders* diawen oedd y lleill.[70]

'Y darn gwychaf o feirniadaeth lenyddol a sgrifennwyd erioed yn Gymraeg', oedd barn Gwenallt am yr erthygl-adolygiad yn *Y Llenor* 1925.[71] Ym marn Gilbert Ruddock, 'un o lasuron beirniadaeth lenyddol yn y Gymraeg' ydoedd, er gwaetha'r gor-ddweud a'r camau gwag a welai.[72] Teg y nododd Robin Chapman fod yr ysgrif yn 'bradychu ei snobyddiaeth gynhenid',[73] er gwaethaf taeru D. Tecwyn Lloyd fod Saunders Lewis am i werin Cymru fod yn aristocrataidd nid yn faterol ond yn *ysbrydol*.[74] 'Trwyadl geidwadol ac adweithiol' oedd y syniadau am barhad digyfnewid y traddodiad mawl, meddai John Rowlands, er croesawu beirniadaeth a oedd yn 'dehongli a chwilio am ystyr amgenach na'r ystyr arwynebol' ac yn 'goferu i feysydd athroniaeth a gwleidyddiaeth'.[75] A gellid lluosogi'r ymatebion. Yn sicr, saif yr ysgrif lachar hon fel cefndeuddwr yn hanes beirniadaeth, a hanes gwerthfawrogi'r Cywyddwyr, fel y mae Dafydd Johnston – golygydd *a* phen beirniad – wedi cydnabod: 'Saunders Lewis has done more than any other critic to illuminate the aesthetics and social philosophy of medieval Welsh poetry, and to inspire veneration for the period of the *cywyddwyr* as the golden age of Welsh literature, when poetry of the highest artistry was fully integrated into the society that produced it'.[76]

Mae'n werth dathlu cyhoeddi cyfrol gyntaf Gwasg Prifysgol Cymru am sawl rheswm. Yn gyntaf, fe daniodd y *Poetical Works* adwaith chwyrn ar gyfrif ei horgraff anodd a'i methodoleg ansicr; dyna a droes y fantol o blaid y math o olygiad hygyrch a hwylus a arloesodd Ifor Williams. Trwy'r golygiadau lu a gyhoeddwyd wedyn gan y Wasg, daeth cynnyrch y Cywyddwyr, yn ei holl amrywiaeth, o fewn cyrraedd hawdd beirdd a llenorion, myfyrwyr a llengarwyr. Yr ail reswm yw fod y *Poetical Works* wedi tanio ffiws ym meddwl Saunders Lewis, a hynny, fel y gwelsom, yn 1923, ddwy flynedd cyn cyhoeddi ei ysgrif enwog yn *Y Llenor*. Dyna'r cyfnod pan oedd yn darganfod yr Oesoedd Canol Cymreig, pan oedd ei syniadau fel beirniad a gwleidydd a sylwebydd diwylliannol yn aeddfedu ac yn crisialu.[77] Hyd heddiw mae ysgrifennu eirias erthygl-adolygiad 1925 yn cyfleu'r cyffro a'r wefr o ddarganfod Dafydd Nanmor, a hawdd deall sut yr hudwyd llawer i ymhyfrydu yn nhrysorau'r Ganrif Fawr. Darparu golygiadau dibynadwy o waith y Cywyddwyr fu un o dasgau mwyaf ysgolheictod Cymraeg ein cyfnod, ac un o'r tasgau mwyaf anodd hefyd. Ac mae i Tom ac Ifor — a'u blynyddoedd o lafur diarbed — le anrhydeddus iawn yn y stori honno.

# Canoloesoldeb Rhiannon Davies Jones: Iaith ac Amlieithrwydd

## Rebecca Thomas

'PETH CYFFREDIN OEDD RHOI "taw" ar ferched'.[1] Sôn am ei phrofiad o ysgrifennu yn yr 1950au yr oedd Rhiannon Davies Jones yma, wrth gydnabod hefyd ei dyled i nifer o ferched eraill am eu cefnogaeth, gan gynnwys Elena Puw Morgan, Jane Ann Jones a Dilys Cadwaladr. Y nofel hanesyddol oedd ei chrefft, ac yn ei chyfrolau niferus cawn ein tywys trwy amrywiol gyfnodau ac ardaloedd o Gymru'r gorffennol. Enillodd y Fedal Ryddiaith ar ddau achlysur – gyda *Fy Hen Lyfr Cownt* yn 1960 a *Lleian Llan Llŷr* yn 1964 – ill dwy yn nofelau ar ffurf dyddiadur. Trodd at yr Oesoedd Canol ar gyfer chwech o'i nofelau, gan gynnwys trioleg am dywysogion Gwynedd yn y drydedd ganrif ar ddeg. Er gwaethaf ei chynnyrch, ychydig iawn o sylw ysgolheigaidd sydd wedi ei roi i Rhiannon Davies Jones. Gan Enid Jones y cawn yr ymdriniaeth fwyaf estynedig â'i gwaith, yn ei chyfrol ar y ddelwedd o Gymru yn nofelau Cymraeg ail hanner yr ugeinfed ganrif.[2] Dyma oedd oes aur y nofel hanesyddol, cyfnod a welodd gyfraniad awduron megis Marion Eames, Gweneth Lilly, ac R. Cyril Hughes at dwf y *genre* yng Nghymru.[3] Ni chrybwyllir yr un ohonynt yn *The Cambridge History of Welsh Literature* (2019) ac, ac eithrio trafodaeth Enid Jones, prin y mae eu nofelau wedi ennyn sylw beirniadol. Wedi dweud hynny, cynyddu y mae'r diddordeb. Gwaith Marion Eames oedd pwnc darlith Simon Brooks i'r Cymmrodorion yn 2021 (canmlwyddiant ei genedigaeth) a thrafoda Angharad Price gyfraniad y diweddar R. Cyril Hughes (*m.* 2022) mewn teyrnged yn *O'r Pedwar Gwynt*.[4]

Mae'n debygol mai natur realaidd y nofelau hyn sydd yn rhannol wrth wraidd yr esgeulustod. Heb os, maent yn nofelau confensiynol eu naratif a'u bwriad diffuant yw ail-greu'r gorffennol ar sail ffynonellau'r cyfnod ac ymchwil haneswyr.[5] Teg fyddai dweud bod sylw ysgolheigaidd wedi tueddu tua'r nofel ôl-fodern, ffurf a welwn yn gynyddol yn y Gymraeg o ddegawd olaf yr ugeinfed ganrif.[6] Heria ôl-foderniaeth allu ffuglen i adlewyrchu realiti ac, wrth reswm, allu ffuglen hanesyddol i ail-greu'r gorffennol.[7] Yn wir, wrth gymharu ei nofelau â nofel hanesyddol ôl-fodernaidd Wiliam Owen Roberts, *Y Pla*, noda John Rowlands: 'taflu llwch i'n llygad ni a wna Rhiannon Davies Jones, gan beri inni ddarllen ei gwaith yn anfeirniadol'.[8] Dyfynna gyfweliad â Wiliam Owen Roberts, sydd yn disgrifio ei ymdrechion ei hun fel adwaith yn erbyn nofelau hanesyddol Cymraeg ail hanner yr ugeinfed ganrif, nofelau a oedd yn cylchdroi o gwmpas yr arwr hanesyddol ac yn cyfleu cymdeithas fel undod. Ffawd y genedl oedd y canolbwynt, a'r genedl a'r arwr yn aml yn un.[9] Crynodeb digon teg o nofelau Rhiannon Davies Jones, efallai.[10] Haen uchaf cymdeithas a gaiff y sylw yn y rhan fwyaf o'i nofelau, er bod *Llys Aberffraw* (1977) yn eithriad i raddau.[11] Ond os hanes arwyr sydd yn ei nofelau, cawn ran helaeth o'r hanes hwnnw trwy lygaid cymeriadau benywaidd ffuglennol. Down i adnabod Gwenhwyfar a Mererid gymaint â Llywelyn ap Gruffudd, os nad yn fwy. Mae ei nofelau yn arwyddocaol yn hynny o beth, ac mae ei meistrolaeth wrth greu prif gymeriadau benywaidd wedi derbyn canmoliaeth yn eang.[12] Does dim dwywaith nad ffawd y genedl oedd ei diddordeb pennaf ac iddi gredu bod modd adlewyrchu'r Gymru gyfoes yn y Gymru ganoloesol.

Y agwedd olaf hon sydd o ddiddordeb pennaf yma. Nid

yw dylanwad datblygiadau gwleidyddol y 1960au ar nofelau Rhiannon Davies Jones yn gyfrinach. Soniodd yr awdur ei hun droeon am yr ysbrydoliaeth a gafodd o ddigwyddiadau megis yr Arwisgo, boddi Capel Celyn, a'r frwydr dros sianel deledu Gymraeg, ac mae Enid Jones wedi mynd ati i ddadansoddi eu dylanwad ar ei nofelau.[13] Nid oedd hi ychwaith ar ei phen ei hun o droi at yr Oesoedd Canol wrth chwilio am ymateb i heriau'r presennol. Dyma strategaeth llu o feirdd y cyfnod, gyda Gerallt Lloyd Owen yr enwocaf ohonynt.[14] Ceir budd o ystyried eu cerddi drwy fethodoleg feirniadol sydd yn cyfuno ystyriaeth o'u cyd-destun gwleidyddol ag astudiaeth agos o'r ffynonellau canoloesol a oedd yn sail iddynt. Felly y mae Jerry Hunter wedi cynnig dadansoddiadau newydd o gerddi Gerallt Lloyd Owen o'u cymharu â cherddi canoloesol.[15] Mewn cyhoeddiad arall, noda Hunter mai amhosibl yw llawn werthfawrogi rhyddiaith Kate Roberts neu farddoniaeth T. Gwynn Jones heb wybod rhywbeth am lenyddiaeth Gymraeg ganoloesol.[16] Yn wir, gorffenna ei astudiaeth ar y ddau awdur gydag anerchiad i'w gynulleidfa o ganoloeswyr a beirniaid llenyddol modern: 'both camps, both kinds of scholar, have a stake in each other's enterprise'.[17] Heb os, mae i'r datganiad berthnasedd ehangach.

Mae yna gynsail, felly, i ddarllen nofelau Rhiannon Davies Jones yng nghyd-destun y ffynonellau canoloesol y maent yn seiliedig arnynt. Mae'r nofelau eu hunain yn dangos ôl ymchwil trwyadl a chydnabyddir ambell ddyled i haneswyr ac ysgolheigion canoloesol blaenllaw y cyfnod.[18] Yn wir, ynghylch trioleg y tywysogion, noda Enid Jones, 'bron na ddynwaredir […] union ddull yr hanesydd o weithio', gyda chronicl yn gweithredu fel sgerbwd y nofelau.[19] Yn dilyn dadansoddiad Jones o ddylanwad gwleidyddiaeth gyfoes ar y nofelau, archwilio eu defnydd o destunau canoloesol yw'r cam naturiol nesaf. Rhaid cyfaddef mai cam digon cymedrol a gymerir yma: bydd y drafodaeth yn canolbwyntio ar yr ymdriniaeth ag iaith ac amlieithrwydd yn

y nofelau. Gallai'r thema ymddangos braidd yn amlwg: fel y
nodwyd eisoes, roedd y bygythiad i'r Gymraeg yn gyd-destun
pwysig i'r nofelau, ac yn gyd-destun sydd wedi derbyn sylw
manwl eisoes. Wedi dweud hynny, mae mwy i'w ddweud am y
ffordd y cyflëir ieithoedd a'u siaradwyr yn yr Oesoedd Canol yn
y nofelau, yn enwedig o dynnu ar theori ôl-drefedigaethol. Ond
yn fwy arwyddocaol efallai, bydd y drafodaeth ganlynol yn talu
sylw arbennig i ddefnydd Rhiannon Davies Jones o amrywiol
ieithoedd. Hynny yw, wrth ddadansoddi ei sylwadau ar iaith, caiff
y cyfrwng yr un sylw â'r cynnwys.

## I

Mae chwe nofel ganoloesol Rhiannon Davies Jones yn ymwneud,
i raddau amrywiol, â pharhad y genedl, ac felly, caiff iaith sylw
anuniongyrchol cyson.[20] Ond mae i iaith le canolog yn *Eryr
Pengwern* a'r drioleg am y tywysogion, *Cribau Eryri* (1987), *Barrug y
Bore* (1989), ac *Adar Drycin* (1993). Yn achos *Eryr Pengwern*, gellid
dadlau mai nofel am iaith yw hi yn bennaf. Soniodd Rhiannon
Davies Jones ei hun mai ymateb i'r ymgyrch am sianel deledu
Gymraeg oedd y nofel, a cheir trafodaeth bellach ar ddylanwad yr
hinsawdd wleidyddol hon ar y nofel gan Enid Jones.[21] O ystyried
y pwnc a'r cyd-destun, rhesymegol yw dadansoddi ei gwaith
mewn termau ôl-drefedigaethol. Er bod nifer yr astudiaethau
yn cynyddu, dadleuol yw beirniadaeth ôl-drefedigaethol ar
lenyddiaeth Gymraeg o hyd, yn rhannol oherwydd statws dadleuol
Cymru fel trefedigaeth.[22] Mae sawl astudiaeth o lenyddiaeth
Gymraeg mewn termau ôl-drefedigaethol wedi canolbwyntio
ar yr Oesoedd Canol diweddar: y cyfnod pan fu Cymru mewn
perthynas drefedigaethol â Lloegr ym marn haneswyr megis Rees
Davies.[23] Er bod y nofelau dan sylw yma i gyd wedi eu gosod cyn
y dyddiad allweddol hwnnw, 1282, colli tir, cenedl, ac iaith yw
pwnc pob un, ac erys y theori yn berthnasol.

Lleolir *Eryr Pengwern* ym Mhowys y seithfed ganrif. Cawn hanes dinistr llys Pengwern trwy lygaid Llywarch y bardd (sydd yn gymeriad pwysig o ran parhad traddodiadau'r Cymry yn y nofel);[24] y dywysoges Heledd a'i brawd Cynddylan; a theulu Nain Rheged sydd wedi teithio o'r Hen Ogledd i Bowys er mwyn ffoi rhag y Saeson. Un o'r prif themâu yw effaith dyfodiad y Saeson ar gymdeithas Gymraeg. Mae'r cynghreiriau gwleidyddol rhwng Powys a Mersia yn llechu yn y cefndir, ond yr effaith ddiwylliannol yw canolbwynt y nofel.

Wedi ei seilio ar *Canu Heledd* y mae *Eryr Pengwern*. Yn y gyfres hon o englynion, cawn fewnwelediad i Bowys ddiffaith gan Heledd, chwaer Cynddylan. Mae Jane Aaron wedi dadlau bod modd dehongli englynion *Canu Heledd* fel enghraifft gynnar o lenyddiaeth ôl-drefedigaethol; wedi dinistr llys Pengwern, 'the traumatized survivors of the attack have lost the foundation of their identity as well as their home'.[25] Mae'r thema o golled yn gwbl amlwg yn *Canu Heledd*, ond i raddau gwahanol yn yr amrywiol englynion. Mae'n debygol mai yn 'Stafell Gynddylan' y cawn y mynegiant mwyaf estynedig ohoni. Dechreua'r un englyn ar bymtheg, bob un, â disgrifiad o gyflwr truenus 'Stafell Gynddylan' wrth i Heledd alaru am ddinistr y llys, llys sydd hefyd, efallai, yn gweithredu fel symbol o gymdeithas yn ehangach.[26] Ond yn fwy penodol, dadleua Jenny Rowland fod rhai o'r englynion eraill yn canolbwyntio ar golli perchnogaeth gyfreithiol dros y tir.[27] Felly, yn 'Eglwysau Basa', gorwedda bedd Cynddylan yn yr unig dir a ddelir gan y Cyndrwynyn (llinach Cynddylan) bellach, ac mae tref Eglwysau Basa yn 'ddifa', wedi'i distrywio; nid oes breintiau ac ni weithir y tir.[28] Y tir a pherchnogaeth drosto yw'r hyn a gollir yn yr englynion, ac o ddychwelyd at ddadl Aaron, felly, y tir yw sylfaen hunaniaeth trigolion Powys yr englynion.[29]

Wrth gymharu *Eryr Pengwern* a *Canu Heledd*, awgryma Enid Jones fod y nofel yn cilio rhag mynegi'n llawn yr hyn a gollwyd yn yr englynion.[30] Ond mae'n debygol mai mynegiant o golled o fath gwahanol a geir yn *Eryr Pengwern*. Collir tir, ond yn raddol. Cyrhaeddwn ddinistr 'Stafell Gynddylan' erbyn diwedd y nofel, ond ar y ffordd yno, gwelwn ddirywiad iaith a diwylliant cyfan. Mae sylwadau Jenny Rowland ar boblogrwydd *Canu Heledd* yn ddiddorol yn y cyd-destun hwn:

> It is interesting to note that popularized versions of Canu Heledd have elicited a good deal of contemporary response unlike the other *englyn* cycles. It may in part be due to the concept of the union with the land that the link between the loss of Welsh sovereignty in the border region and the steady erosion of Welsh culture and language is readily perceived and lamented again in the guise of Heledd.[31]

Er nad yw Rowland yn nodi enghreifftiau, nid oes amheuaeth nad yw *Eryr Pengwern* yn syrthio i'r blwch dan sylw. Caiff themâu na cheir ond cipolwg arnynt yn yr englynion fynegiant llawn yn y nofel.

Yn *Eryr Pengwern*, â Rhiannon Davies Jones ati i ddangos sut y gall cenedl golli iaith. Yn ail ran y nofel, cawn hanes Nain Rheged a'r plant, Ethne a Bryden, wrth iddynt ffoi o'r Hen Ogledd i Bengwern. Maent wedi cyrraedd Dyffryn Trodwydd pan ymunwn â'u stori, ond yn fuan daw Penda a'r Mersiaid i oresgyn yr ardal:

> Felly ar fore braf wedi Calan Mai y meddiannodd carfan newydd o hil Hors a berthynai i Benda Fawr, Ddyffryn Trodwydd. Oherwydd amlder rhif y milwyr ni bu tywallt gwaed. Cyn canol haf yr oedd llys yr arglwydd newydd wedi'i godi ar y gwastatir yng nghanol y dyffryn a chodwyd rhai dwsinau o dai-allan i gartrefu'r anifeiliaid ac i gadw'r cnydau. Tacluswyd y meysydd fel y gellid eu haredig unwaith yn rhagor ac yr oedd offeiriaid yn yr eglwys i gladdu'r meirw. Fodd bynnag ni ddeallai'r hen Frythoniaid iaith hil Hors. Mynnodd y mwyaf gwasaidd o'r trigolion blygu i'r drefn gan

efelychu iaith y newydd-ddyfodiaid. Ac fel newid tywydd sydyn
yn Ebrill, fe newidiodd sgwrs y bobl.

"Mi gawn ni well byd o dan Penda Fawr."

"Wnaiff o mo'n lladd ni."

"Ddim os byddwn ni'n ufudd."

"Mi ddaw rhywun i aredig y ffriddoedd."

"Ac i gywain y cynhaeaf i'r sguborie."

"Doedd dim bai arnon i. Roedden ni wedi colli'n tiroedd ac
wedi dwyn hwn yr oedden ni!"

"Rhaid i ni blygu i'r drefn."

Mynnai'r rhieni y câi eu plant ddysgu crefft a bod yn gyfforddus
yn eu cenhedlaeth.

"Mi gân nhw ddysgu iaith hil Hors a dod ymlaen yn y byd ac mi
gaiff rhai ohonyn nhw swyddi bras yn y llys."

*Eryr Pengwern*, t. 79

Diddorol yw'r ffocws yma ar dir, ar sefydlu llys, a dod â threfn
i'r ardal. Dyna a gollir gan y Brythoniaid yn *Canu Heledd* ac a
roddir iddynt yma gan 'hil Hors' yn *Eryr Pengwern*. Diddorol yn
enwedig yw'r datganiad bod y Brythoniaid eisoes wedi colli eu
tiroedd yn y gogledd, ac mai wedi dwyn tir yn ardal Dyffryn
Trodwydd yr oeddent. Mae'r syniad o genedl heb dir yn ganolog
yma, felly. Ond yn fwy nag yn *Canu Heledd*, gwelir effaith ar
yr iaith. Oherwydd y dyfodiad hwn, oherwydd i'r Brythoniaid
golli eu gafael hwy ar y tir, oherwydd y drefn newydd, mae iaith
'hil Hors' yn dechrau ffynnu yn yr ardal – a hynny o wirfodd
y Brythoniaid. Gwelwn yr un agwedd yn nodiadau Rhiannon
Davies Jones. Mae'n dychwelyd yn aml at y syniad o gadwyn –
hynny yw, bod siaradwyr Cymraeg yn rhan o gadwyn sydd yn
ymestyn yn ôl i'r Oesoedd Canol, a bod dyletswydd arnom i
sicrhau parhad y gadwyn honno.[32]

Dyma thema a welwn eto ac eto yn y nofel: pryder cynyddol
wrth i'r Brythoniaid golli eu hiaith 'bur' o dan ddylanwad y Saeson.
Cynrychiola Nain Rheged, fel y mae'r enw yn ei awgrymu, iaith

bur yr Hen Ogledd, a chwilio am y rhai sydd yn siarad yr iaith hon o hyd a wnaiff wrth iddi ffoi gyda'r plant tua'r gorllewin:

"Ond i ble, Nain?"
"Wn i ddim yn iawn … ond yn ddigon pell oddi wrth hil Hors a lle bydd y bobol yn siarad hen iaith Urien Rheged."
*Eryr Pengwern*, t. 86

Gwrthosodiad yr iaith bur hon yw 'bratiaith' (t. 110) neu 'lediaith' (t. 104) y Gororau. Dyma'r iaith a siaredir gan blant yr ardal yn enwedig, fel y noda Bryden: "'Rydw i wrth fy modd efo hil Hors ac mae plant Trodwydd i gyd yn siarad geirie Hors'" (t. 82). Tyn Enid Jones sylw at amlygrwydd yr ifainc yn y frwydr dros barhad y genedl yn y nofel – Llywarch y bardd, er enghraifft – fel 'elfen sy'n atgynhyrchu awyrgylch yr ymgyrchu dros yr iaith a thros y sianel Gymraeg'.[33] Ond mae tueddiad plant y Brythoniaid at y Saesneg yn dangos persbectif arall hefyd: trwy'r ifainc y mae'r iaith newydd yn lledaenu gyflymaf.

Er bod bygythiad y Saeson yn gwmwl cyson yn *Eryr Pengwern*, nid ydynt byth yn ymddangos fel cymeriadau ar lwyfan y nofel. Nid oes ychwaith ddeialog Saesneg. Y Gymraeg yw cyfrwng y nofel, sydd yn cyd-fynd â'r neges bod gan bob unigolyn Cymraeg ei rôl i'w chwarae wrth barhau â'r gadwyn – gan gynnwys Rhiannon Davies Jones ei hun. Dyma safbwynt a welir yng ngwaith nifer o awduron ôl-drefedigaethol. Gan fod iaith yn gweithredu fel ffordd o gyfathrebu ac fel cyfrwng diwylliant, eglura Ngũgĩ wa Thiong'o: 'the domination of a people's language by the languages of the colonising nations was crucial to the domination of the mental universe of the colonised'.[34] Ffurfia hyn ran o'i eglurhad o'i benderfyniad i ymatal rhag ysgrifennu'n greadigol yn Saesneg, a chyhoeddi nofelau, dramâu a ffuglen i blant yn Gĩkũyũ yn unig.[35] Er bod gwahaniaeth, wrth reswm, rhwng ysgrifennu nofel hanesyddol Saesneg a chynnwys deialog

Saesneg mewn nofel hanesyddol Gymraeg, mae'r pwynt yn un perthnasol. Yn wir, mae'r defnydd o Saesneg mewn nofelau Cymraeg cyfoes wedi bod yn destun ymchwil ac yn bwnc llosg ar adegau.[36] Mae nofelau Rhiannon Davies Jones yn ddiddorol yn y cyd-destun hwn oherwydd eu bod yn ymwneud yn uniongyrchol â cholli iaith – yn y gorffennol, ond hefyd yn y presennol. Aiff ati i ddangos y broses o golli iaith yn y seithfed ganrif, ond heb beryglu statws y Gymraeg fel cyfrwng o fewn y nofel. Mae hyn yn arbennig o arwyddocaol oherwydd iddi ddilyn strategaeth dra gwahanol mewn nofelau eraill, fel y trafodir isod.

Wedi dweud hynny, ceir un enghraifft o air Saesneg yn y nofel, a hwnnw'n fwy trawiadol oherwydd mai dyma'r unig enghraifft. Dychwelwn i ail ran y nofel ac i Ddyffryn Trodwydd wrth i'r Brythoniaid ddechrau teimlo gormes Penda dros yr ardal. Caiff un o'r Brythoniaid ei grogi gan y Mersiaid ac mae Nain Rheged yn pryderu:

> "Meddwl na fydd neb i dalu galanas yr ydw i."
> "Be' ydy galanas, Nain?" gofynnodd Ethne.
> "Hen air hir," sibrydodd Bryden o dan ei anadl, "*Wergeld* ydy gair Hors amdano fo."
> Ni chymerodd ei nain sylw ohono ac meddai,
> "Yn Rheged pan fyddai dyn yn euog o ladd, fe fyddai ei deulu hyd y nawfed ach yn talu drosto i wneud yn iawn am y camwri. Dyna beth ydy galanas ac fe arbedai hynny ffrwgwd rhwng y llwythau am genedlaethau lawer. Ers talwm, cyfrifoldeb y llwyth oedd y dyn unigol. Methiant y llwyth fyddai ei fethiant yntau."
> "Ond 'does gan Daro Dyfrgi neb i dalu galanas drosto," meddai Ethne.
> "Mae ei deulu o i gyd wedi marw."
> "Wedi'u lladd, bob un ohonyn nhw," ychwanegodd ei nain, "a 'does yma neb a all dalu galanas drosto mewn da nac arian. A pha un bynnag nid dyna drefn hil Hors. Trefn yr hen Frythoniaid oedd honno."
>
> *Eryr Pengwern*, t. 81

Yma, nid yw Ethne yn gyfarwydd â'r gair Cymraeg, 'galanas'. Mae Bryden yn ei wfftio fel 'hen air hir' ac yn nodi'r gair Saesneg, '*wergeld*'. Gwelwn y gair 'galanas' yn aml yn y cyfreithiau canoloesol, gyda thri ystyr: gelyniaeth rhwng dau deulu; y weithred o ladd dyn (rheswm dros yr elyniaeth); neu'r hyn y mae'n rhaid ei dalu er mwyn gwneud yn iawn am y lladd.[37] Dengys Rhiannon Davies Jones ddealltwriaeth fanwl o'r arfer fel y'i disgrifir yn y cyfreithiau, gan gynnwys y datganiad a geir yn *Llyfr Blegywryd* mai naw cyfradd o'r genedl sydd i dalu galanas.[38] Ond mae arwyddocâd ehangach i'r defnydd o'r gair yma hefyd. Collwyd dealltwriaeth o'i ystyr, ynghyd â'r arfer y mae'n ei gynrychioli. Yn achos Bryden, dewisa ddefnyddio'r gair Saesneg. Ac mae ei ddefnydd o'r gair Saesneg yn ddylanwadol: caiff ei ailadrodd gan Ethne yn ddiweddarach yn y nofel (t. 82). Symbol yw'r gair hwn o golli iaith ac arferion y genedl ac, yn ei dro, o golli'r genedl ei hun. Pwysleisir hyn ymhellach trwy'r symudiad o gyfrifoldeb torfol i'r unigol – nid oes neb o deulu Daro Dyfrgi yn medru cymryd cyfrifoldeb am ei weithredoedd; unigolyn ydyw bellach, unigolyn heb genedl. Ffawd y fath unigolyn yw marwolaeth. Mae colli'r gair hwn yn taro'r darllenydd yn arbennig o arwyddocaol gan nad yw'n air a ddefnyddir yn y Gymru fodern. Cysylltir y darllenydd yn uniongyrchol â cholli iaith a hanes, gan ddychwelyd unwaith yn rhagor at syniadaeth Rhiannon Davies Jones o gadwyn.

Nodwyd uchod fod trydydd ystyr i 'alanas' yn y cyfreithiau canoloesol hefyd, sef y swm y mae'n rhaid ei dalu er mwyn gwneud yn iawn am y lladd. Byddai'i swm yn amrywio yn ôl statws cymdeithasol, ac felly roedd galanas i bob pwrpas yn ffordd o fesur gwerth unigolyn yn yr Oesoedd Canol.[39] Yn y cyd-destun hwn, mae'n fwy arwyddocaol fyth mai'r gair '*wergeld*' a ddefnyddia Bryden, ac yn ddiweddarach, Ethne. Mae'r genhedlaeth hon yn mesur gwerth unigolyn trwy gyfrwng y Saesneg.

## II

Mae dirywiad yr iaith Gymraeg yn thema ganolog yn *Eryr Pengwern*. Wedi dweud hynny, nid yw'r defnydd o iaith arall yn hanfodol beryglus – y Saesneg a'r Saesneg yn unig yw'r bygythiad. Daw'r syniadaeth hon yn amlwg wrth inni droi i ystyried agwedd arall ar yr ymdriniaeth ag iaith yn y nofel, sef y defnydd o Ladin. Mae modd gweld yma gysgod Saunders Lewis, ffigwr a oedd yn dra dylanwadol ar ffuglen hanesyddol yr ugeinfed ganrif, a gwaith Rhiannon Davies Jones yn enwedig. Roedd y ddau ohonynt yn gohebu â'i gilydd ac ymysg ei phapurau, ceir llythyr gan Saunders Lewis (25 Mehefin 1964) yn ei chanmol ar ei llwyddiant creadigol diweddar.[40]

Yn yr un modd â'r Saesneg, y bachgen Bryden yw'r prif gyfrwng ar gyfer yr iaith Ladin yn y nofel. Mae'r teulu yn llochesu yn Nyffryn Gwefrddwr ac yno mae'r mynachod yn cyflwyno Bryden i'w gwaith yn y *scriptorium*. Cawn gyfeiriadau cyson at y *scriptorium* – yn *Eryr Pengwern*, ond hefyd yn nhrioleg y tywysogion ac yn *Lleian Llan Llŷr* – ac ystyrir ei arwyddocâd ymhellach yn y man. Yn annhebyg i'r Saesneg, nid oes dim perygl o ddysgu Lladin:

> "'Rwyt ti'n hel geirie fel hel cerrig," ychwanegodd ei nain, a'r tro hwn ni chythruddwyd hi fel y gwnaed yn Nyffryn Trodwydd am mai geiriau hil Hors a glywsai yn y fan honno. Rywfodd yr oedd geiriau gwŷr yr Eglwys yn wahanol.
>
> *Eryr Pengwern*, t. 92

Noda Enid Jones 'atyniad parhaol Cymru ganoloesol Saunders Lewis' i awduron ffuglen hanesyddol yr ugeinfed ganrif.[41] Yn achos Rhiannon Davies Jones, cyfeiria yn benodol at gysylltiadau ysgolheigion ac eglwyswyr trioleg *Cribau Eryri* ag Ewrop, a'u teithiau yno i ymdrwytho yn y diwylliant.[42] Gwelwn adleisio syniadaeth wleidyddol Saunders Lewis hefyd yn ei hymdriniaeth ag ieithoedd, y Lladin a'r Ffrangeg (trafodir yr ail ymhellach isod). Roedd undod Ewropeaidd yn ganolog i'w weledigaeth, a dadleuai'n ffyrnig dros le Cymru ar y llwyfan hwn. Yn wir, fel yr unig genedl ym Mhrydain a fu'n rhan o'r Ymerodraeth Rufeinig, roedd gan y Cymry ddealltwriaeth well o Ewrop na'u cymdogion.[43] Roedd hanes Rhufeinig a chanoloesol Prydain yn sail allweddol i'w syniadaeth, felly, fel y gwelwn ymhellach yn *Egwyddorion Cenedlaetholdeb*, pamffled a gyhoeddwyd yn 1926 sy'n tynnu ar ddarlith a roddodd ym Machynlleth yn yr un flwyddyn:

> Rhoddwn gipdrem ar hanes Cymru. Gwlad yw hi a fu unwaith yn rhan o Ymerodraeth Rufain, a etifeddodd wareiddiad Lladin Ewrop, ac wedi cwymp Rhufain a geisiodd adeiladu ei bywyd ar sail y traddodiad hwnnw. Yna fe'i darostyngwyd gan elynion, a chollodd erbyn y drydedd ganrif ar ddeg bob rhith annibyniaeth. Fe'i concrwyd. Ond ni wnaeth hynny ddrwg mawr iddi. Aeth rhagddi fel o'r blaen yn byw ei bywyd ei hun a datblygu ei diwylliant, yn parhau o hyd yn rhan o Ewrop. Yna yn yr unfed ganrif ar bymtheg fe unwyd y wlad hon â Lloegr dan y Tuduriaid, ac o hynny ymlaen nychodd a dirywiodd gwareiddiad Cymru. Y mae'r gwareiddiad hwnnw heddiw mewn perygl einioes.[44]

Ehanga Saunders Lewis ar ddylanwad yr Ymerodraeth Rufeinig yma, gan gyfeirio'n benodol at wareiddiad Lladin Ewrop fel sail i ddiwylliant Cymraeg. Dyma'r etifeddiaeth a welwn ar waith yn *scriptorium* Rhiannon Davies Jones, yn cael ei phasio i'r genhedlaeth nesaf ar ffurf Brydcn.

Daw pwysigrwydd yr etifeddiaeth Rufeinig yn amlycach fyth yn *Eryr Pengwern* yn y drafodaeth ar yr *Ystorya*, testun (ffuglennol) am hanes Powys a gomisiynwyd gan Heledd:

> "'Rwyt ti'n beniog, yn beniog iawn, y llanc," meddai'r Arglwyddes. "Ond fedri di ddim darllen iaith yr *Ystorya*."

"Na… ond mi wn i mai Lladin ydy hi. Iaith gwŷr yr Eglwys a
Seser Fawr."

Rhyfeddodd at allu'r llanc. Yr oedd ei gelfyddyd i lythrennu ac
i addurno memrwn wrth ei bodd. Un o'r Brodyr o Eglwysau Basa
a ddysgodd Ladin iddi hi pan weinyddai fel Canghellor i'w thad,
Cyndrwyn, ac fe dyngodd y gŵr hwnnw fod i Heledd ymennydd
gŵr eglwysig.

Bellach yr oedd hithau yn cyflawni'r addewid a roesai i'w thad,
Cyndrwyn, am iddi gael yr hawl i dderbyn dysg o Eglwysau Basa.
Fel y codai hi'r hen femrynau llwydion o'r coffr pres, byddai'n
troi'r dalennau brau ac yn trosi hen hanes y Brythoniaid. Gwaith
Bryden oedd ailgopïo'r fersiwn Lladin a gwnaeth yntau hynny
gydag urddas a graen. Fel y copïai Bryden fe fyddai Llywarch Ifanc
yn gwrando ar chwedlau a barddoniaeth yr hen feirdd o'r cyfnod
hwnnw pan deithiai disgyblion Taliesin ac Aneirin yn rhydd
drwy dir Elfed, rhwng Llys Pengwern a thir Urien Rheged. Wedi
cenedlaethau o esgeulustod, fe ddaeth ystafell Heledd yn fyw o
hanes hen oesoedd o'r cyfnod pan ddaeth milwyr Rhufain drosodd
gyntaf i Ynys Prydain a thrwy gyfnod y Brithwyr hyd at Hengest-
Horsa.

*Eryr Pengwern*, t. 178

Fel y noda Enid Jones, mae Bryden a Llywarch ill dau yn
gyfrifol am 'enaid y genedl'.[45] Ond arwyddocaol yn y cyd-
destun hwn yw cyfrwng y parhad: Lladin y cronicl, Cymraeg y
beirdd. Amwys yw ystyr 'trosi hen hanes y Brythoniaid' yma:
ai trosi o'r Gymraeg i'r Lladin a wna Heledd, neu o'r Lladin
i'r Gymraeg? I ba bynnag gyfeiriad yr â llif y cyfieithu, ceir
pwyslais ar y ddwy iaith fel cyfrwng traddodiad. Trwy'r *Ystorya*
mae etifeddiaeth Rufeinig y Cymry yn parhau, a thrwy'r parhad
hwn, eu hanes a'u diwylliant. Dyma, felly, yw arwyddocâd y
*scriptorium*.

Dengys y cysylltiad hwn â syniadaeth Saunders Lewis
bwysigrwydd ehangach astudiaethau manwl o ffuglen
hanesyddol yr ugeinfed ganrif. Fel y trafodwyd uchod, roedd

ei weledigaeth wleidyddol yn seiliedig ar ddehongliad penodol o hanes canoloesol. Nid yw'r strategaeth ei hun yn arbennig o wreiddiol: gwneir defnydd cyson o'r Oesoedd Canol wrth lunio hunaniaethau modern.[46] Ond yn nofelau Rhiannon Davies Jones, gwelwn ddylanwad ei syniadaeth, a lledu ei ddehongliad o hanes ganoloesol ac arwyddocâd yr hanes hwnnw i gynulleidfa ehangach.

### III

Daw cymhlethdod ymdriniaeth Rhiannon Davies Jones ag iaith, a'r cysylltiad â syniadaeth Saunders Lewis, yn amlycach eto yn y drioleg o nofelau am dywysogion y drydedd ganrif ar ddeg, *Cribau Eryri*, *Barrug y Bore*, ac *Adar Drycin*. Mae'r thema o golli iaith hefyd yn ganolog i'r nofelau hyn, ond wrth reswm, lle gwahanol iawn oedd Gwynedd y ddau Llywelyn i Bowys Heledd. Cawn gyfle, felly, i ystyried agwedd arall ar yr ymdriniaeth ag iaith yn nofelau Rhiannon Davies Jones, sef y defnydd o Ffrangeg. Yn y drioleg, 'y Norman' yw'r gelyn. Y mae i'w bygythiad ddwy brif elfen. Yn gyntaf, hwy yw'r gelyn gwleidyddol y mae'n rhaid i'r tywysogion amddiffyn y deyrnas rhagddo. Felly, yn natganiad y distain wrth Llywelyn ab Iorwerth:

> "Dowch f'arglwydd. Tra bydd Llywelyn ab Iorwerth yn Dywysog Aberffraw ac Arglwydd Eryri, fe gedwir y Norman draw!"
>
> *Cribau Eryri*, t. 61

Yn debyg i *Eryr Pengwern*, plethir y bygythiad gwleidyddol hwn â bygythiad ieithyddol. Rhaid amddiffyn teyrnas y Cymry a thrwy hynny amddiffyn y Gymraeg:

> Ar hynny fe saethodd meddwl y Tywysog yn ôl at drigolion yr ardaloedd hynny ar lawr dyffryn afon Wysg – Cymry Cymraeg eu

hiaith y byddai'n dda ganddo gael eu gwarchod. Yno fe siaredid y Gymraeg yn felys odiaeth.

*Barrug y Bore*, tt. 216–17

Unwaith eto, colli iaith yw canlyniad anochel colli tir. Dewis diddorol o elyn yw'r 'Norman'. Fel rheol, cyfeiriadau at y *Freinc* a geir yn nhestunau Cymraeg y drydedd ganrif ar ddeg.[47] Hwy, ynghyd â'r *Fflemisseit*, yw gelynion pennaf y Cymry yn nghofnodion *Brut y Tywysogyon* ar gyfer yr unfed ganrif a'r ddeg a'r ddeuddegfed.[48] Wedi dweud hynny, â cyfeiriadau at y grwpiau ethnig hyn yn brinnach yn y drydedd ganrif ar ddeg, gyda phwyslais cynyddol ar y Saeson fel y gelyn. Felly, disgrifir brwydr Llywelyn yn erbyn y Brenin John yn 1211 fel brwydr yn erbyn y Saeson.[49] Nid yw'r patrwm yn un union – yn wir, mae galw mawr am astudiaeth fanwl o'r ymdriniaeth â grwpiau ethnig yn *Brut y Tywysogyon*. Ond llai cyffredin yw'r cyfeiriadau at *Freinc* yng nghofnodion y drydedd ganrif ar ddeg, a phrin yw'r cyfeiriadau at y *Normanyeit* o gwbl yn *Brut y Tywysogyon*.[50]

Mae penderfyniad Rhiannon Davies Jones i drin y Norman fel gelyn y tywysogion yn arwyddocaol, a daw'r arwyddocâd yn amlycach o droi at yr ail elfen yn ei hymdriniaeth â'u bygythiad. Yn *Eryr Pengwern*, daethai'r perygl mwyaf wrth i'r Cymry syrthio o dan oruchafiaeth y Saeson a mabwysiadu eu diwylliant. Yma, canolbwyntir mewn modd tebyg ar ddylanwad dinistriol diwylliant arall ar y Gymraeg, ond ar wedd ychydig yn wahanol. Yn y drioleg, ac yn *Cribau Eryri* yn enwedig, daw'r perygl pennaf i'r iaith o ddylanwad 'y Norman' ar lys y tywysog, a hynny trwy gynghreiriau priodasol. Tynnir sylw cyson at bresenoldeb 'y Norman' yn y llys: cyfeirir at Dafydd, mab Llywelyn ab Iorwerth gan Siwan (merch y Brenin John), fel 'hanner-Norman', tra bod ei fab arall, Gruffudd, o 'waed pur Cymreig' (*Cribau Eryri*, t. 13). Arweinia'r presenoldeb hwn at newid yn niwylliant y llys:

Dieithriaid fodd bynnag oedd yn gweini wrth y byrddau y nos honno, dynion oedd yn hyddysg yn arferion y Norman. Gwŷr dieithr oedd gyda'r telynau a'r pibau ac fe allai'r mwyaf craff o'r gwesteion synhwyro na cheid cynhesrwydd gwledd Nos Ystwyll Dolwyddelan yn y gaer hon. Oedd, yr oedd mwy o dinc y Norman na'r Cymro yma. Wedi'r wledd clywid rhythmau canu dieithr a siglo corff a churo traed ar lawr y neuadd. Ysgwyd ei ben yn ddiamynedd yng nghefn y neuadd yr oedd Mathau Hen a sibrwd rhwng ei ddannedd melyn mai hanner cenedl oedd cenedl y Cymry bellach.

*Cribau Eryri*, tt. 90–1

Fel yn *Eryr Pengwern*, yr hen sydd yn mynegi pryderon ynghylch y newid mewn diwylliant.[51] Mae dylanwad y Norman ar y llys hefyd yn golygu perygl i'r iaith, fel y gwna Elystan yn glir yn y dyfyniad hwn:

"Os nad awn ni i'r frwydr, fe fydd yr iaith Gymraeg yn fratiaith ac yn gymysgedd o iaith y gelyn… Mae'r rhybudd ar y mur pan fo swyddogion Llys Aber a gosgordd y Tywysog yn dysgu cerddi'r Norman i'w plant a'r Tywysog yn priodi'i blant â thylwyth yr estron!"

*Cribau Eryri*, t. 69

Gwelwn yr un pryderon yn union ag yn *Eryr Pengwern*, yr un cyfeiriadau at 'fratiaith' a chymysgu ieithoedd, ond y tro hwn, iaith y Norman yw'r bygythiad i burdeb y Gymraeg. Ni cheir, fodd bynnag, yr un gofal ynghylch defnyddio'r Gymraeg fel unig gyfrwng y nofel.[52] Hyd yn ocd o ddeall bygythiad iaith 'y Norman' yn y drydedd ganrif ar ddeg fel symbol o fygythiad Saesneg yr ugeinfed ganrif (pwynt y dychwelwn ato eto), nid oes i ddyfynnu o'r Ffrangeg yr un arwyddocâd cyfoes.[53] Felly, mae deialog Ffrangeg yn britho'r drioleg, a chawn yr argraff mai ehangu gorwelion y darllenydd a wna Rhiannon Davies Jones yma, nid gwanhau ei rôl yn y gadwyn.

O safbwynt yr hanesydd, ceir sawl pwynt diddorol yma. Roedd dylanwad Ffrengig yn sicr i'w weld ar Gymru'r drydedd ganrif ar ddeg. Cawn drosolwg o'r dystiolaeth gan Rees Davies, sydd yn cyfeirio, ymysg pethau eraill, at y geiriau a fenthycwyd o'r Ffrangeg i'r Gymraeg; cyfieithiadau i'r Gymraeg o destunau Ffrangeg; a dylanwad Ffrengig ar destunau llenyddol megis y Rhamantau.[54] Nid yw ychwaith yn ddadleuol nodi bod y tywysogion eu hunain yn agored i ddylanwad eu cymdogion.[55] Cynyddu a wnaeth y cysylltiadau ag arglwyddi'r Mers trwy gynghreiriau priodasol, a gallwn weld – yn llythrennol – ddylanwad y cysylltiadau hyn ym mhensaernïaeth rhai o gestyll Llywelyn ab Iorwerth.[56] Ym marn Anthony Carr, tebygol fyddai i Lywelyn ab Iorwerth a Llywelyn ap Gruffudd fod â rhyw afael ar y Ffrangeg. Dyma oedd iaith cymdeithas aristocrataidd Ewrop, wedi'r cyfan, cymdeithas yr oedd y ddau dywysog yn agos iawn ati trwy eu gwragedd, Siwan ac Eleanor de Montfort.[57] Gwelir y cynnydd yn y cysylltiadau ag arglwyddi'r Mers a chyfundrefn Lloegr hefyd yn *acta* (dogfennau gweinyddol) tywysogion y drydedd ganrif ar ddeg. Ond tra bo'r dogfennau yn arddangos dylanwad byd y Plantagenetiaid, cawn ein rhybuddio hefyd rhag gweld y Cymry fel derbynwyr goddefol diwylliant gweinyddol Lloegr. Yn wir, pwysai'r tywysogion ar syniadau am hunaniaeth Gymreig yn eu hymdrechion i sefydlu ac ehangu eu goruchafiaeth wleidyddol.[58]

Mae'r dylanwad Ffrengig yn nhrioleg Rhiannon Davies Jones yn ddylanwad diamwys, gweledol a chlywedol, ar y llys. Gwelwn yn y rhannau o *Cribau Eryri* a ddyfynnwyd eisoes gyfeiriadau at weinyddwyr, canu a dawnsio, ac addysg Normanaidd, ac mewn rhan arall o'r nofel (t. 43) cyfeirir hefyd at ddillad 'y Norman'. A'r dylanwad pennaf, wrth gwrs, yw iaith. O ystyried bod y dylanwad diwylliannol hwn ar ei fwyaf yn *Cribau Eryri* ac yn gysylltiedig â Siwan, y tebyg yw bod cysgod Saunders Lewis i'w weld yma. Cawn adlais o 'ddawnsiau Aquitaine' a'r ddeialog Ffrangeg sydd yn britho'r ddrama *Siwan*. Er mai cyfeiriadau at y Ffrancwyr a geir yn y ddrama ei hun, diddorol yw cyfeiriadau Saunders Lewis at y Normaniaid a Gwilym Brewys, 'y Norman', yn ei sylwadau arni.[59]

I ddychwelyd at drosolwg Rees Davies, ceir un pwynt arall sydd o berthnasedd arbennig: roedd dylanwad y Ffrangeg ar y Gymraeg ar ei fwyaf mewn cyd-destunau penodol. Felly, mae nifer o'r geiriau a fenthycwyd i'r Gymraeg o'r Ffrangeg yn ymwneud â rhyfel, bywyd aristocrataidd, neu fasnach.[60] Yn y llys y mae dylanwad y Ffrangeg ar ei fwyaf yn *Cribau Eryri* hefyd, ac ymysg y bonheddwyr y mae'r pryder ynghylch colli tir ac iaith i'r Norman. Mae'n debygol bod datgysylltiad bwriadol yn y nofel rhwng pryderon yr uchelwyr a'r hyn sydd yn digwydd ar lawr gwlad. Daw hyn i'r amlwg yn yr hanes am ymosodiad lluoedd y Brenin Edward ar Gwmwd Dindaethwy yn 1277 yn *Adar Drycin* (tt. 206–13). Mae'r trigolion yn disgrifio'r gelyn fel 'Sacsoniaid' ac mae'r milwyr yn siarad Saesneg: 'open the door, you Celtic brats!' (t. 206). Heblaw am y gair '*wergeld*', ni cheir dim Saesneg yn *Eryr Pengwern*; cyflëir y bygythiad i'r Gymraeg trwy gyfrwng y Gymraeg. Diddorol yw'r strategaeth wahanol a welwn yn *Adar Drycin*. Mae'r tair brawddeg o ddeialog Saesneg yn torri ar draws llif nofel sydd fel arall yn Gymraeg yn bennaf, gyda pheth defnydd o'r Ffrangeg a'r Lladin. Mae'r newid mewn arddull yn tarfu ar y darllenydd ac yn ei dynnu o fyd y tywysogion – byd y mae wedi ymgolli ynddo am bron i dair nofel gyfan. Dyma ddangos y gwir fygythiad i deyrnas Llywelyn ap Gruffudd. Tra bo eglwyswyr a chroniclwyr y nofel yn poeni am ddylanwad y Norman, daw'r ymosodiad go iawn trwy gyfrwng y Saesneg. Efallai fod modd gweld adlais arall o syniadaeth Saunders Lewis yma. Mae ei agwedd tuag at yr Oesoedd Canol, ac Oes y Tywysogion yn enwedig, wedi ennyn sylw. Fel y gwelwyd yn yr adran o *Egwyddorion Cenedlaetholdeb* a ddyfynnwyd eisoes, nid oedd yn olrhain dirywiad diwylliannol i'r goncwest, ond yn hytrach i'r Deddfau Uno.[61] Felly yn y drioleg: nid oes perygl, mewn gwirionedd, yn iaith 'y Norman'. Yn wir, trwy ddyfynnu'r Ffrangeg, mae Rhiannon Davies Jones yn tywys y darllenydd i Ewrop, a hynny ar ffordd osgoi diwylliant Saesneg.

Awgryma Enid Jones fod modd dehongli'r brwydro rhwng y carfanau yng Ngwynedd – plaid y llys ar y naill law, a'r 'Gwylliaid' ar y llall – yng nghyd-destun anghytundeb dros strategaeth ymysg cenedlaetholwyr y 1970au.[62] Os felly, mwy diddorol fyth yw'r pwyslais ar fethiant y carfanau i ddirnad y bygythiad sydd yn eu hwynebu. Mae union eiriau'r milwyr hefyd yn ddiddorol. Yn ogystal â'r 'Celtic brats' a ddyfynnwyd eisoes, ceir cyfeiriad at 'bloody Druids' (t. 208). Caiff y byd cymhleth a chyfoethog ei ddiwylliant y mae Rhiannon Davies Jones wedi treulio trioleg yn ei adeiladu ei droi'n ystrydebau gan y milwyr Saesneg. Mae hyn yn arwyddocaol ar sawl cyfrif. O ddarllen y ddeialog yn unig, cawn ein taro gan ymdrechion y Saeson i dynnu sylw at arallrwydd y Cymry. Mae'r iaith yn cyfrannu at hyn hefyd, gan nad yw'r cymeriadau yn deall ei gilydd. Yn wir, cyfeiria'r milwr Saesneg at 'Celtic prattle' (t. 207) yr hen ŵr Cymraeg. Gwelwn yn y ddeialog enghraifft o strategaeth yr ystrydeb – strategaeth sydd yn allweddol i reolaeth drefedigaethol yn ôl Homi Bhabha. Hynny yw, defnyddir ystrydebau er mwyn cyfiawnhau trefedigaethu yr 'arall'.[63] Ond canolog i syniadaeth Bhabha hefyd yw'r gred nad yw grym wedi ei leoli yn gyfan gwbl yn nwylo'r rhai sydd yn trefedigaethu. Pwysig, felly, yw ymateb yr 'arall' i'r ystrydeb.[64] Yn wir, wrth drafod enghreifftiau o ystrydebau cyfoes am y Cymry a'r Gymraeg, eglura Dylan Foster Evans fod modd gweld '[g]rym yr ystrydeb yn llifo mewn cyfeiriad croes i'r gwreiddiol'.[65] O ddarllen y ddeialog yng nghyd-destun y drioleg, mae hyn yn taro deuddeg. I'r darllenydd, mae gwacter yr ystrydeb – ac efallai wacter ymosodiadau ehangach ar ddiwylliant y Cymry – yn amlwg. Mae hyn yn arbennig o wir gan mai ystrydebau modern yw'r rhain: ni fyddai'r Saeson wedi cyfeirio at y Cymry fel Celtiaid yn yr Oesoedd Canol.

## IV

Yn *Eryr Pengwern* a thrioleg *Cribau Eryri,* cawn ein cludo i fyd canoloesol sydd eto yn adleisio nifer o heriau a phryderon ail hanner yr ugeinfed ganrif. Rhoddwyd cryn dipyn o sylw eisoes i'r cyd-destun hwn, i ddylanwad brwydrau gwleidyddol yr ugeinfed ganrif ar nofelau Rhiannon Davies Jones a'i chyfoeswyr. Ond mae'r erthygl hon wedi dod at ei gwaith o gyfeiriad gwahanol wrth ystyried ei nofelau nid yn unig yng nghyd-destun cyfnod eu hysgrifennu, ond hefyd yng nghyd-destun y ffynonellau canoloesol y seilir hwy arnynt. Wedi'r cyfan, roedd Rhiannon Davies Jones yn ganoloesegydd. Nid ar chwarae bach ond ar gefn ymchwil manwl y troesai i ysgrifennu am y cyfnod. Angenrheidiol, felly, yw i feirniadaeth ar ei gwaith orffwys ar yr un seiliau.

Datgan yr amlwg yw nodi mai nofelau am frwydr cenedl i oroesi yw'r rhain, a bod yr iaith yn rhan ganolog o hynny. A theg yw nodi mai llawdrwm yw ymdriniaeth Rhiannon Davies Jones â'i thema ar adegau. Prin y gallai'r darllenydd mwyaf difater beidio â sylwi ar y cyfeiriadau cyson at ddirywiad y Gymraeg yn 'fratiaith'. Eto, o droi o gynnwys y ddeialog at ei chyfrwng, a'i hystyried mewn cyd-destun canoloesol, daw cynildeb i'r amlwg. Gwelwn ymdriniaeth gymhleth â chysyniadau canoloesol megis galanas a *wergeld*. Gwelwn densiwn rhwng dylanwad 'y Norman' ar lys Llywelyn ac ymosodiad y 'Sacsoniaid' ar lawr gwlad. Gwelwn ymdriniaeth â Lladin sydd yn adleisio syniadaeth Saunders Lewis. Mae'r cyfoes a'r canoloesol yn plethu ynghyd, a'r nofelau yn cynnig mewnwelediad i berthynas annatod canoloesoldeb a chenedlaetholdeb yr ugeinfed ganrif.

Hoffwn ddiolch i Dr David Callander a'r darllenydd dienw am eu sylwadau defnyddiol ar fersiwn cynharach o'r erthygl hon. Diolch hefyd i Haf Llewelyn am sawl sgwrs ddiddorol am y pwnc.

# Taith Ewropeaidd Twrch Trwyd fab Tared Wledig: cysylltiadau posibl rhwng llenyddiaeth ganoloesol Cymru a Sbaen

## Llewelyn Hopwood

MAE'R ERTHYGL HON YN archwilio'r cysylltiadau llenyddol rhwng Cymru a Sbaen yn yr Oesoedd Canol. Gwna hynny ar ffurf astudiaeth achos sydd yn edrych ar gyswllt posibl rhwng y testun Cymraeg, *Culhwch ac Olwen*, a'r testun Sbaeneg, *El Libro del Caballero Zifar*.[1] Daw'r cyswllt posibl hwnnw ar ffurf cymeriad o'r enw Tared sy'n ymddangos yn y ddau destun, enw nad yw'n hysbys mewn unrhyw destun arall. Gan fod y ddau destun yn Arthuraidd i raddau amrywiol, mae'r erthygl yn archwilio pwysigrwydd Mater Prydain wrth gysylltu llenyddiaeth ganoloesol Cymru a Sbaen, ac esbonia sut y mae llenyddiaeth Arthuraidd Ffrainc yn gyfrwng anorfod rhwng y ddau.[2] Er mai cyd-ddigwyddiad, nid dylanwad, yw'r esboniad mwyaf tebygol, dengys sut y mae hela'r ysgyfarnog benodol hon yn cynnig cyfle i archwilio cysylltiadau llenyddol Cymru a Sbaen yn yr Oesoedd Canol.

Dechreuir drwy amlinellu tebygrwydd thematig y ddau Tared. Gan nad oes olion o ddylanwad uniongyrchol rhwng y ddau, chwilir am gymeriadau sydd ag enwau a nodweddion tebyg iddynt mewn testunau a all fod wedi pontio *Culhwch ac Olwen* a

*Caballero Zifar*, sef testunau Ffrangeg yn bennaf. Er mwyn ehangu'r chwilio, dadleuir bod Tared a Twrch Trwyd yn enwau gwahanol ar yr un cymeriad, sef cymeriad sydd â'i wreiddiau llenyddol ac etymolegol yn Iwerddon. I gloi, trafodir y posibilrwydd amgen fod gwreiddiau'r Tared Sbaeneg mewn testunau Groeg sydd heb unrhyw gyswllt â llenyddiaeth yr ieithoedd Celtaidd.

Wrth fentro i'r maes ymchwil newydd hwn, noder o'r dechrau mai cynnig awgrymiadau yn hytrach na dod i gasgliadau pendant yw bwriad yr ysgrif hon.

## Y testunau

Pwy oedd Tared *Culhwch ac Olwen* a Tared *El Libro del Caballero Zifar*, ac a ydy'r ddau yn perthyn? Ymgyfarwyddwn â'r testunau cyn ceisio ateb.

Y gred gyffredinol yw mai *Culhwch ac Olwen* yw'r chwedl Gymraeg gynharaf a'r chwedl Arthuraidd gynharaf sydd wedi goroesi mewn unrhyw iaith. Er nad oes consensws ar y dyddiad cyfansoddi heblaw *terminus ante quem* y copi cynharaf, sef Llyfr Gwyn Rhydderch (Aberystwyth, Llyfrgell Genedlaethol Cymru, Peniarth 4, 79v–88v) a luniwyd tua chanol y bedwaredd ganrif ar ddeg, mae rhywbryd yn ystod ail hanner y ddeuddegfed ganrif yn amcan dilys.[3] O ran pensaer y cyfanwaith, nid yw'r awdur yn hysbys.[4]

Mae'r chwedl yn dilyn anturiaethau'r marchog, Culhwch, wrth iddo gyflawni sialensau, neu 'anoethau', a osodir iddo gan y cawr, Ysbaddaden Bencawr, sialensau y mae'n eu cyflawni â chymorth ei gefnder, y Brenin Arthur.[5] Rhaid cyflawni'r sialensau er mwyn derbyn caniatâd Ysbaddaden i briodi ei ferch hardd, Olwen. Y sialens sy'n derbyn y sylw mwyaf yw hela baedd enfawr a dychrynllyd o'r enw Twrch Trwyth, neu Twrch Trwyd, fel y trafodir isod. Rhaid hela'r baedd gan ei fod yn cario crib a gweill rhwng ei glustiau, teclynnau sydd eu hangen er mwyn trin gwallt Ysbaddaden. Mae'r chwedl yn waith cyfansawdd sy'n tynnu ynghyd elfennau o'r traddodiad llafar, llên gwerin, straeon onomastig, a thraddodiadau Gwyddelig.

★

Ffrwyth degawdau cynnar y bedwaredd ganrif ar ddeg yw *El Libro del Caballero Zifar*.[6] Fel gyda *Culhwch ac Olwen*, mae'r unig ddau gopi llawysgrifol yn dyddio i gyfnod ychydig yn ddiweddarach na chyfnod y cyfansoddi: Madrid, Biblioteca Nacional de España, 11309 (s. xiv); a Paris, Bibliothèque nationale de France, espagnol 36 (1464). Dienw yw'r awdur ond mae'n bur sicr mai gŵr o Fadrid gyda chysylltiadau â Toledo ydoedd.[7]

Nid yw *El Libro del Caballero Zifar* ymhlith gweithiau canoloesol enwocaf Sbaen. Yn gronolegol, ond hefyd o ran naws, gellid dadlau ei fod yn eistedd rhwng dau o'r gweithiau hyn. Ar y naill law, ceir drama boblogaidd *La Celestina* (1499) sydd ar drothwy dadeni Sbaen, neu'r 'siglo de oro' ('y ganrif euraidd') a'i barddoniaeth a'i dramâu di-ri.[8] Ar y llall, ceir cerdd arwrol o'r ddeuddegfed ganrif, *Poema de Mio Cid*, sydd ymysg gweithiau cynharaf yr iaith Sbaeneg, yn hytrach na Lladin Iberia, a'r cyntaf ymhlith dau draddodiad eang o farddoniaeth hanesyddiaethol: 'cantar de gesta' ('canu'r gorchestion') y ddeuddegfed ganrif a 'mester de clerecía' ('canu'r offeiriadaeth') y ganrif ddilynol.[9]

I fyd y rhamant gwrtais y perthyn *El Libro del Caballero Zifar*: byd marchogion bonheddig ar anturiaethau rhyfeddol yn byw wrth god cymdeithasol a bwysleisia deyrngarwch, brawdgarwch, a duwioldeb. Yn amlach na pheidio, straeon y byd Arthuraidd oedd y rhamantau hyn. Bu'r rhain yn boblogaidd yn Ffrainc hanner cyntaf y drydedd ganrif ar ddeg, yn enwedig straeon Lancelot, Guinèvere, a'r Greal Sanctaidd, neu'r gyfres 'Fwlgat', ond ar ffurf y gyfres 'Ôl-Fwlgat', sef addasiadau o'r chwedlau Fwlgar, y daethant i Sbaen.[10] Trafodir hyn ymhellach isod. Ymhlith haenau eraill *Caballero Zifar*, gwelir dylanwadau Arabaidd a Semitaidd, yn ogystal ag olion hagiograffeg a *genre* didactig y 'speculum principum' ('drych y tywysogion'). Yr hyn sy'n clymu popeth ynghyd yw'r brif thema Gristnogol o brawf, pechod a chosb: caiff cymeriadau pechadurus eu cosbi, a chaiff y rhai gonest eu profi a'u gwobrwyo.

Rhennir anturiaethau'r testun yn bedwar 'llyfr'. Mae Llyfrau 1 a 2 yn ymwneud â'r cymeriad eponymaidd, Zifar ei hun. Dyma ŵr urddasol, ond un sydd eisoes wedi colli popeth cyn dechrau'r stori. Am resymau yn ymwneud â chyndad o'r enw Tared, mae Zifar wedi ei ddiarddel o'i gartref yn nheyrnas Tarta – rywle yn India heddiw, meddai'r testun – ac mae hefyd wedi ei wahanu oddi wrth ei deulu. Aiff ar sawl antur sy'n profi ei gryfder ysbrydol, ac yn raddol, tyfa mewn awdurdod a pharchusrwydd hyd nes iddo adennill ei statws brenhinol a chael ei goroni yn Frenin Mentón, teyrnas ddyfeisiedig arall mewn ardal ddwyreiniol annelwig. Mae Llyfr 3 yn sefyll ar wahân i ddigwyddiadau'r brif stori gan droi ein ffocws at feibion Zifar sy'n derbyn cyngor ar ffurf *exempla* moesol am lyfr cyfan. Mae Llyfr 4 yn ailgydio ym mhrif anturiaethau'r stori gan droi'r cloc ymlaen ychydig a throi ein sylw at Roboán, un o feibion Zifar, a'i daith trwy lencyndod: dyma daith debyg i eiddo ei dad, sy'n gorffen gyda'i goroni yn Ymerawdwr Tigrida ac sy'n cynnwys sawl prawf ysbrydol ac elfennau arallfydol cryfion.

## Enw a chymeriad Tared

Yr hyn sy'n cyfiawnhau darllen *Culhwch ac Olwen* a *Caballero Zifar* y naill ochr â'i gilydd yw ymddangosiad enw a chymeriad 'Tared' yn y ddau. Yn orgraffyddol, yr union yr un enw sydd yma – Tared – ond cofier nad yw orgraff a ffonoleg yn unfath o un iaith i'r llall. Yr elfen gyntaf i'w thrafod yw'r llythyren olaf, *d*. Mewn Cymraeg Canol mae -*d* terfynol yn cynrychioli /ð/, ond weithiau /d/. Mewn Sbaeneg canoloesol /ð/ yw'r ynganiad mwyaf cyffredin.[11] Yr ail elfen a all awgrymu mai enwau gwahanol sydd yma yw lleoliad annelwig y pwyslais. Y goben sy'n arferol yn y Gymraeg ac felly hefyd yn Sbaeneg, ond bod yr eithriadau yn fwy niferus yn Sbaeneg: un ohonynt yw geiriau sy'n gorffen gyda -*d* (/ð/), gw. 'pared' ('wal'), 'casualidad' ('cyd-ddigwyddiad'), a 'Madrid'. Felly, o ran ynganiadau mwyaf tebygol y ddau Tared, disgwylir /'ta-rɛð/ yn y Gymraeg a /ta-'rɛð/ yn Sbaeneg, ond mae /'ta-rɛd/ a /ta-'rɛd/ hefyd yn bosibl.[12] Fodd bynnag, ni ddylid pwyso gormod ar y gwahaniaethau posibl hyn gan mai natur enwau priod yw addasu i ffonoleg ac orgraff yr iaith fenthyg.[13]

Beth, felly, am natur cymeriad Tared? Rhennir sawl nodwedd rhwng Tared *Culhwch ac Olwen* a'i gymar yn *Caballero Zifar*. Yn y testun Cymraeg, ymddengys Tared am y tro cyntaf ochr yn ochr â'r baedd, Twrch Trwyth, sydd yn rhaid ei hela oherwydd 'nid oes yn y byd grib a gweill y gellir cribo fy ngwallt [Ysbaddaden Bencawr] â nhw, oherwydd ei stiffrwydd, heblaw'r crib a'r gweill sydd rhwng dwy glust Twrch Trwyth fab Tared Wledig'.[14] Yn ddiweddarach, dysgwn y bu Twrch Trwyth yn frenin unwaith ond i Dduw ei droi yn fwystfil oherwydd rhyw bechodau anhysbys: 'brenin fu, ac am ei bechod, fe rithiodd Duw ef yn hwch'.[15] Noder mai brenin oedd tad Twrch Trwyth hefyd, fel mae'r teitl '[G]wledig' yn ei ddangos: 'Tared Frenin'. Mae tri pheth i'w nodi am y Tared hwn: ei enw; ei linach frenhinol; a'i gysylltiad â'r gosb o drawsffurfio anifeilaidd oherwydd pechodau, sef yr hyn a ddigwyddodd i'w fab, Twrch Trwyth.

Mae'r Tared Sbaeneg yn cyfateb bron yn union i'r tair nodwedd hyn. Trafodwyd yr enw eisoes a daw'r llinach frenhinol a'r cyswllt â chosb a phechod law yn llaw wrth gyflwyno'r cymeriad. Fel y nodwyd, mae Llyfr 1 *Caballero Zifar* yn sôn am dreialon y prif gymeriad, Zifar, sef gŵr sy'n dechrau fel tlotyn digartref ac yn gorffen yn frenin. Dagrau'r sefyllfa, i Zifar, yw'r ffaith nad oedd yn haeddu dechrau heb ddim. Tared, ei gyndaid, yw'r rheswm nad yw Zifar yn elwa o'i linach frenhinol ar ddechrau'r stori. Collodd y frenhiniaeth i'r teulu fel cosb am ei fywyd pechadurus:

'oherwydd ei arferion gwael syrthiodd i dlodi a bu'n rhaid iddo golli [ei deyrnas] mewn modd nad oedd unrhyw un o'i linach yn medru ail-gipio'r hyn y gwnaeth y brenin Tared ei golli.'[16] Nid yw'r testun yn ymhelaethu ar union natur yr 'arferion gwael', ond y goblygiadau oedd colli'r hawl frenhinol iddo yntau a'i ddisgynyddion.

Er gwaethaf cyfateb y tair elfen hyn – enw, brenhiniaeth, cosb – mae tri gwahaniaeth mân ond arwyddocaol i'w nodi. Yn gyntaf, nid oes sôn uniongyrchol am 'bechod' yn y testun Sbaeneg. Er hynny, mewn testun â neges Gristnogol gref, gellid yn hawdd ddadlau fod 'pechodau' yn ymhlyg yn yr 'arferion gwael'. Yn ail, noder fod pwy sy'n pechu a derbyn cosb yn wahanol: yn *Culhwch ac Olwen*, mab Tared, Twrch Trwyth, sydd yn pechu ac yn derbyn y gosb, ond Tared ei hun sydd yn pechu ac yn derbyn cosb yn *Caballero Zifar*. Y trydydd gwahaniaeth yw'r gosb ei hun: yn *Culhwch ac Olwen*, y gosb oedd troi dyn yn faedd, ond yn *Caballero Zifar*, y gosb oedd troi dyn brenhinol yn ddyn o fath arall: tlotyn cyffredin. Eto, fel gyda'r gwahaniaethau posibl yn yr enw, gellir dadlau mai amrywiadau disgwyliedig yw'r rhain wrth i'r stori drawsffurfio gydag amser wrth deithio o ddiwylliant i ddiwylliant.

★

Gan fod *Culhwch ac Olwen* yn hŷn na *Caballero Zifar*, pe baem yn ystyried posibilrwydd dylanwad ac nid cyd-ddigwyddiad, rhaid cynnig mai'r Tared Cymraeg a ddylanwadodd ar y Tared Sbaeneg. Os felly, cyn mynd ymhellach, gellir gwaredu'r posibilrwydd o ddylanwad uniongyrchol gan nad oes unrhyw dystiolaeth fod *Culhwch ac Olwen* wedi cyrraedd y tu hwnt i Gymru, heb sôn am Sbaen, yn yr Oesoedd Canol. Yn wir, ni chafwyd addasiad Sbaeneg o *Culhwch ac Olwen*, nac o unrhyw un o chwedlau'r Mabinogi, cyn 1984, ac ni chafwyd cyfieithiad uniongyrchol o'r testun Cymraeg Canol gwreiddiol tan 2019.[17]

Rhaid, felly, chwilio am lwybr anuniongyrchol: testun pontio rhwng y Tared Cymraeg – enw a chymeriad a oedd fwy na thebyg yn hysbys erbyn y ddeuddegfed ganrif – a'r Tared Sbaeneg a oedd yn hysbys erbyn cyfansoddi'r *Caballero Zifar* ar ddechrau'r bedwaredd ganrif ar ddeg. Y testunau pontio mwyaf tebygol yw'r rhai Lladin a Ffrangeg.

Fel y soniwyd, nid yw'r union enw, Tared, yn ymddangos mewn unrhyw destun y tu hwnt i'r ddau dan sylw, ac felly ffurfiau a chymeriadau tebyg yn unig y dylid chwilio amdanynt yn y testunau pontio.

Er mwyn adnabod y ffurfiau tebyg hyn mewn testunau pontio, rhaid yn gyntaf adnabod y ffurfiau tebyg sydd yn gynsail Celtaidd i Tared *Culhwch ac Olwen*. Gwneir hyn drwy edrych ar ffurfiau cytras yn yr Wyddeleg sydd, dadleuir isod, yn awgrymu fod Tared a Trwyth neu, yn hytrach, Trwyd, yn amrywiadau ar ei gilydd ac yn golygu yr un peth. Dadleuir bod yr enw llawn, Twrch Trwyd fab Tared Wledig, yn golygu dryswch ailadroddus tebyg i 'Mab Brenin fab Brenin Frenin' a 'Baedd Brenin fab Brenin Frenin'. Defnyddioldeb y theori yng nghyd-destun y drafodaeth hon ar drywydd Ewropeaidd Tared yw y gall y dryswch olygu bod symudiadau yr enw, Twrch Trwyd – yn ei ffurfiau Lladin a Ffrangeg – hefyd yn rhan o symudiadau Tared ar ei daith o Gymru i Sbaen

## Twrch Trwyd fab Tared Wledig: cymysgu mab, baedd, a brenin Gwyddelig

Iwerddon yw tarddle Twrch Trwyth *Culhwch ac Olwen*.[18] Gwyddys hynny yn rhannol gan mai dyna a ddywed y testun: cyflwynir hanes Tared wrth i farchogion Arthur ganfod Twrch Trwyth yn 'Esgair Oerfel yn Iwerddon'.[19] Mae hefyd fodd ei gysylltu, fel y gwna John Carey, â ffigur Gwyddelig penodol, sef Torc Tríath. Trafodir isod sut y mae'r cyswllt hwn yn awgrymu mai yr un ffigur llenyddol sydd y tu ôl i'r enwau Cymraeg 'Tared' a 'Trwyd'.[20]

Noder yn gyntaf nad Trwyth Culhwch ac Olwen, gyda -th, yw'r ffurf arferol. Mae pob cyfeiriad Cymreig arall at y baedd arallfydol hwn yn dangos ffurfiau sy'n awgrymu -t, -d neu -dd mewn orgraff fodern: Trwyt, Trwyd neu Trwydd. Mae'r tyst cynharaf, yr Historia Brittonum, sef hanes honedig y Brythoniaid a luniwyd am y tro cyntaf yn 829–30, yn sôn am hanes hela 'porcus Troit': 'pan fu'r baedd Troit yn cael ei hela'.[21] Ffurfiau felly, ac nid 'Trwyth', sydd gan y beirdd hefyd: e.e. 'A gŵr gwynllwyd, Twrch Trwyd trin', 'Trwch wŷd, Twrch tryfrwyd Trwyd trist'.[22] Mae'r odlau yma yn cadarnhau'r ffurf 'Trwyd' ac nid 'Trwyth'. Pwysigrwydd cadarnhau hyn i'r drafodaeth bresennol yw bod -d terfynol 'Trwyd' yn ei wneud yn agosach na 'Trwyth' at 'Tared'.

Mae'r dystiolaeth Wyddelig hefyd yn cefnogi'r ddamcaniaeth mai 'Trwyd' oedd yr hyn a geid yn wreiddiol, nid 'Trwyth', a hynny oherwydd y cyswllt â'r cymeriad Torc Tríath: cyswllt sydd hefyd yn egluro ystyron 'twrch' a 'trwyd' fel enwau cyffredin yn ymwneud â 'mab', 'brenin', a 'baedd'. Mae C. twrch yn gytras â G. torc ('baedd' gyda'r ystyr ffigurol 'mab'), ac mae C. trwyd yn gytras â G. tríath ('brenin', ond hefyd, 'baedd').[23] Daw'r geiriau Gwyddeleg hyn at ei gilydd ('torc tríath') mewn testun o'r ddeuddegfed ganrif sy'n esbonio ei ystyr fel 'mab y brenin'.[24] Ceir esboniad tebyg i'r un pâr o eiriau mewn testun arall o'r un cyfnod: 'enw am fab i frenin'.[25] Felly, fel enw cyffredin Gwyddeleg, er bod sawl diffiniad posibl, gall 'torc tríath' olygu 'baedd (y) brenin', 'mab (y) brenin', neu hyd yn oed 'frenin (y) baedd'.[26]

Nid oes cofnod digamsyniol o'r Twrch Trwyd Cymreig fel enw cyffredin: ymddengys mai bwystfil penodol sydd yma bob tro. Mae'r 'torc tríath' Gwyddelig yn medru bod y ddau. Yn ogystal â'r defnydd cyffredin a drafodwyd uchod, gwelir yr enw priod, Torc Tríath, yn llechu mewn testun byr o c.900–c.1100 sy'n rhestru aelodau hil hynafol a hudol y 'Tuatha Dé Danann'

55

('Llwyth y Dduwies Danu'). Yno, crybwyllir '[Torc] Tríath, brenin y baeddod'.[27] Mae stori onomastig allan o'r gerdd, 'Úgaine uallach amra', hefyd yn crybwyll enw'r brenin Tríath wrth esbonio tarddiad enw ardal, Tréithirne, ym Munster.[28] Fel gyda'r enwau cyffredin, noder bod y cysylltiad â brenhinoedd, meibion, a baeddod yn parhau.

Os gall 'torc tríath' fod yn enw priod (Torc Tríath) sy'n cyfeirio at unigolyn yn ogystal ag enw cyffredin ('torc tríath') sydd ag ystyr tebyg i 'faedd/mab (y) brenin/Tríath', o gofio fod 'torc tríath' yn gytras â 'twrch trwyd', a oes modd dod i'r un casgliad am ystyr y Twrch Trwyd Cymreig? Ai'r ystyr tu ôl i'r enw priod hwnnw yw 'baedd/mab (y) brenin' neu, yn wir, 'faedd/mab Trwyd'?

O ran perthynas Tared â hyn oll, mae lle i gredu mai llygriad neu amrywiad ar 'Trwyd' sydd yma. Un darn o dystiolaeth a allai gefnogi hynny yw'r fersiwn Ladin o 'Twrch Trwyd' a geir yn 'fersiwn Nennius' yr *Historia Brittonum*, testun y soniwyd amdano eisoes.[29] 'Porcum Troit' ('y baedd Troit') sydd yn y rhan fwyaf o fersiynau'r *Historia*, ac mae modd gweld y cysylltiad ffonolegol rhwng 'Troit' a 'Trwyd': *tr-*, deusain, a chytsain ddeintiol. Ond mae 'fersiwn Nennius' yn galw'r bwystfil yn 'porcum Terit' ('y baedd Terit'), sydd yn agosach at 'Tared' nag yw at 'Trwyd': *t*, llafariad blaen, *r*, llafariad blaen, cytsain ddeintiol.[30] Mae'n bosibl bod y llygriad neu'r amrywiad hwn hefyd i'w weld mewn cwpled gan Gynddelw Brydydd Mawr sy'n sôn am 'Twrch terydd': 'Keffitor ymdwr am drwyd – heuelyt, / Twrch teryt y ar uwyd'.[31] Os /ð/ yw gwerth cytsain olaf 'teryt', fel y ffafria'r golygyddion, ceir 'terydd' ('tanbaid').[32] Fodd bynnag, os /d/ neu /t/ sydd yma, ceir yr un 'terit' ag sydd yn 'fersiwn Nennius' yr *Historia Brittonum* wrth gyfeirio at y Twrch Trwyd: Terit. Tybed a yw 'Tared' ei hun yn llechu yng nghwpled Cynddelw, gan roi'r ystyr newydd: '[Un fel] Twrch Tared uwchben [ei] fwyd'? Os felly, mae'n bosibl mai'r un cymeriad yw Twrch Tared a Twrch Trwyd: baedd a oedd yn perthyn i frenin o'r enw Tared/Trwyd.

Beth, felly, yw ystyr Twrch Trwyd fab Tared Wledig? Awgrymaf fod 'twrch trwyd' yn medru golygu 'mab/baedd y brenin' yn ogystal â 'mab/bacdd Trwyd'. Gydag amser, aeth yr ystyron hyn yn angof wrth i'r 'twrch trwyd' – nid Trwyd yn unig – droi yn enw priod ar unigolyn, Twrch Trwyd, fel y digwyddodd yn Iwerddon: torc tríath > Torc Tríath. Rhywbryd yn ystod y broses hon, cymhlethwyd y ffurfiau 'trwyd' a 'tared' drwy lygriad neu amrywiad. Er mwyn cadw'r wybodaeth mai 'mab i frenin o'r enw Trwyd' (ncu 'Tared') oedd yr unigolyn hwn, rhaid oedd ychwanegu'r wybodaeth hon am yr eildro: 'mab Tared Wledig' ('mab Tared Frenin'). Canlyniad hyn oedd yr enw dryslyd ac ailadroddus, Twrch Trwyd fab Tared Wledig, sy'n cario'r ystyron llythrennol: 'Mab Brenin fab Brenin Frenin' a 'Baedd Brenin fab Brenin Frenin'.

★

Mae'r theori uchod yn ddamcaniaethol ac wedi'i seilio ar dystiolaeth fregus, ond dengys nad yw'n annoeth cynnwys yr enw Tared o fewn rhwydwaith Twrch Trwyd. Dyma agwedd bwysicaf y theori wrth fwrw ymlaen i werthuso'r enwau a'r cymeriadau mewn testunau Lladin a Ffrangeg a all fod yn bont rhwng Tared *Culhwch ac Olwen* a Tared *El Libro del Caballero Zifar*.

### Tors fils Ares a Tor fijo de Dares: y llwybr Ffrengig o Gymru i Sbaen

Wrth chwilio'r testunau pontio posibl, mae'r drafodaeth uchod wedi dangos nad testunau sy'n cynnwys ffurfiau tebyg i 'Tared' yn unig sy'n gymwys. Gallwn hefyd ystyried testunau sy'n cynnwys ffurfiau tebyg i 'Trwyd', yn enwedig yng nghyd-destun hanes hela Twrch Trwyd. Dylai'r testunau pontio posibl hefyd gynnwys y nodweddion sy'n gyffredin rhwng Tared *Culhwch ac Olwen* a Tared *El Libro del Caballero Zifar*. Yn ogystal â'r enw, dylai fod cysylltiadau brenhinol i'r cymeriad neu ei gyndeidiau.

Dylid gweld cysylltiad â chosb oherwydd pechodau – gall y gosb honno gynnwys trawsffurfio yn rhith baedd – a dylai ddigwydd i'r cymeriad ei hun, ei fab neu un o'i ddisgynyddion.

★

Oherwydd natur ryngwladol yr iaith Ladin, pont ddisgwyliedig fyddai testunau yn yr iaith honno. Soniwyd eisoes am yr *Historia Brittonum* sy'n cynnwys y 'porcus Troit' a'r 'porcus Terit' ond heb unrhyw fanylion am bechod, cosb, na brenhiniaeth. Ymhellach, nid oes tystiolaeth y bu'r un copi ohono yn Sbaen, ac felly nid yw'n ymgeisydd cymwys.[33] Ymgeisydd Lladin disgwyliedig arall fyddai *De Gestis Brittonum* ('Gweithredoedd y Brythoniaid') Sieffre o Fynwy gan ei fod yn frith o straeon Arthuraidd a chan y gwyddom iddo fod yn cylchredeg yn Sbaen cyn y drydedd ganrif ar ddeg pan gynhyrchwyd cyfieithiad Sbaeneg ohono yn *La General Estoria* ('Hanes Cyffredinol') y brenin Alfonso X (Alfonso Ddoeth, 1221–84).[34] Serch hynny, ni ellir ystyried y testun hwn yn gerbyd i Tared ychwaith, gan nad yw ei gymeriad na'i enw, na hyd yn oed stori hela Twrch Trwyd, yn cael ei grybwyll yn nhestun Sieffre, gan gynnwys yn yr addasiad Sbaeneg.[35]

★

Y llwybr mwyaf tebygol, felly, yw trwy destunau Ffrangeg. Fel y nodwyd eisoes, llenyddiaeth Arthuraidd Ffrainc – yn enwedig chwedlau'r gyfres Ôl-Fwlgat – yw cynsail y rhan fwyaf o lenyddiaeth Arthuraidd Sbaen, ac felly hefyd Portiwgal. Nid yw'n sicr sut yn union y cyrhaeddodd y deunydd Sbaen – 'it must have taken place at different times, for different reasons, and by different routes' meddai Paloma Gracia – ond gwyddys bod swmp helaeth ohono eisoes ar Benrhyn Iberia erbyn diwedd y ddeuddegfed ganrif.[36]

Gwelir olion y camau Ffrengig hyn wrth drosglwyddo deunydd Arthuraidd i Sbaen yn *Caballero Zifar*. Wrth archwilio'r rhain, gwelir hefyd olion llenyddiaeth Gymraeg, a bydd hyn yn ddefnyddiol wrth werthuso'r posibilrwydd bod modd cysylltu'r Tared Cymraeg â'r Tared Sbaeneg.

Enghraifft flaenllaw yw'r cyfeiriad at frwydr Arthur â'r bwystfil Gato Paul, sy'n ymddangos yn Llyfr 2 *Caballero Zifar*. Erbyn yr olygfa hon, mae Zifar bellach yn frenin teyrnas Mentón ac mae'r stori nawr yn troi at ei feibion, Garfin a Roboán. Sonnir am eu brwydr â'r marchog gwrthryfelgar, yr Iarll Nason. Ar ôl trechu'r Iarll, dyma negesydd yn adrodd stori'r frwydr wrth y Brenin Zifar: 'Arglwydd […] ni fu'r Brenin Arthur yn y fath gyfyng-gyngor nac mewn perygl gwaeth pan fu gyda'r Gato Paul na'r hyn y buom ninnau ynddo gyda'r rhai melltigedig hynny [milwyr yr Iarll Nason].'[37]

Mae'r bwystfil a elwir Gato Paul yma yn addasiad o hanes Cath Palug sy'n ymddangos am y tro cyntaf yn y gerdd Gymraeg 'Pa ŵr yw'r porthor' (900–1100) lle mae Arthur yn brolio sut y lladdodd ei farchog, Cai, y bwystfil:

Cai Wyn a aeth i Fôn
i ddinistrio llewod.
?Darniwyd ei darian
yn erbyn Cath Palug.
Pan ofynnai pobl,
pwy drywanodd Cath Palug?
Naw ugain ?milwr
a syrthiai yn fwyd iddo;
naw ugain rhyfelwr
a… [38]

Mae'r gerdd hon a'r chwedl a geir am yr un anifail yn *Trioedd Ynys Prydain* yn awgrymu mai bwystfil yn eiddo i ŵr o'r enw Palug oedd Cath Palug.[39] Gydag amser, cyrhaeddodd yr hanes Ffrainc, ac erbyn iddo ymddangos fel (Le) Capalu (weithiau Chapalu) yn *Romanz des Franceis* yn y ddeuddegfed ganrif hwyr, Arthur ei hun oedd bellach yn ymladd â'r bwystfil, nid Cai, ac nid oedd llawer i frolio amdano gan i'r bwystfil ladd Arthur. Meddai'r adran berthnasol:

Mae'r Ffrancwyr wedi cyfansoddi cerdd amdano […]
sy'n [sôn am sut] y cafodd y Brenin Arthur ei wthio gan Capalu
i mewn i'r gors
a sut lladdodd y gath ef mewn brwydr[.][40]

Ymhen canrif neu ddwy, dyma'r hanes yn cyrraedd Sbaen: Gato Paul *Caballero Zifar*. Mae'r llwybr hwn, a'r newidiadau ar hyd y daith, yn enghraifft dda o sut y gall enw, cymeriad, neu fotiff newid wrth deithio dros sawl traddodiad llenyddol a thros gyfnod o ychydig ganrifoedd.

Enghraifft arall o'r fath drawsnewid ar hyd llwybr Ffrengig yw'r cysylltiad rhwng Owain ab Urien y traddodiad Cymreig a 'Syr Yuan, mab y brenin Orian' a geir yn *Caballero Zifar*.[41] Crybwyllir ei enw yn unig yng ngolygfa'r 'Ynysoedd Bendigedig': golygfa sydd yn gyfoeth o gyfeiriadaeth Arthuraidd.[42] Wrth i forynion hardd groesawu Roboán i'r ynysoedd rhyfeddol hyn, caiff ei gyflwyno i ymerodres yr ynysoedd sy'n ferch i 'Syr Yuan, mab y brenin Orian'. O ran y gwreiddiau Cymreig, dyma ffigur hanesyddol Owain ab Urien, yr hwn a folir gan Taliesin, a'r hwn a drodd yn gymeriad Arthuraidd yn chwedl *Breuddwyd Rhonabwy*.[43] O ran cyfrwng Ffrengig, noder bod portread y Syr Yuan Sbaeneg yn debycach i'r Yvain Ffrengig na'r Owain Cymreig. Yvain yw prif gymeriad *Yvain ou le Chevalier au Lion* ('Yvain, Marchog y Llew'), un o chwedlau enwocaf Chrétien de Troyes (*fl. c.* 1160–1191) a gyfansoddwyd tua 1180.[44]

★

Y cwestiwn, felly, yw: i ba raddau y gellid ychwanegu enw a chymeriad Tared i'r rhestr fer hon o ddylanwadau Celtaidd a gyrhaeddodd *Caballero Zifar* trwy gyfrwng llenyddiaeth Arthuraidd Ffrainc? Fel gyda'r deunydd Gwyddelig, ofer fu chwilio am yr union ffurf 'Tared' mewn llenyddiaeth Ffrangeg. Serch hynny, mae un ffurf sy'n ymddangos ei bod yn perthyn i Tared – trwy'r ffurf (Twrch) Trwyd fab Tared (Wledig) – a honno'n ffurf sydd i'w chanfod mewn testun Arthuraidd o Ffrainc sydd ag addasiad Sbaeneg: Tors fils Ares (Tors fab Ares) yn y Ffrangeg a Tor fijo de Dares (Tor fab Dares) yn y Sbaeneg.[45] Mae'r enw Sbaeneg yn brin, felly rhaid cychwyn gyda'r Ffrangeg er mwyn rhoi cyd-destun i'r hyn a allai fod yn gorwedd tu ôl i'r enw Sbaeneg.

Mae Tors fils Ares ar ei amlycaf yn nhestunau Chrétien de Troyes, yn enwedig Estyniad Cyntaf *Perceval ou le Conte du Graal* ('Perceval neu Stori'r Greal') lle ymddengys y naill ochr â chymeriadau eraill sydd ag enwau'n tarddu o'r Gymraeg: Caradoc, Yvain, a Gawain.[46] Mae cynnwys y golygfeydd lle ymddengys Tors fils Ares yn ei wneud yn gymeriad pontio posibl rhwng Tared *Culhwch ac Olwen* a Tared *Caballero Zifar* gan eu bod yn cynnwys elfennau sy'n gyffredin i'r ddau gymeriad: cosbi, meibion a baeddod. Ymddengys Tors fils Ares yr Estyniad Cyntaf wrth sôn am gosbi'r dewin Eliavres (weithiau Heliares), tad Caradoc, am ei orffennol pechadurus, a'r gosb oedd cyfathrach â chaseg, milgi, a mochyn, ac o'r trydydd ganed baedd o'r enw Tortain.[47]

O ystyried y motiff o bechod a chosb a phresenoldeb y baedd, mae gweld perthynas rhwng Tortain a Twrch Trwyd yn anochel: perthynas lenyddol o ran y stori ond hefyd perthynas orgraffyddol, os nad ffonolegol, yng ngoleuni'r *t*, yr *rt*, a'r *tr* sydd yn enwau'r ddwy iaith. Arwain hyn at y posibilrwydd o weld tebygrwydd rhwng Tors fils Ares a ffurf debyg i Trwyd fab Tared: cyfetyb y 'fils' Ffrangeg â 'mab' yn daclus ac mae'r clwstwr *tr* i'w weld yn 'Tors', 'Trwyd', a 'Tared'. Fodd bynnag, os gwraidd 'Ares' yw 'Tared', nid oes esboniad amlwg dros absenoldeb y *t*- gychwynnol a'r -*s* yn lle -*d* ar ddiwedd y gair.[48] Yr un yw'r broblem gyda gweld Tared yn llechu yn Eliavres neu Heliares.[49]

Ynghlwm wrth y problemau ffonolegol ac orgraffyddol hyn, noder nad oes tystiolaeth fod gwaith Chrétien wedi dylanwadu ar *Caballero Zifar* mewn unrhyw ffordd uniongyrchol ac felly nid yw Tors fils Ares Estyniad Cyntaf *Perceval* yn ymgeisydd perffaith ar gyfer testun pontio rhwng *Culhwch ac Olwen* a *Caballero Zifar*.

Ymgeisydd gwell am gymeriad pontio rhwng Tared *Culhwch ac Olwen* a Tared *Caballero Zifar* yw Tors fils Ares y *Suite du Merlin*.[50] Dyma estyniad Ôl-Fwlgat o destun o'r un enw yng nghyfres y Fwlgat a oedd yn ei dro yn estyniad rhyddiaith o gerdd Robert de Boron, *Merlin*.[51] Er gwaethaf problemau'r enw Tors fils Ares, mae'r llwybr hwn ychydig yn fwy tebygol gan fod addasiadau Sbaeneg canoloesol o'r gwaith yn hysbys.

Yn y *Suite du Merlin* Ffrangeg, gwelir gŵr gwledig a thlawd o'r enw Ares yn gofyn i Arthur urddo ei fab, Tors, yn farchog. Yn fuan wedyn, daw i'r amlwg mai tad go iawn Tors yw'r Brenin Pellinor. Mae hyn yn cyfiawnhau'r urddo ac aiff Tors ymlaen i chwarae rôl flaenllaw mewn anturiaethau lu yn ymwneud â phechod a chosb, gan brofi ei deilyngdod brenhinol. Yma eto, yng nghyd-destun y cosbi, y mab a'r brenin, gwelir cysylltiad llenyddol rhwng Tors a Trwyd/Tared, sy'n arwain at y cyswllt atyniadol, ond annelwig fel y trafodwyd eisoes, rhwng Ares a Tared.

Mae tri addasiad Sbaeneg o'r *Suite du Merlin* wedi goroesi, ac yn y diweddaraf, *Demanda del Santo Grial* (1515), addesir 'Tors fils Ares' yn 'Tor fijo de Dares', sydd yn ymddangos heb unrhyw fanylion pellach mewn rhestr hir o enwau'r marchogion sydd yn hcbrwng Arthur at y greal sanctaidd.[52] Mae'r cyswllt rhwng Tors fils Ares a Tor fijo de Dares yn amlycach y tro hwn gan eu bod bron yn unfath heblaw am yn yr enw olaf lle ceir 'Dares' yn lle 'Ares'. Gyda'r *d-* gychwynnol yn 'Dares' mae'r broblem o geisio esbonio diffyg cytsain ddeintiol wrth gysylltu'r Ares Ffrangeg â'r Tared Cymraeg yn diflannu.

Fodd bynnag, parha'r problemau ieithyddol gan nad oes ateb amlwg i pam y byddai *t-* Tared yn diflannu yn Ares Ffrainc ac yn ailymddangos fel *d-* yn Dares Sbaen. Mae'r diffyg cysylltiadau llenyddol yn dwysáu'r broblem: tra mae awgrym o'r un themâu ynghlwm wrth Tors fils Ares – motiff pechod a chosb, trafferth frenhinol, a thrawsffurfio anifeilaidd – nid oes yr un manylyn ynghlwm wrth Tor fijo de Dares. At hynny, mae natur y dystiolaeth yn cymylu unrhyw berthynas bosibl: mae'r *Demanda del Santo Grial* yn hwyrach na dyddiad cyfansoddi *Caballero Zifar*, ac mae'r copi sy'n cynnwys yr enw (argraffiad 1515) yn gopi anghyflawn. Mae'n bur annhebygol, felly, fod unrhyw gysylltiad rhwng y *Demanda* a *Cabellero Zifar*.

Gan fod y dystiolaeth yn bytiog a bregus, rhaid i'r chwilio ddod i ben yma. Er hynny, noder nad oes rhaid ffarwelio â'r theori Ffrengig yn llwyr, gan gofio fod enwau, cymeriadau, a straeon yn medru newid yn rhyfeddol wrth symud o wlad i wlad ac o ganrif i ganrif, fel y mae H. Oskar Sommer yn ein hatgoffa:

> The corruption of proper names, often puzzling enough in the French mss. of the Arthurian romances, is in S[panish], and more especially in P[ortuguese], developed to an almost incredible degree, owing to the fact that the Spanish and Portuguese translators were in many cases not acquainted at all with the correct forms of some of the names.[53]

## Tarddiad dwyreiniol

Y pwynt olaf i'w ystyried wrth dafoli rôl y Tared Cymraeg a Twrch Trwyd yng nghymeriad Tared *Caballero Zifar* yw'r posibilrwydd mai tarddiad dwyreiniol sydd iddo, heb ymwneud dim â'r ffynonellau Celtaidd. O ran ceisio esbonio'r enw 'Tared' yn *Caballero Zifar*, trywydd dwyreiniol yw'r unig esboniad sydd wedi ei gynnig gan ysgolheigion eraill hyd yn hyn, h.y. tarddiad Arabaidd neu darddiad yn Armenia ac Anatolia ar hyd llwybr Groeg.

Yn ei waith helaeth ar wneuthuriad *Caballero Zifar*, mae Roger Walker yn olrhain tarddiad Tared i ddylanwad y Mwriaid.[54] Bu poblogaethau Arabaidd yn llywodraethu yn Sbaen rhwng ymosodiad Califfiaeth yr Umayyad yn 711 hyd at gwymp Emiriaeth Granada yn 1492, a pharhaodd eu dylanwad ymhell wedi hynny. Ynghyd â'r saith canrif ddylanwadol hynny, mae testun *Caballero Zifar* ei hun yn cyfeirio at darddiad dwyreiniol. Dywed y rhagarweiniad fod y stori yn gyfieithiad o stori Arabaidd: 'cyfieithwyd y stori o'r Galdaeg i'r Lladin ac o Ladin i Romáwns'.[55] Tra mae rhai yn gwrthod derbyn yr honiad hwn ac yn ei ddarllen fel topos llenyddol yn unig, nid yw Walker yn gweld rheswm amlwg dros wrthod y datganiad, yn enwedig wrth ystyried bod dylanwadau Arabaidd ym mhob cwr o'r testun.[56] Wrth geisio canfod y 'stori o'r Galdaeg', mae Walker a hefyd Alexander H. Krappe yn crybwyll y *Mil ac un o nosau Arabia* fel ffynhonnell bosibl, gyda Walker yn cynnig bod *Caballero Zifar* yn ei gyfanrwydd wedi ei seilio ar y rhan o'r testun Arabaidd a elwir 'Hanes y Brenin a gollodd ei deyrnas a'i wraig a'i gyfoeth a dychwelodd Allah y rhain iddo'.[57]

Credai Roger Walker fod enw Tared yn perthyn i'r dylanwad Arabaidd hwn gan ddilyn patrwm James F. Burke o nodi'r ystyron trosiadol Arabeg sydd i'w canfod yn enwau'r cymeriadau, megis 'Seringa' o'r Arabeg 'sharika' (*gwraig*) sy'n enw addas ar gymeriad a ddaw yn wraig i Roboán.[58] Gwêl Walker batrwm tebyg yn hanes 'Tared', gyda hwnnw'n tarddu o'r Arabeg 'tarid': ansoddair yn golygu 'alltud' neu 'wedi ei ddiarddel' ac felly enw priodol ar gymeriad a alltudiwyd o'i dir brenhinol oherwydd ei 'arferion gwael'.[59] Er nad yw Walker yn cynnig ffynhonnell arbennig – nid yw'n crybwyll y *Mil ac un o nosau* yma – mae'r ystyr trosiadol yn briodol, ac yng nghyd-destun y doreth o ddylanwadau Arabaidd mewn mannau eraill o'r testun, mae'n awgrym credadwy. Serch hynny, mae'r posibilrwydd hwnnw yn parhau i ddisgwyl ymchwil trwyadl gan nad oes neb hyd yn hyn wedi ateb ple Walker: 'the whole line of enquiry needs to be pursued by a competent Arabist'.[60]

O ran testunau penodol, Erich von Richthofen yw'r unig ysgolhaig sydd wedi cynnig ffynonellau posibl: nid rhai Arthuraidd nac Arabeg ond rhai Groeg yn crybwyll hanesion o Türkiye ac Armenia.[61] Dyma fywgraffiadau Mithridates VI o Pontus (gogledd Anatolia, sef Türkiye heddiw, 135–63 BC) a Tiridates III o Armenia (c. 250au–c. 330). Mae'r ddau destun yn gwireddu criteria'r testun pontio cymwys: ceir cymeriad ag enw tebyg i Tared; cysylltir y cymeriad hwn â phechod a chosb, ac roedd y ddau yn sicr yn hysbys yn Sbaen erbyn cyfnod cyfansoddi *Caballero Zifar*.

Yn stori Mithridates, mae'r prif gymeriad eponymaidd yn unben didrugaredd sy'n carcharu ei fam, lladd ei frawd a'i fab, ac felly hefyd 80,000 o drigolion Ephesus. Y gosb sy'n dilyn yw hunanladdiad. Gwyddom fod y stori yn hysbys yn Sbaen cyn cyfansoddi *Caballero Zifar* gan ei bod yn ymddangos yn antholeg enwog y *Primera Crónica General* – un arall o brosiectau Alfonso X – ac mae awgrym o gysylltiad â *Caballero Zifar* yn y ffaith mai enw chweched mab Mithridates oedd Xiphar, ffurf debyg i Zifar.[62] Mae von Richthofen yn cynnig y bu camgymeriad rywle yn nhraddodiad llawysgrifol a ddrysodd Mithridates gyda Tiridates, sef canolbwynt yr ail destun. Pechod Tiridates, a sillefir Trdat yn achlysurol, oedd iddo ladd nifer o leianod a oedd yn ceisio lloches rhag Ymerawdwr Rhufain. Cosbodd Duw ef gan ei droi yn faedd.[63] Gwyddom fod y stori yn hysbys yn Sbaen cyn cyfansoddi *Caballero Zifar* gan fod yna addasiad o'r ddeuddegfed ganrif o *Hanes yr Armeniaid* gan Agathangelos yn bodoli, sef y testun lle y cedwir hanes Tiridates. Mae'r cysylltiad thematig o bechod a chosb yn amlwg, ac o ran yr enw dadleuir bod Trdat a Tiridates wedi troi yn Tared dros amser.

## Casgliad

Mae'r llwybr Arabaidd a'r llwybr Groeg yn bosibl ac efallai yn fwy posibl na'r llwybr Arthuraidd ond tra bod yna gysylltiad amlwg â'r motiff pechod a chosb, mae sawl un o'r problemau sy'n gwanhau theori'r llwybr Arthuraidd yn parhau yma hefyd. Nid yw'r union ffurf 'Tared' i'w chael yn y testunau a gynigiwyd ac nid oes tystiolaeth bellach i brofi bod y testunau hynny wedi dylanwadu ar *Caballero Zifar* yn uniongyrchol.

Mae'r dirgelwch, felly, yn parhau. Yn wir, mae'r posibilrwydd mai cyd-ddigwyddiad yw'r rheswm nad yw'r enw Tared ond i'w ganfod mewn dau destun Cymraeg a Sbaeneg canoloesol hefyd yn parhau. Serch hynny, gobeithiaf fy mod wedi dangos bod gwerth i geisio goleuo dirgelion o'r fath. Yn yr achos yma, arweiniodd y chwilfrydedd at theorïau llenyddol a ffilolegol newydd ynghylch perthynas Tared a Twrch Trwyd, a hynny o fewn y dystiolaeth Gymreig yn ogystal â'r cynseiliau Gwyddelig. Bu'r weithred academaidd hon hefyd yn fuddiol wrth edrych ar sut y gallai llenyddiaeth Arthuraidd Ffrainc fod yn bont rhwng ffigurau canoloesol Cymreig ac addasiadau posib ohonynt mewn testunau Ewropeaidd eraill. Gall darllen testunau canoloesol Cymraeg naill ochr â thestunau canoloesol o draddodiadau llenyddol sydd heb gysylltiadau disgwyliedig â Chymru fod yn weithred ddadlennol mewn llu o ffyrdd.

# 'Dim Newydd Dan Haul'?: Y tensiynau rhwng traddodiad a newydd-deb yn ffuglen wyddonol Islwyn Ffowc Elis

## Miriam Elin Jones

MEWN CYFWELIAD GYDA DYFED Rowlands, gofynnwyd i Islwyn Ffowc Elis, 'O gofio am y ddwy nofel *Wythnos yng Nghymru Fydd* a'r *Blaned Dirion*, oes gennych chi ddiddordeb cynhenid mewn ffuglen wyddonol?' a'i ateb plaen oedd, 'Oes'.[1] Yn wreiddiol, ymgais i ehangu ar yr ateb hwnnw oedd yr ysgrif hon, ond wrth chwilota am dystiolaeth bellach yn *début* llenyddol yr awdur, y gyfrol o ysgrifau *Cyn Oeri'r Gwaed*, a phori drwy'r ddwy nofel dan sylw a'r stori fer, 'Y Golau Estron', daw tensiynau rhwng cyfrannu *genre* ysgafn newydd sbon i'r Gymraeg a'i ystyried ei hun yn awdur 'clasurol' ynghlwm wrth draddodiad llenyddol a diwylliannol arbennig i'r amlwg. Er bod sawl astudiaeth gyhoeddedig o waith Ffowc Elis – pennod W. J. Jones yn *Dyrnaid o Awduron Cyfoes*, rhan o *Ysgrifau ar y Nofel* John Rowlands a chyfrolau *Llên y Llenor* Delyth George a *Writers of Wales* T. Robin Chapman – nid oes astudiaeth yn canolbwyntio ar y tri darn ffuglen wyddonol yn unig, nac ychwaith ddarn yn eu cymharu ac yn ystyried eu cyfraniad at greu traddodiad ffuglen wyddonol yn y Gymraeg.

Prin yw'r gwaith beirniadol sy'n trafod unrhyw un o destunau ffuglen wyddonol Ffowc Elis yn unigol hefyd. Cyhoeddwyd nofel ffuglen wyddonol gyntaf Ffowc Elis, *Wythnos yng Nghymru Fydd,* yn 1957 gan Blaid Cymru er mwyn codi arian ar ei chyfer, ac o ddeall hanfod *Wythnos yng Nghymru Fydd* fel nofel bropaganda, ni chaniataodd ei hawdur iddi gael ei hadolygu adeg ei chyhoeddi, ac eithrio un darn gan E. Tegla Davies yn *Y Ddraig Goch,* cyfnodolyn Plaid Cymru.[2] Fodd bynnag, cyhoeddwyd erthyglau beirniadol gan Johan Schimanski,[3] Kate Crockett[4] a Gerwyn Wiliams[5] yn yr 1990au yn dilyn ailargraffu'r nofel, a chyda chyhoeddi'r trydydd argraffiad yn 2007, nododd Dylan Iorwerth yn ei ragymadrodd iddi mai 'un o nofelau lleia llwyddiannus Islwyn Ffowc Elis yn ei dydd yw un o'i rai mwya diddorol heddiw.'[6] Wrth nesáu at ba bynnag fersiwn o 2033 sy'n ein hwynebu, gwelwn waith gan Craig Owen Jones[7] a Gareth Llŷr Evans[8] yn trafod y nofel yn y mileniwm newydd a llwyfannwyd addasiad operatig Gareth Glyn a Mererid Hopwood ohoni gan OPRA Cymru yn 2017. Dylid nodi mai prin yw'r ymdriniaeth feirniadol â ffuglen wyddonol y Gymraeg yn gyffredinol, a bod *Wythnos yng Nghymru Fydd* yn eithriad o ran derbyn sylw beirniadol. Er bod nofelau ôl-apocalyptaidd fel *Llyfr Glas Nebo* (2018) gan Manon Steffan Ros, a enillodd y Fedal Ryddiaith yn Eisteddfod Genedlaethol Caerdydd yn 2018, ac *Iaith y Nefoedd* gan Llwyd Owen (2019) wedi derbyn sylw yn y wasg yn sgil cyrraedd rhestrau byrion cystadleuaeth Llyfr y Flwyddyn, nid yw wedi ysgogi mwy o drafodaethau pellach am ffuglen wyddonol fel *genre* yn y Gymraeg hyd yma. O ganlyniad, nid annisgwyl yw'r diffyg trafodaethau manwl ar destunau ffuglen wyddonol eraill Ffowc Elis: 'Y Golau Estron', y stori fer a gyhoeddwyd mewn rhifyn o *Y Gwyddonydd* yn 1964, ac *Y Blaned Dirion,* drama radio a addaswyd yn nofel a gyhoeddwyd yn 1968. Ceisir unioni'r cam hwnnw yn yr ysgrif hon, ond y gobaith hefyd yw y bydd yn annog mwy o drafodaethau ym maes ffuglen wyddonol y Gymraeg yn gyffredinol.

Yn *Cyn Oeri'r Gwaed,* cyfeiria Ffowc Elis ddwywaith at yr

awdur ffuglen wyddonol H. G. Wells gan amlygu'i hoffter o waith yr awdur. Cyhoeddwyd gwaith Wells cyn bathu'r term 'science fiction' a labelwyd ei waith yn 'scientific romances'. Fel yr amlyga David Seed, roedd 'romance' yn 'catch-all term signifying a non-realist narrative' yn y bedwaredd ganrif ar bymtheg,[9] a bu cryn drafod bryd hynny ynghylch gwerth llenyddol nofelau 'romance' o gymharu â nofelau realaidd. Fodd bynnag, tua diwedd Oes Fictoria, dadleua Hall Caine:

> On every side, in every art, music, the drama, painting, and even sculpture, the tendency is towards Romance. Not the bare actualities of life 'as it is' but the glories of life as it might be; not the domination of fact, but of feeling.[10]

Wrth ystyried ei genhadaeth ei hun, dywed Ffowc Elis yn 1971:

> [Critics] have accused me of being a romanticist, but I suspect that I am really more of a classicist: that is why I write not necessarily what I want to write but what is expected and needed of some writers, at least, at this particular hour of their nation's history.[11]

Tra bod Wells yn sleifio negeseuon i lenyddiaeth ysgafn, ymddengys fod Ffowc Elis yn ystyried cynhyrchu llenyddiaeth ysgafn yn ddyletswydd bwysig er mwyn ehangu gorwelion y Gymraeg a'i diwylliant. Yn y dyfyniad uchod, mae Ffowc Elis yn ymwybodol iawn o feirniadaeth eraill, ac er ei fod yn ysgrifennu ffuglen wyddonol, cred ei fod yn cadw at werthoedd clasurol ac at safonau disgwyliedig o ran ffurf a chrefft llenyddiaeth a chelfyddyd. Tyn hyn yn llwyr groes i ddisgrifiad W. J. Jones ohono fel 'llenor mwyaf arloesol ei gynhyrchion' ac yn erbyn y syniad o Ffowc Elis fel breuddwydiwr sy'n ysu i ddianc i fyd ffuglen wyddonol.[12] Fodd bynnag, cyfeiria dadansoddiad Simon J. James at ymwybyddiaeth Wells o ffurf a chrefft glasurol, ond amlygir ei fod yn mynd ati'n fwriadol i'w gwyrdroi: 'These texts seek to disrupt complacency, to make the reader perceive that of which the "presentation", in the Time Traveller's words, is "below the threshold".'[13] Yn ogystal â hynny, noda T. Robin Chapman yn ei deyrnged i Ffowc Elis yn 2004: 'At a time when Welsh aesthetics had reached an accommodation between the twin inspirations of tradition and personal experience, he dispensed with the idea of inspiration altogether. He began with "What if...?"'[14] Ynghyd â chyflwyno Ffowc Elis fel awdur â'i fryd ar y dyfaliadol (*speculative*), noda Chapman ei fod yn cefnu ar ysbrydoliaeth fel cysyniad haniaethol, ond ni sonnir amdano'n cefnu ar draddodiad.

Gan droi at *Wythnos yng Nghymru Fydd*, mae dychmygu a breuddwydio yn rhan bwysig o naratif y nofel, a hynny er mwyn creu (ar lefel ymarferol) Gymru well. Yn y 1990au, cyflwynodd Johan Schimanski drafodaeth ar y nofel yn sôn am dechnegau darllen penodol, gan gynnwys pwysigrwydd arafu yn y Gymru Rydd a chyflymu yn y Gymru ddystopaidd, ynghyd ag amlygu mai bwriad naratif person cyntaf ac arddull y nofel yw 'helpu'r darllenydd i ddod i delerau â iaith a chonfensiynau anghyfarwydd ffuglen wyddonias'.[15] Cyfeirir yn aml at freuddwydio yn y Gymru Rydd, ac wrth gyrraedd y dyfodol, dywed Doctor Llywarch wrth Ifan: 'Ceisiwch ymlacio'n llwyr, a chymryd popeth yn dawel fel y daw – yn union fel petaech mewn breuddwyd.'[16] Yn ogystal â siarsio Ifan i ymgyfarwyddo â'r dyfodol anghyfarwydd, gellir hefyd ei ystyried yn gyfarwyddyd i'r darllenydd. Pwysleisir nad yw'r byd dan sylw wir yn bodoli. Mae Ifan yn sôn am 'adeiladau helaeth ond ansylweddol [...] fel adeiladau hud-a-lledrith'[17] a nodir bod Doctor Llywarch, y gwyddonydd sy'n croesawu Ifan, yn cerdded 'drwy un o furiau niwlog y stafell fach'[18] fel petai'n ysbryd. Mae'n bosib y gellid datgan, wrth ailddarllen y nofel, fod y Gymru ddelfrydol ei hun eisoes wedi marw, gan ein bod yn gwybod ein bod yn disgwyl y darlun o Gymru ddystopaidd. At hynny, gwir seiliau'r Gymru a ddarlunnir gan Ffowc Elis yw gweledigaeth Plaid Cymru, a gwelir dylanwad 'Deg Pwynt Polisi'r Blaid', a gyhoeddwyd yn y 1930au, yn y naratif, gyda syniadaeth dau arweinydd y blaid, Saunders Lewis a Gwynfor Evans, yn ddylanwad cryf ar y nofel. Mae pwyslais ar gynnal traddodiadau yn Neg Pwynt Polisi Plaid Cymru, fel y nodir: 'Swydd y llywodraeth yw creu a chynnal yn egnïol yr amodau a'r amgylchiadau a rydd gyfle, arweiniad, a chefnogaeth i'r genedl ei hunan ddatblygu'r gyfundrefn a fo'n gydnaws â'i delfrydau a'i thraddodiadau ac yn foddion i sicrhau iechyd y gymdeithas a dedwyddwch yr unigolion.'[19] Yr hyn a ddaw i'r amlwg yw ei bod hi'n amhosib creu yfory newydd heb ystyried ddoe. Ochr yn ochr â sefydlu Plaid Cymru, roedd ffuglen wyddonol yn egin-*genre* yn ennill ei blwyf ymhlith darllenwyr ac roedd syniadaeth wreiddiol Dyfodolaeth (*Futurism*) yn datblygu'n fudiad celfyddydol dylanwadol yn yr Eidal. Yn rhan o'i syniadaeth wleidyddol, gwêl Lewis fudd datblygu agwedd filwriaethus ar y Blaid Genedlaethol,[20] yn debyg i feddylfryd y Dyfodolwyr. Wrth gyhoeddi 'maniffesto' i'r mudiad celfyddydol hwn, datgan F. T. Marinetti ar dudalen flaen papur newydd *Le Figaro* yn 1909: 'We intend to glorify war – the only hygiene of the world – militarism, patriotism, the destructive gesture of anarchists, beautiful ideas worth dying for, and contempt for woman.'[21] Arweinia'r mudiad at gysylltiadau gyda Ffasgiaeth yn yr Eidal, ac yn sicr, daw'r ysfa wreiddiol i ailddiffinio ac ail-greu ffiniau'r byd celfyddydol yn yr Eidal ochr yn ochr â'r newidiadau gwleidyddol a chymdeithasol yn y wlad.[22] Mae dinistrio'r hyn a fu yn rhan bwysig o genhadaeth y Dyfodolwyr: 'Do you wish to waste your best strength in this eternal and useless admiration of the past, an activity that will only leave you fatally spent, diminished, crushed?'[23] Serch gweld yr un ysfa gref i weithredu er budd rhyddid cenedl, mae pwyslais Lewis, ac Evans i raddau,[24] ar warchod yr hyn a fu. Wrth ystyried gwleidyddiaeth Lewis, noda Darryl Jones: 'there is in Lewis's cultural programme an inherent – indeed, an explicit – conservatism.'[25] Nid yw ffuglen wyddonol yn perthyn i draddodiad y Dyfodolwyr gwreiddiol, serch gweld, yn aml, yr un ysfa i roi llwyfan blaenllaw i dechnoleg.

Defnyddir y term 'dyfodolaeth' a 'dyfodoliaeth' i drafod y rhai sy'n dychmygu'r dyfodol yn gyffredinol erbyn hyn, megis y gyfrol sy'n ceisio rhagweld datblygiadau'r dyfodol, *Anticipations of the Reaction of Mechanical and Scientific Progress Upon Human Life and Thought* gan Wells ar droad yr ugeinfed ganrif. Yn ogystal â phwysleisio gwelliannau ym maes trafnidiaeth yn sgil y rheilffordd, trafoda y byddai galw ar siaradwyr ledled y byd (gan gyfeirio at siaradwyr y Gymraeg, Basgeg a Ffflemineg yn benodol) i ddatblygu'n siaradwyr dwyieithog: 'the essential nation will speak some dominant language or cease to exist, whatever its primordial tongue may have been.'[26] Ceir darlun o Gymru amlieithog yn *Wythnos yng Nghymru Fydd* ac er bod bri amlwg i'r Gymraeg yng Nghymru, ni sonnir am Gymru uniaith o gwbl. Gwelwn maes o law yn yr ysgrif hon bwysigrwydd gweld Cymry a'r Gymraeg yn bodoli yn y dyfodol, a hynny mewn modd nid annhebyg i feddylfryd Affroddyfodoliaeth, a ddaeth i'r amlwg yn ystod ail hanner yr ugeinfed ganrif.

It was one thing when Black people aren't discussed in world history [...] But when, even in the imaginary future – a space where the mind can stretch beyond the Milky Way to envision routine space travel, cuddly space animals, talking apes, and time machines – people can't fathom a person of non-Euro descent a hundred years into the future, a cosmic foot has to be put down.[27]

Awgryma Ytasha L. Womack uchod fod creu'r dyfodol hefyd yn ffordd o ailddehongli'r gorffennol a'r presennol er mwyn ysgogi cynrychiolaeth decach, a gellid hefyd weld ei fudd i ddiwylliannau lleiafrifol, fel y gwelwn yn ffuglen wyddonol

Ffowc Elis. Gwelwn maes o law ei ysfa i greu arwyr i Gymru, ac mae dirfawr angen datblygu syniadaeth Cymruddyfodoliaeth ymhellach er mwyn ysgogi trafodaethau pellach yn y maes.[28]

O ystyried y dynfa rhwng creu cenedl o'r newydd a cheisio parchu ei thraddodiadau cynhenid yn syniadaeth Plaid Cymru adeg ei sefydlu, gwelir hynny nid yn unig yn adeiladau 'ansylweddol' *Wythnos yng Nghymru Fydd*, ond yn y ffordd yr ystyrir bod unrhyw arwydd o gynnydd yn anharddu'r wlad. Er bod y ceir radio-fagnetig a threnau atomig yn elfennau o newydd deb yn *Wythnos yng Nghymru Fydd*, mae'r pwyslais ar warchod treftadaeth Cymru. Cuddir pob arwydd o gynnydd dan ddaear. Hola Ifan am beilonau a gwifrau teliffon, ac mae Mair yn esbonio: 'Mae popeth felly'n mynd dan ddaear, mewn "llwybrau dur" y gellir eu hagor yn ddidrafferth pan fo angen. Rydyn ni'n benboeth dros gadw harddwch y wlad.'[29] Daw i'r amlwg fod cymeriadau'r nofel yn ystyried technoleg a chynnydd fel rhywbeth annymunol, ac fel y gwelwn maes o law gyda'r cyfeiriadau at ddiwylliant Cymreig yn *Wythnos yng Nghymru Fydd*, yr angen i warchod yr hyn a fu yw calon y nofel.

Yn yr unig adolygiad cyfoes adeg cyhoeddi'r nofel yn 1957, disgrifia E. Tegla Davies elfennau o newydd-deb y nofel fel a ganlyn: 'datblygiadau rhamantus o'r hyn sy'n bod eisoes yw cynnwys *Wythnos yng Nghymru Fydd*, yn ei pheirianwaith, ei phwerau, a'i hamodau byw'.[30] Defnyddia'r ansoddair 'rhamantus' wrth ddisgrifio dyfodol iwtopaidd y nofel, a mynega fod Ffowc Elis yn cynnig 'math newydd o nofel', math nas gwelwyd o'r blaen yn y Gymraeg. A chyda hynny, mae gofyn am eirfa newydd:

Y mae'n rhaid cael amryw eiriau newydd am fod pethau newydd yma nad oes hyd yn hyn ond geiriau iaith arall amdanynt; a rhai pethau nad ydynt mewn bod hyd yn hyn, ac yntau o'r herwydd yn gorfod creu geiriau ar gyfer y digreedig.[31]

Prin iawn oedd yr enghreifftiau o ffuglen wyddonol yn y Gymraeg cyn cyhoeddi *Wythnos yng Nghymru Fydd*. Bu llond llaw o enghreifftiau mewn cyfnodolion, gan gynnwys gweledigaeth ddyfodolaidd o 'Ysgol Haf Machynlleth 1976' gan Kate Roberts yn *Y Ddraig Goch*, yn 1929. Dychmyga hithau Gymru â Saunders Lewis yn llywydd arni, a'r Senedd mewn prifddinas newydd, Caer Ddewi, yn Sir Drefaldwyn.[32] Caerdydd yw cartref Llywodraeth Cymru yn *Wythnos yng Nghymru Fydd*, a serch ystyried cyflwyno rhyw wedd ar ddyfodol iwtopaidd cosmopolitan yn y nofel ffuglen wyddonol gyntaf i oedolion,[33] cyhuddwyd Ffowc Elis o fod fymryn yn hen ffasiwn. Disgrifia T. Robin Chapman Gymru rydd *Wythnos yng Nghymru Fydd* fel '[g]wlad sy'n parchu cwrteisi hen-ffasiwn, syberwyd Mabinogaidd, lle ceir chwarelwyr Bethesda yn tynnu eu hetiau i fenywod'.[34] Yn ôl Craig Owen Jones, roedd cyfeiriadau at nodweddion ac agweddau cyffredin yn ffordd o herio'r darllenydd.

It was one of Elis's strengths as a writer that he could pinpoint those elements of a situation that he knew would sting his readership to the quick, and then, having elicited a reaction, hopefully bring about a dramatic change of opinion.[35]

Gellid hefyd ddatgan mai'r ffaith nad oedd digon o enghreifftiau adnabyddus o ffuglen wyddonol yn bodoli yn y Gymraeg oedd yn rhannol gyfrifol am bwyslais y nofel ar bethau cyfarwydd. Er bod y dyfodol yn cynnig dalen wag, gwylia Ifan, yn y fersiwn iwtopaidd o 2033, ddrama 'draddodiadol' gan y Theatr Genedlaethol,[36] a sylwer bod Llywarch yn mynd ag Ifan i fwyty traddodiadol, Y Dresel Dderw, a ddisgrifir: 'Yr oedd y peth tebycaf i ffermdy go fawr yn fy nghyfnod i. Dynwarediad, yn amlwg. Neu dipyn o Sain Ffagan, sef ffermdy wedi'i ddymchwel yn ei grynswth a'i ailgodi yma.'[37] Byddai'r cyfeiriad at amgueddfa werin Sain Ffagan (a agorwyd yn 1948) yn gyfarwydd i'r darllenydd. Yn y bwyty,

mae'n ddiddorol gweld Llywarch yn canmol Ifan am ddod i arfer
â'r ffordd o fyw fel a ganlyn:

> 'Fe wnawn ni Gymro modern ohonoch chi eto,' meddai wrthyf.
> 'Modern?' meddwn i, gan edrych ar y dodrefn derw.
> 'Wedi'r cyfan,' ebe Llywarch yn athronyddol, 'beth yw
> modernedd? "Nid oes dim newydd dan yr haul"… ydw i'n
> dyfynnu'n gywir?'[38]

Drwy ddyfynnu o Feibl William Morgan, awgrymir yma
drwy eiriau Llywarch ei bod hi'n amhosibl creu dyfodol cwbl
anghyfarwydd.

Tra bod diwylliant a chelfyddyd Gymreig yn bethau i'w
dathlu yn y Gymru rydd, yn y Gymru ddystopaidd, gwelwn lawer
o gyfeiriadau at leoliadau diwylliannol yn cael eu dymchwel.
Datgela'r Athro Richards: 'mae'r hen Lyfrgell Genedlaethol
yn Aberystwyth wedi'i throi'n westy ers blynyddoedd, wrth
gwrs…'[39] (gyda'r 'wrth gwrs' yn bwyslais creulon i amlygu
ffordd o feddwl Ifan tuag at ei ddiwylliant yn ei gyfnod). Ynghyd
â hynny, wrth hedfan dros y wlad, sylwa Ifan:

> Shir Gâr oedd odanaf, sir emynwyr Cymraeg Cymru. Ac nid oedd
> erbyn hyn yn ddim ond coedwig anferth, ac yn y goedwig ambell
> dwr o siediau alwminiwm lle'r oedd nifer o wŷr digenedl yn
> dawnsio ac yn gamblo ac yn pydru.[40]

Gwelwn batrwm wrth i Ffowc Elis amlinellu'r hyn a ystyria
o bwys diwylliannol − emynwyr Cymraeg Cymru yn y fan
hon − cyn cyflwyno sut y cafodd y peth hwnnw ei ddileu o
gof y genedl. Enghraifft arall yw disgrifiad yr Athro Richards
o ddymchwel bedd Dafydd ap Gwilym: 'Fe ddywedodd yr
Athro Hanes yng Ngholeg Caerdydd wrthyf fod canol neuadd
ddawnsio New Woodville yn union ar fedd Dafydd ap Gwilym.
Yr oedd hi'n jôc fawr ganddo.'[41] Wrth i Ffowc Elis ddisgrifio

'[g]wŷr digenedl' a'u gweithgareddau, dengys bwysigrwydd cewri llenyddol i'w weledigaeth o genedl annibynnol. Arwain hyn ni at un o olygfeydd mwyaf adnabyddus y nofel, lle gwêl Ifan yr iaith yn marw ar dafod hen wraig yn y Bala. Cyd-edrydd Ifan Salm 23 gyda'r hen wraig, cyn iddi lithro yn ôl i siarad Saesneg, a dywed Ifan: 'Yr oeddwn wedi gweld â'm llygaid fy hun farwolaeth yr iaith Gymraeg.'[42] Daw ergyd y frawddeg foel honno wedi i Ifan weld Llanuwchllyn wedi'i ddymchwel:

'Dyma Ruin 24,' ebe Seeward.
'Yn ôl y map,' ebe'r Athro, 'Llanuwchllyn.'
Edrychais arno. Pentref diwylliant a chewri Cymru.[43]

Ynghyd â hynny, mae cofgolofn Thomas Charles wedi'i dymchwel er mwyn caniatáu mwy o lefydd parcio. Noda Ifan:

Gofynnais, gan geisio llyncu 'nghynddaredd, beth a ddaethai o gofgolofn Thomas Charles.
'Colofn pwy?' ebe Seeward.
Eglurodd yr Athro iddo fod cofgolofn i un o'r arwyr cysegredicaf ei goffadwriaeth yng Nghymru yn arfer sefyll o flaen y capel.[44]

Mae i'r Bala hefyd arwyddocâd arbennig yn y nofel ffuglen wyddonol *Talu'r Pris* gan Arwel Vittle, a gyhoeddwyd yn 2000. Ailenwir y dref yn Teggie's Town, ac nid yn annhebyg i drefi Cymru ddystopaidd *Wythnos yng Nghymru Fydd*, nid yw'r dref yn ddim ond palasau pleser ac *amusements* dienaid. Ar ffo rhag yr awdurdodau, mae un o brif gymeriadau'r nofel, Iolo, yn syrthio ac yn deffro i weld bwthyn clyd yng nghanol y wlad. 'O'r bwthyn gallai glywed llais hen wraig yn adrodd darn o'r Beibl i'w hun. "Yr Arglwydd yw fy mugail, ni bydd eisiau arnaf. Efe a wna i mi orwedd mewn porfeydd gwelltog..."'[45] Hon yw'r union Salm y mae Hen Wraig y Bala *Wythnos yng Nghymru Fydd* yn ei hadrodd gydag Ifan. Yn *Talu'r Pris*, mynega Iolo: 'Nid oedd wedi clywed neb yn adrodd o'r Beibl ers degawdau. Roedd wedi cymryd yn ganiataol bod pob Beibl mewn amgueddfa erbyn hyn.'[46] Cynigia'r hen wraig le i Iolo gysgodi, ac wedi'i lapio mewn 'carthen wlân glyd', cawn gyflwyniad o henfyd diogel. '[Ll]anwyd ei galon â rhyw felan felys am oes ddelfrydol na fu.'[47] Serch hynny, mae Iolo'n deffro yn yr awyr agored, wedi cysgu mewn hen adfail, a darganfod mai breuddwyd oedd y cyfan. Gwêl y realiti tywyll yn syth o'i flaen: 'Lle bu cwm neithiwr bellach doedd dim ond dŵr di-liw, yn gorwedd fel bedd-faen dros y tir.'[48] Yr hyn sy'n ddiddorol am yr olygfa hon yn *Talu'r Pris* yw fod yr hen ffordd Gymreig o fyw wedi hen farw, nid yw hyd yn oed yn bodoli fel delfryd, heb sôn am fod yn bosibl ym myd y nofel.

Gwelwn hefyd gymoedd dan ddŵr yn *Wythnos yng Nghymru Fydd* a *Talu'r Pris*. Lluniwyd *Wythnos yng Nghymru Fydd* adeg yr ymgyrch i atal boddi Cwm Tryweryn, a gwêl y nofel Dryweryn dan ddŵr – 'Yn awr, garech chi fynd i weld Llyn Tryweryn cyn troi'n ôl?'[49] – cyn datgelu ei fod 'yr un fath â Llyn Dyffryn Ceiriog a Llyn Dolanog a Llyn Ffestiniog a Llyn Nant Ffrancon–'.[50] Ar ôl treulio'r noson ym mwthyn clyd yr hen wraig, mae Iolo o *Talu'r Pris* yn deffro ar lannau llyn, a dyfalwn mai Llyn Tryweryn nid nepell o'r Bala yw'r llyn hwnnw. Fodd bynnag, daw i'r amlwg nad yw'n berthnasol i'r digwyddiadau yn nyfodol *Talu'r Pris*, gyda Iolo'n troi at ei geffyl a dweud: 'nid lle i ni yw'r llyn 'ma heddiw.'[51] Rhybuddia *Talu'r Pris* ei ddarllenydd o berygl syrthio i ddiogelwch hen chwedlau, a bod angen symud ymlaen o'r hen ddelweddau rhamantaidd. Yn yr un modd â chlywed am adeiladu neuadd ddawns ar fedd Dafydd ap Gwilym yn *Wythnos yng Nghymru Fydd*, mae Iolo'n cyrraedd Ystrad Fflur yn *Talu'r Pris* ac yn datgelu bod gwaddol llenyddol y bardd yn angof llwyr yn y nofel honno hefyd. Mae Roj Mitchell, myfyriwr 'Astudiaethau Cyntefig', yn ei holi am hanes 'bardd brodorol mawr' sydd wedi'i gladdu yn yr ardal, ac mae Iolo'n ateb 'nad oedd erioed wedi clywed am fardd yn yr ardal'.[52] Felly fel Ffowc Elis, gwelwn Vittle yn dangos cymeriadau sydd wedi hen anghofio'u hunaniaeth a'u hanes drwy ddileu neu ddinistrio elfennau cyfarwydd o'r diwylliant dan sylw, yn y gobaith y bydd yn annog eu darllenwyr i ystyried eu pwysigrwydd.

Mae gweld ffordd o fyw arbennig yn marw gyda chymeriad penodol yn dod i'r amlwg mewn nofelau ffuglen wyddonol eto ac eto, megis yn *Y Dŵr* gan Lloyd Jones (2009) ac *Annwyl Smotyn Bach* gan Lleucu Roberts (2008), gyda dirywiad cymeriadau Yncl Wil a Llio ill dau yn cynrychioli'r Gymraeg a'i diwylliant. Mewn erthygl yn trafod arwyddocâd yr hen wraig yn *Wythnos yng Nghymru Fydd*, dywed Johan Schimanski: 'Mae dirgelwch yr olygfa 'ma yn ymwneud yn rhannol â llwyfannu'n ddelweddaidd yr holl *unigolrwydd* o farwolaeth iaith, yn dangos inni ryfeddol siaradwraig olaf y Gymraeg yn ei hunigrwydd trist.'[53] Nid yn unig hynny, mae personoli'r iaith a'i marwolaeth yn ffordd o bwysleisio'r golled bersonol honno i bawb. Fodd bynnag, yn ôl Gerwyn Wiliams: 'Her adeiladol Islwyn Ffowc Elis i oruchafiaeth y diwylliant cosmopolitan [...] oedd sicrhau arwyr ac arwresau diamheuol Gymraeg a chreu o'u cwmpas chwedloniaeth drwyadl Gymreig.'[54] Wrth greu Hen Wraig y Bala fel cymeriad chwedlonol, gweler hefyd gymeriadau eraill gan Ffowc Elis, nid yn unig yn *Wythnos yng Nghymru Fydd*, ond yn *Y Blaned Dirion* ac 'Y Golau Estron' hefyd, yn cael eu cyflwyno fel arwyr i Gymru. Cyfeiriwyd eisoes at arwyr llenyddol yng ngwaith Ffowc Elis – Wells, Jules Verne a Tegla yn ysgrifau *Cyn Oeri'r Gwaed* a Thomas Charles, Dafydd ap Gwilym a'r emynwyr yn *Wythnos yng Nghymru Fydd* – ond cyflwyna ei naratifau arwyr proffesiynol newydd i Gymru, megis Rhys Rhymni a Gwil Llanmor yn serennu ar y cae pêl-droed, tenoriaid o fri sy'n canu clasuron Eidalaidd yn y Gymraeg, a Gwern Tywi, y gofodwr sy'n dychwelyd o'r 'ail wibdaith o Gymru i'r lleuad'.[55] Pwysleisia Ifan 'arwriaeth' Gwern Teifi, a rhyfedda: 'Yr oeddwn mewn gwlad gyfoethog, ac mewn oes a oedd yn cyflawni'r anhygoel ac eto'n cadw'i phen.'[56]

Yn yr un modd, mae 'Y Golau Estron' yn dechrau drwy gyflwyno John Parry a chriw o wyddonwyr uchel iawn eu parch. Diolcha'r Athro Charles i John Parry: 'Ni ddyle ddiolch i chi, Parry […] am ddangos i'r byd bod 'na wyddonwyr yng Nghymru. Nid bob blwyddyn y mae Cymro'n ennill Gwobr Nobel.'[57] Mae gosod ffigyrau llwyddiannus o Gymru yn ei waith yn rhan bwysig o genhadaeth Ffowc Elis ac yn rhan bwysig o greu cenedl o ddinasyddion hyderus, annibynnol. Serch hynny, mae Parry yn cael ei lyncu a'i ladd gan y golau estron sy'n elyn yn y stori fer, y 'goleuni gwynias' sy'n prysur ymgasglu a ffurfio siâp dynion cyn meddiannu'r byd. Y ddamcaniaeth yw bod y golau yn '[g]elloedd. Rhyw fath o brotoplasm arallfydol, yn gallu byw'n annibynnol ac eto'n gallu ffiwsio i'w gilydd.'[58] Awgrymir mai mewn undod mae nerth. Fodd bynnag, mae'r nerth brawychus hwnnw yn profi'n ddinistriol, gan lofruddio cymeriadau'r stori a difrodi nifer o atomfeydd. 'Am ryw reswm yr oedd y Pethau wedi cymryd ffansi at atomfeydd; wedi casglu drwy ryw ryfedd reddf fod y rheini'n bwysig, ac yn amlwg yn bwriadu crynhoi'u hymosod ar bwerdai'r byd.'[59] Mae'r stori fer hon yn wahanol iawn i'r ddwy nofel ffuglen wyddonol, gyda gelyn amlwg i'w drechu yn null *War of the Worlds* Wells. Portreadir gwyddonwyr *Y Blaned Dirion* fel gwyddonwyr uchel eu parch hefyd, er nad yw 'gelynion' y nofel honno mor amlwg ar yr olwg gyntaf. O dderbyn y dasg o gyfieithu dyddiadur Dr Teyrnon Williams a hanes rhyfeddol y daith i'r Blaned Dirion ar ran yr 'U.S. Space Agency', mae'r adroddwr anhysbys yn disgwyl i'r stori gael cryn argraff: 'Roeddwn yn disgwyl y byddai'r stori yn dymchwel yn sydyn ryw fore am ben y byd; y byddai pob papur newydd a bwletin radio a theledu ar bum cyfandir yn llawn ohoni.'[60] Fodd bynnag, cleddir y stori gan yr Asiantaeth, a theimla'r adroddwr ddyletswydd i rannu'r stori gyda'r byd. Mae'n nodi ei fod yn ychwanegu lliw i'r llyfr-log, ac y bydd yn cael ei gyhoeddi yn ei ffurf wreiddiol hefyd: 'mae'n ddiau y gwneir hynny rywbryd,' meddai.[61] Yn wir, rhy'r adroddwr fri mawr ar gamp y gwyddonwyr, er nad yw'n destun dathlu i asiantaeth UDA, ac amlygir nad yw arwyr Cymru yn cael eu dathlu na'u cydnabod ar lwyfan rhyngwladol. Nid oes gan Gymru'r hawl i frolio'r gamp anhygoel a ddarlunnir yn y nofel fel y gwneir yn y Gymru rydd yn *Wythnos yng Nghymru Rydd*.

Un peth sy'n nodweddu anturiaethau 'Y Golau Estron' ac *Y Blaned Dirion* yw'r defnydd o gysyniadau ac ieithwedd grefyddol i ddisgrifio gwyddoniaeth mewn termau lled gyfarwydd, ac ar yr olwg gyntaf, ymddengys Islwyn Ffowc Elis fel petai'n creu 'Arall' anfwriadol o'r wyddoniaeth dan sylw. Wrth drafod marwolaeth John Parry yn 'Y Golau Estron', gofynna ei wraig weddw Gwyneth i Dr Bernard Gwynn: 'Ydych chi'n credu mewn byd arall?', sef bywyd tragwyddol ar ôl marwolaeth.[62] Etyb Bernard: 'Nid y byd arall rydych chi'n meddwl amdano, Gwyneth.'[63] Yn ddiweddarach yn y stori, wrth i'r 'Capten o Gymro o'r gwersyll milwrol dros y bryn'[64] gael ei achub rhag dinistr yr arallfydwyr, ebycha: 'Bois bach, mi fydda i'n credu mewn Rhagluniaeth ar ôl heno.'[65] Yn yr un modd, mynna Dr Teyrnon Williams yn *Y Blaned Dirion*, arweinydd taith ofodaidd y nofel honno, fod '*arweiniad* o ryw fath'[66] wedi'i arwain at greu'r roced angenrheidiol i deithio i'r gofod, gan ddisgrifio'r teimlad fel 'berw'r arweiniad' yn nes ymlaen yn y nofel.[67] Mae'n gwrthod cydnabod rhan ei allu fel gwyddonydd.

Ar frig 'Y Golau Estron' yn *Y Gwyddonydd*, noda golygydd y cyfnodolyn, Dr Glyn O. Phillips:

Tybiwyd bod yr amser wedi cyrraedd i *Y Gwyddonydd* arbrofi gyda stori ffuglen wyddonol, ac i wneud hyn fe aethom at ein nofelydd mwyaf llwyddiannus, Islwyn Ffowc Elis. Afraid yw ei gyflwyno i ddarllenwyr Cymru, sydd yn sicr wedi mwynhau darllen ei ysgrifau a'i nofelau, a gwrando ar ei raglenni gafaelgar a'i ddramâu difyr ar y radio a'r teledu. Ysgrifennodd y stori hon yn arbennig i *Y Gwyddonydd*, a rhoddodd i'r gwaith holl awdurdod ei safonau proffesiynol.[68]

Amlyga'r darn hwn mai derbyn gwahoddiad wnaeth Ffowc Elis wrth lunio 'Y Golau Estron', a gellid dadlau felly nad aeth ati i lunio stori fer ffuglen wyddonol yn sgil ei angerdd personol ei hun. Nid yw'r stori chwaith yn ymddangos yng nghyfrol o straeon byrion Ffowc Elis, *Marwydos*, a gyhoeddwyd yn 1971. Fodd bynnag, cynhwysir y stori hon fel yr unig ddarn o ffuglen yn y gyfrol *Naddion* yn 1998, gan amlygu nad testun i'w lwyr ddiystyru mohono chwaith. Mae'n ddiddorol hefyd ystyried y stori fer yng nghyd-destun darn arall gan Ffowc Elis yn nodi dengmlwyddiant ar hugain cylchgrawn *Y Gwyddonydd*. Wrth drafod Galileo yn derbyn ymddiheuriad gan yr Eglwys Gatholig am na chredwyd ei ddamcaniaeth ynghylch y ddaear yn troi o amgylch yr haul, myfyria Ffowc Elis am y cysyniad o wrthdaro rhwng gwirioneddau gwyddonol a chrefydd. Wrth ganmol gwaith Glyn O. Phillips, dyma Ffowc Elis yn disgrifio *Y Gwyddonydd* fel cylchgrawn 'a'i olygydd yn Gristion o wyddonydd, o blaid pob gwirionedd'.[69] Yn sgil hynny, dyma weld cydnabyddiaeth Ffowc Elis fod dau fath o wirionedd yn gallu cydfodoli: 'nid gwirionedd terfynol mohono byth; nid gwirionedd sefydlog, ond gwirionedd sy'n gorfod newid rhywfaint gyda phob darganfyddiad newydd'.[70]

Ar ddechrau *Y Blaned Dirion*, mae'r anthropolegydd Elen Powel yn rhannu darganfyddiad anarferol gyda'r seryddwr Emrys Morgan.

Rydw i'n sicr […] fod Adda ac Efa – neu efallai deulu neu hyd yn oed lwyth cyfan – wedi'u plannu'n sydyn ar y ddaear 'ma tua hanner can mil o flynyddoedd yn ôl. Fe ddaru nhw gymysgu â'r is-ddynion – dyna sut y dirywiodd yr hil–[71]

Datgelir gan Theros, pan fo'r bodau dynol ar y Blaned Dirion, fod y ddamcaniaeth hon yn wir, a bod deuddyn arallfydol a syrthiodd mewn cariad ar y blaned wedi'u hanfon i blaned 'lawn mor ddymunol â hon, lle gallen nhw garu'i gilydd a chodi teulu yn yr hen ddull'.[72] Ymdebyga disgrifiad Theros o ymweliadau arallfydol i ddadansoddiadau awduron megis Erich Van Daniken, a'r gyfres deledu *Ancient Aliens*: 'Mae sôn yn hen lenyddiaeth eich Daear chi am gerbydau tân ac ymwelwyr disglair ac am ysgolion yn cyrraedd i'r nefoedd – fe fyddai'n gofodwyr ni gynt yn defnyddio ysgol belydr i fynd a dod o'u llongau'.[73] Cyfeiria'r cymeriadau oll at fynd i'r nefoedd yn hytrach na'r gofod. Wrth ddysgu am roced Teyrnon cyn y daith, ebycha Emrys:

'Y Nefoedd fawr!' meddai Emrys, pan gafodd ei wynt ato.

'Gobeithio'n wir, Emrys,' meddai'r Dr Teyrnon, 'mai tuag yno y bydd hwnna'n ein cario ni.'[74]

O ddysgu am y 'gwir' gan Theros, mynna peiriannydd y roced, Twm Sbanar, eu bod wedi marw: 'Y Nefoedd ydy'r lle dinadman yma; rydan ni i gyd wedi marw ac rydan ni yn y Nefoedd.'[75] Yr hyn sy'n eironig, o bosib, yw y gellid datgan mai uffern yw'r lle dan sylw, gyda phechodau'r chwechawd ar long-ofod Teyrnon Williams yn dod i'r amlwg ochr yn ochr ag iwtopia heddychlon y Blaned Dirion. Digwydd rhywbeth tebyg yn nhaith ofodaidd y nofel *Y Trydydd Posibilrwydd* gan Mari Williams, a gyhoeddwyd yn 1991. Diflanna tri gofodwr o Gymru i dwll du yn y gofod a'u canfod eu hunain mewn purdan o fath, sy'n dychwelyd at hen ffordd o fyw ac sy'n ymwrthod â'r dechnoleg a'r Gymru rydd a bortreadir cyn dechrau taith y triawd. Maent yn dod wyneb yn wyneb ag adfeilion eu bywydau cyn iddynt ennill bri rhyngwladol fel gofodwyr. Jonathan, nai un o'r gofodwyr, yw'r unig ddolen gyswllt rhwng y ddau fyd a ddarlunnir yn y nofel, ac fe'i disgrifir fel a ganlyn: 'Roedd hiraeth arno am yr hen ddyddiau, pan oedd gobaith i'r byd. Ni, a'r fenter i'r gofod oedd yn cynrychioli hynny iddo.'[76] Er bod gweithiau ffuglen wyddonol Ffowc Elis wedi'u hysgrifennu cyn i ddyn lanio ar y lleuad yn 1969, adeg cyhoeddi *Y Trydydd Posibilrwydd*, nid ffordd newydd o deithio na gweld y byd yw teithio gofodaidd. Fel yr amlyga Roger D. Launius, nid arweiniodd y Ras Ofodaidd at barhau i ddatblygu peiriannau newydd, na chwaith at weld cyfle i deithio ymhellach i gyrion y bydysawd: 'The missions […] turned into a dead end rather than a new beginning, and no amount of heroic prose could overcome that unforeseen plot twist.'[77] Fel y gwelwyd eisoes yng ngwaith Ffowc Elis, mae mentrau gwyddonol yn symbol o hyder cenedl, ond methu yw tynged criw *Y Blaned Dirion,* yn union fel menter *Y Trydydd Posibilrwydd.*

Darlunnir arallfydwyr 'Y Golau Estron' ac *Y Blaned Dirion* fel bodau y tu hwnt i ddeallusrwydd dynol. Nodir yn 'Y Golau Estron': 'Am ryw reswm yr oedd y Pethau wedi cymryd ffansi at atomfeydd; wedi casglu drwy ryw ryfedd reddf fod y rheini'n bwysig, ac yn amlwg yn bwriadu crynhoi'u hymosod ar bwerdai'r byd.'[78] Ar ddiwedd y stori, mae'r rocedi wedi llwyddo i daro llong ofod y pelydrau. '"Rydyn ni'n saff, ydych chi'n clywed? Mae'r hen fyd 'ma'n saff!" Swatiodd y tri yn y ffos am oriau tra bu'r atomfa'n ffrwydro, yn wylo fel plant.'[79] Diweddglo disymwth, ond cymharol bositif sydd i'r stori... ond a ellid dweud bod y byd wir yn 'saff'? O ystyried y pryderon am ynni niwclear sy'n dal i fritho enghreifftiau o'r *genre* ffuglen wyddonol, mae'n bosib y byddai cymeriadau *Llyfr Glas Nebo* Manon Steffan Ros a'u tebyg yn diolch i'r arallfydwyr am waredu'r bygythiad niwclear.[80] Dysgwn fod bodau'r Blaned Dirion wedi datblygu i ymwrthod â rhyfeloedd a serch, a'u nod pennaf yw 'ennill tangnefedd oddi mewn'.[81] Edrydd hanes y datblygiad hwnnw'n fanwl iawn, gan olrhain diwedd y frenhiniaeth ac effeithiau cadarnhaol hynny ar fodau'r blaned. Yn y nofel, aiff Owen D. Lewis i amgueddfa'r ddinas a dod wyneb yn wyneb â'r robotiaid a grëwyd gan drigolion y blaned flynyddoedd ynghynt. Fel y gwelwyd yn barod wrth drafod yr elfennau 'traddodiadol' yn *Wythnos yng Nghymru Fydd*, caiff y gymhariaeth rhwng ddoe ac yfory mewn ffuglen wyddonol effaith arbennig ar y darllenydd:

The spectacle of an observer examining an artefact and using it as a window on to nature, culture, and history permits that convergence of anthropological, prophetic, and elegiac tonalities that science fiction handles more powerfully than any other modern literary form.[82]

Trafoda Robert Crossley The Palace of Green Porcelain yn *The Time Machine* gan Wells yn benodol, a gwelwn fod y teithiwr amser yn darganfod y lle yn haen o lwch ac wedi'i ddymchwel yn rhannol. Yn *Y Blaned Dirion*, mae cryn barch gan y planedwyr at y 'creiriau', i'r gwrthwyneb i feddylfryd y Dyfodolwyr: 'Museums: cemeteries! […] To admire an old painting is the same as pouring our sensibility into a funerary urn, instead of casting it forward into the distance in violent spurts of creation and action.'[83] Fodd bynnag, gwêl y planedwyr yn *Y Blaned Dirion* wersi o'r gorffennol yn eu harddangosfeydd, a'r bodau dynol sy'n dechrau ailgyflwyno'r hen wrthrychau i'r blaned – gan gynnwys arfau ac alcohol – drwy eu camddefnyddio. O ddod o hyd i'r peiriannau yn yr amgueddfa, deffroa un o'r robotiaid yno a chamu at Owen D. Lewis, gan ddatgan: 'Does dim lle yma i ddynion o'r Ddaear. Ti roddodd ailgychwyn imi, fy neffro i o 'nghwsg, ac am dy ryfyg mae rhaid iti beidio â *bod*!'[84] Honna Theros nad yw'r robotiaid yn beryglus: 'Mae meddwl y peiriant yn adlewyrchu meddwl y sawl sy'n siarad ag e.'[85] Dyma gyflwyno deallusrwydd artiffisial a'r cysyniad o greu bodau perffaith, yn union fel y gwna'r nofel *Y Dydd Olaf* gan Owain Owain yn 1976. Pwysleisir yn y ddwy nofel mai dynion sy'n gyfrifol am greu'r dechnoleg hon ac am ddylanwadu arni. Esbonia'r arallfydwr Araon yn *Y Blaned Dirion*: 'Cyn i drigolion y blaned ddechrau gwneud personau byw fe fuon nhw'n gwneud robotiaid: dynion mecanyddol [...] Fe benderfynwyd wedyn berffeithio'r ymennydd electronig y tu mewn i beiriannau diniwed fel y rhain.'[86] Mae'n ddiddorol gweld Lewis yn protestio a disgrifio'r peiriannau fel a ganlyn: 'Mae'n annuwiol! [...] Mae'n annuwiol eich bod chi wedi rhoi llais a lleferydd i'r fath daclau!'[87] Fodd bynnag, daw i'r amlwg, ochr yn ochr â pherffeithrwydd tawel y Blaned Dirion, mai'r chwechawd sy'n teithio yno sy'n 'annuwiol'. Mae pob un o'r chwech yn cynrychioli un o'r saith pechod marwol gan eto bwysleisio'r cysylltiad crefyddol, fel yr amlyga Theros: 'Mae'r pump ddaeth gyda thi'n cael eu bwyta, un gan ariangarwch, un arall gan wagogoniant, un arall gan flys cnawd, un arall gan genfigen, a'r llall gan syched.'[88] Balchder yw pechod Teyrnon: 'Onid ti yw'r mwyaf o holl wyddonwyr y Ddaear? Onid dyna rwyt ti'n ei ddweud wrthyt dy hun lawer gwaith bob dydd?'[89] Yr hyn sydd fwyaf brawychus i Teyrnon o'r cychwyn cyntaf yw mynd yn angof, a gweld Cymru a'r Gymraeg hefyd yn mynd yn angof. Wrth ddisgrifio bywyd iwtopaidd y planedwyr, noda T. Robin Chapman: 'The novel is a reminder that "perfection" is derived from the concept of completion. The Gentle Planet is a place without stories, because stories arise from conflict.'[90] Fel *Wythnos yng Nghymru Fydd*, mae'r byd iwtopaidd fymryn yn ddifywyd yn sgil y diffyg stori, y diffyg tensiwn, y diffyg gwrthdaro, serch ymdrechion Ffowc Elis i greu gelynion gyda'r Crysau Porffor. O ystyried sut y gwêl Ffowc Elis ysgrifennu'n fater o 'ddyletswydd' iddo, ar ran y genedl, gellid holi a fyddai lle iddo barhau i lenydda petai'r Gymru rydd, iwtopaidd a ddeisyfai yn cael ei gwireddu.

Ar ddechrau *Y Blaned Dirion*, cyflwynir llyfr-log Teyrnon Williams gan adroddwr anhysbys gyda dymuniad pendant wedi'i nodi yng ngwaith y gwyddonydd:

Fe ymddengys yn od, efallai, fy mod am gadw llyfr-log o'r fath yn Gymraeg, ac nid yn yr iaith Saesneg a ddeellir dros ran mor helaeth o'r byd. Y mae fy rhesymau dros wneud hyn yn driphlyg. Yn gyntaf oll, er mai yn Saesneg y gwneuthum fy ngwaith gwyddonol i gyd hyd yma, yr wyf wedi parhau i ddarllen Cymraeg yn helaeth ac wedi cadw fy nyddiadur personol ynddi bob blwyddyn er pan gedwais y cyntaf un yn bymtheg oed. Ac y mae ysgrifennu Cymraeg bob amser wedi rhoi mwy o wir bleser i mi nag ysgrifennu Saesneg, sydd rywfodd yn rhy oer ac amhersonol – i mi, beth bynnag – i fynegi teimladau dyfnaf fy nghalon. [...] Yn ail, y mae gennyf ryw ragargoel rhyfedd, er gwaethaf pob tystiolaeth i'r gwrthwyneb ar hyn o bryd, y daw'r Gymraeg unwaith eto'n iaith o bwys a bri, ac y dysgir drwyddi y pynciau gwyddonol mwyaf astrus, fel y mae'r Iddewon eisoes yn dechrau gwneud drwy iaith mor farw â'r Hebraeg.[91]

Dyma ddymuniad sy'n cael ei wireddu erbyn 2033 iwtopaidd *Wythnos yng Nghymru Fydd*: 'Llyfrau Cymraeg yn unig oedd mewn un cwpwrdd, a'r rheini'n llyfrau gwyddonol i gyd.'[92] Dysga Ifan fod modd i fyfyrwyr Cymru '[dd]ewis astudio'r pwnc yn yr iaith a fynnon nhw'.[93] Fel teyrnged i Teyrnon, dywed adroddwr *Y Blaned Dirion*: 'Fy nyletswydd i ydy trosglwyddo'i stori i'w gyd-Gymry'n gynta yn yr iaith y sgrifennwyd hi ynddi.'[94] O ystyried cenhadaeth Ffowc Elis fel awdur, gellid gweld sylwadau Teyrnon fel adlais o ymdeimlad Ffowc Elis o ddyletswydd. Dychwela llais yr adroddwr ar ddiwedd y nofel, a phwysleisia bwysigrwydd y llyfr-log yn ei law: 'Rydw i'n bwriadu dal fy ngafael yn y llyfr-log yma am weddill fy oes. Oherwydd mae ynddo rywbeth heblaw papur a geiriau.'[95] Mae'r adroddwr hwn, Teyrnon Williams, ac Ifan Powel yn *Wythnos yng Nghymru Fydd*, yn gymeriadau sy'n tynnu sylw at y weithred o ysgrifennu cofnod o'u darganfyddiadau.[96] Yn *The Time Machine*, fel yr amlyga Jordan Kistler: 'the Time Traveller presents himself as author and editor of his own story.'[97] Er nad yw naratif trydydd person 'Y Golau Estron' yn tynnu sylw at yr un weithred, gwelwn ddrwgdybiaeth ynghylch honiadau Dr Gwynn yn y sylw canlynol: 'Dowch,

dowch, Dr Gwynn. Rydych chi wedi darllen gormod o ffuglen wyddoniaeth.'[98] Ar yr olwg gyntaf, mae'n ymddangos yn sylw pur eironig. Fodd bynnag, gwelir pwyslais yma ar ffuglen wyddonol fel llenyddiaeth anghredadwy, ac amlygir eto natur yr 'hiraeth amhosibl' a fu'n rhan o ddychmygu'r dyfodol, fel y'i disgrifiwyd yn yr ysgrif 'Ar Lwybrau Amser', a hynny'n arbennig o amhosibl i genedlaetholwr tanbaid fel Ffowc Elis.[99]

Wrth ddisgrifio gyrfa lenyddol Ffowc Elis, dywed Delyth George: 'O dan ei ddwylo ef yn anad neb y tyfodd y nofel Gymraeg yn arf lled wleidyddol am y tro cyntaf.'[100] Roedd cyflwyno ffuglen wyddonol yn y Gymraeg yn rhan o'r weledigaeth honno, o gyflwyno posibiliadau i eraill eu dychmygu drostynt eu hunain. Yn rhyfedd ddigon, yn *The Time Machine*, pwysleisia'r teithiwr amser ei fod mewn sefyllfa unigryw ac anghyfarwydd, heb unrhyw ganllaw na rhagflaenydd yn gymorth iddo: 'The great triumph of Humanity I had dreamed of took a different shape in my mind […] I had no convenient cicerone in the pattern of the Utopian books. My explanation may be absolutely wrong.'[101] Yn yr un modd, dyna sefyllfa Ffowc Elis wrth gyflwyno ffuglen wyddonol i ddarllenwyr Cymraeg am y tro cyntaf. Defnyddia'r ieithwedd a'r motiffau sy'n gyfarwydd iddo − yr elfennau traddodiadol, cyfeiriadau at gewri diwylliannol, peiriannau ffuglen wyddonol y cyfnod, geirfa grefyddol − a cheisio rhoi stamp Cymreig a Chymraeg ar y gwaith. Yn ei ragair byr i'r gyfrol ffuglen wyddonol *Pe Symudai y Ddaear* gan D. Griffith Jones, dywed Ffowc Elis: 'Camp anodd yw sgrifennu [sic] ffuglen wyddoniaeth (*Science Fiction*) yn dda. Er mwyn argyhoeddi rhaid gwneud i'r digwyddiadau ffantastig ymddangos yn bosibl, a gwneud y cymeriadau'n hynod fyw.'[102] Efallai y gellid dadlau yn y fan hon nad y teithiau gofodaidd a'r arallfydwyr brawychus yw elfennau mwyaf anghredadwy ffuglen wyddonol yr awdur: y ddelwedd o Gymru'n genedl hyderus gerbron y byd sy'n anodd i'w dirnad. Serch gweld pwyslais ar anferthedd America yn ystod ymweliad

Elen Powel ag Owen D. Lewis yn *Y Blaned Dirion* – 'Fe deimlodd Elen yr anferthwch i gyd yn ei llethu a hithau'n sefyll yma, yn ffigur bychan estron unig ar ganol aceri lawer o lawnt'[103] – 'Y Golau Estron' sy'n amlygu dinodedd Cymru yn rhyngwladol. Nid yw'r wybodaeth a gyflwyna Dr Bernard Gwynn am ddinistr y celloedd arallfydol yn cael ei hystyried o bwys yn y byd tan bod pwysigion yn sylweddoli bod modd iddynt ddinistrio canolfannau mwy yn y byd: 'Ac os gallan nhw ddifa pentrefi bach, ble y trawan nhw nesa? Llundain? Mosco? Hyd yn oed... Efrog Newydd?'[104] Er ymgais Ffowc Elis i ddarlunio gwyddonwyr ac arwyr hyderus, nid yw eu campau'n llwyddo.

Dywed Wells: 'Throughout the ages the Utopias reflect the anxieties and discontents amidst which they were produced. They are, so to speak, shadows of light thrown by darkness. The more disturbed men's minds are, the more Utopias multiply.'[105] Mae deisyfu bywyd gwell yn rhan annatod o feddylfryd y bod dynol – o weld y man gwyn man draw. Yn yr ysgrif hon, gwelwyd y dynfa yn ffuglen wyddonol Ffowc Elis rhwng dychmygu byd newydd, hyderus a dylanwad awduron fel Wells a Verne a chynnal ei barch aruthrol at ddiwylliant llenyddol y Gymraeg a chymunedau Cristnogol y wlad. Wrth drafod y Dyfodolwyr gwreiddiol a dilynwyr Marinetti, noda Anne Bowler: 'Life, simply speaking, could never match up to the Futurist aesthetic ideal.'[106] Eto, fel y gwelwyd yn y nofel *Y Blaned Dirion*, nid yw'r cymeriadau o'r Ddaear yn barod ar gyfer Iwtopia'r blaned. Nid oes digon o ddigwydd, o fyw, iddynt, ac er y cyfeiria Dylan Iorwerth ati fel 'rhyw fath o antidot creadigol' i *Wythnos yng Nghymru Fydd*,[107] mae lle i gwestiynu a fyddai Ffowc Elis wedi pryderu ynghylch ei 'werth' fel awdur petai'n llwyddo i wireddu'r hyn a ddeisyfir yn ôl ei lenyddiaeth a'i ysgrifau. Beth fyddai 'dyletswydd' Ffowc Elis mewn Cymru rydd, annibynnol? Beth fyddai ei rôl petai digon o nofelau at ddant pawb? A fyddai modd iddo fyw yn hapus braf, fel arwr ar ddiwedd stori fawr?

Mewn cerdd deyrnged i Ffowc Elis, dywed T. James Jones:

Bu'n dwyn gwanwyn i'w genedl
a phorthiant i'w chwant am chwedl
nad yw'r gaea'n dragywydd –
mai marw i fyw Cymru Fydd.[108]

Yn ogystal ag amlygu cyfraniad gwaith Ffowc Elis yn gyffredinol at y farchnad ddarllen Cymraeg, mae'r awgrym ei fod yn symud ymlaen at fyd newydd, at 'Gymru Fydd', wedi'i farwolaeth, yn amlygu gwaddol y dyfodol unigryw a greodd drwy *Wythnos yng Nghymru Fydd*. O gadw mewn cof y syniad o nefoedd ac uffern, rhydd T. James Jones rwydd hynt i ni ddychmygu'r 'Gymru Fydd' y bydd Ffowc Elis yn rhan ohoni ar ôl ei farwolaeth. Ar lefel fwy ymarferol, mae bwrw golwg ar ffuglen wyddonol Ffowc Elis fel corpws o waith am y tro cyntaf yn yr ysgrif hon wedi amlygu gwaddol pwysig a ddylanwadodd ar allu llenorion ar ei ôl i ddychmygu potensial y Gymraeg mewn bydoedd ffuglen wyddonol. Gellid hefyd ddweud fod Ffowc Elis wedi bod yn gyfrifol am geisio cyflwyno'r cysyniad o Gymru Fydd fel darlun sydd, am y tro cyntaf, o fewn gafael ei ddarllenwyr, fel nad ydyw mor anghredadwy o anghyfarwydd ymhen blynyddoedd i ddod.

# Byth yn ddigon a wastad yn ormod: Yr hyn sy'n digwydd (ac nad yw'n digwydd) yn nofelau Tony Bianchi

## T. Robin Chapman

That is one of the many reasons why I avoid speaking as much as possible. For I always say either too much or too little, which is a terrible thing for a man with a passion for truth like mine.

Samuel Beckett, *Molloy* (1951).

TEMTIR RHYWUN I GREDU bod gan Tony Bianchi restr wirio wrth ei benelin pan luniodd y gyntaf o'i chwe nofel.[1] Saif *Esgyrn Bach* (2006) yn gadarn gydymffurfiol yn olyniaeth ffuglen nawdegau'r ugeinfed ganrif a degawd agoriadol yr unfed ar hugain. Prif gymeriad trasi-gomig ar drothwy'r canol oed yn Steffan sy'n bresennol ym mhob golygfa (cymharer Dafydd Gilley yn *Cadw Dy Ffydd, Brawd* Owen Martell); biwrocratiaeth rwystrus (gweler *Walia Wigli* Goronwy Jones); dirgelwch nad oes modd ei ddatrys (yn null *Tania'r Tacsi* Angharad Price); ffars (darllener Marcel Williams, *passim*) a realaeth hud (go debyg i *Si Hei Lwli* Angharad Tomos). Ychwaneger deunydd ategol rhyngdestunol, yn llythyrau a siartiau a diagramau, darnau o gerddoriaeth, geiriau *Liede* gan Eduard Mörike, poster syrcas a'r llun eiconig o Lesley Howard a Celia Johnson yn *Brief Encounter*. Dyna'r rysáit.

Plot *Esgyrn Bach*, yn gryno iawn, yw bod Steffan, yn rhinwedd ei swydd fel asesydd ceisiadau am gymhorthdal i awduron, yn derbyn pecyn gan ymgeisydd heb ddim o'r manylion gofynnol. Yn ei sgil daw pecynnau eraill yn cynnwys deunydd yr un mor ymddangosiadol amherthnasol. Ar yr un pryd mae ei bartner, Llio, sy'n feichiog, yn awyddus i symud tŷ – er bod union leoliad y tŷ hwnnw'r un mor anodd ei ganfod. O dipyn i beth daw'r ddau linyn ynghyd. Teithia Steffan i Leipzig a chanfod yno awtomaton o gerddor yn cuddio esgyrn dynol cyfansoddwr enwog dan blygion ei ddillad. Esgyrn Bach yn llythrennol. Yn yr adran glo, ar ffurf trawsysgrif o gyfarfod yn trafod grantiau awduron, datgelir mai Steffan, er iddo ddatgan nad yw am fod 'yn gymeriad mewn rhyw nofel ôl-fodernaidd eilradd', (EB, 152) yw awdur y stori y buom yn ei darllen.

Ôl-fodernaidd iawn, wrth gwrs – clyfrwch hunangyfeiriol, paradocsaidd – eitem arall i'r rhestr uchod: y math o ymgais i ddiddanu drwy ddrysu a geir gan bob un o'r awduron a enwyd.

Ond ni ddylid bod mor barod chwaith i'w chynnwys yn y rhestr. Mae dadl dros feddwl am y clyfrwch hwn fel rhagbaratoad ar gyfer rhywbeth llawer mwy arwyddocaol – a pharhaol – yn ffuglen Tony Bianchi, sef tyndra rhwng crëwr a chreadigaeth.

Ystyrier yr haeriadau croes na fyn Steffan fod yn gymeriad mewn nofel a'r datgeliad mai ef yw'r awdur. Gellir darllen y berthynas rhwng y ddau beth mewn tair ffordd.

Y darlleniad cyntaf yw cychwyn gyda'r gosodiad hunanamlwg *nad* Steffan yw awdur *Esgyrn Bach* ac mai creadigaeth Bianchi yw pawb a phopeth a ddywedir ac a ddangosir. Enw Bianchi sydd ar y clawr. Ef piau'r 'Nodyn gan yr awdur' sy'n rhagflaenu'r stori. O ddilyn y darlleniad hwn, awtomaton yw Steffan yntau, cymeriad 'ufudd' (EB, 49) a gonsuriwyd gan draethydd hollwybodus i ddibenion y stori heb hanes nac asiantaeth. Yn un peth, ni roddir iddo wreiddiau y tu allan i'r nofel:

Ni wyddai ef [Steffan], na'i fam o'i flaen, na neb o'r teulu, ymhle y claddwyd yr un o'u perthnasau, gan na thrafferthai neb i gofnodi bedd na gosod carreg [...] Prin bu'r [*sic*] sôn am linach a phrinnach fyth yr eiddo a drosglwyddwyd o genhedlaeth i genhedlaeth [...] Ni fu erioed albwm lluniau teuluol; ni chadwyd llythyrau; a phe byddid weithiau'n dychwelyd i fangre rhyw hen ddedwyddwch, ni ddôi'r un atgofus wên i'r wyneb na'r un pwl o hiraeth. Yr hyn a fu, a fu. (EB, 20)

Fe'i hamddifedir gan ei grëwr hefyd o ewyllys a dychymyg:

Nid brodiwr mo Steffan. Ac nid brethyn oedd bywyd iddo chwaith. Rhyw glytiau oedd realiti iddo, clytiau a ddôi ato ar hap, ar awelon o wynt, ym mhob siâp a lliw a'r rheiny gan amlaf yn glytiau digon di-raen. Pe meddai'r dychymyg, dichon y gallai fod wedi gwneud clytwaith gweddol bert ohonynt. Ond ni fedrai weld y posibiliadau mewn defnyddiau mor llwm, mor bitw. Annibendod oedd y bratiau hyn a phriod dynged annibendod oedd cael ei dacluso – neu ei luchio. Ac ystyr tacluso oedd rheoli, nid maldodi. Golygai ddosbarthu'r clytiau'n bentyrrau cymen, cant ymhob un, yn ôl siâp, lliw, natur y defnydd ac ati. Nid oedd gwnïo'n rhan o'r gorchwyl. (EB, 19)

'[Y]n ddi-ffael', fel y dywed Bianchi amdano ymhellach, 'byddai'n well ganddo ddilyn cyfarwyddiadau rhywun arall nac [*sic*] ymddiried yn ei reddfau ei hun'. (EB, 49) Ac eto, 'Didoli, nid cyfuno, oedd priod ddawn Steffan [...] gwelodd fywyd fel rhyw bos hynod gymhleth ond gorffenedig: pos yr oedd angen ei ddadansoddi a'i ddatrys ond nid ei ymestyn'. (EB, 102)

Yn ôl y darlleniad cyntaf hwn, felly, stori bicarésg yw *Esgyrn Bach*. Gosodir cyfres o dasgau i Steffan na all mo'u cyflawni am nad yw wedi'i gynysgaeddu gan ei grëwr â'r gallu i wneud hynny. Winc goeg gan Bianchi ei hun yw'r sôn am amharodrwydd i fod yn gymeriad ffuglennol: 'Oedd, roedd Steffan yn casáu bod yn wrthrych i rywun arall.' (EB, 66)

Ail ddarlleniad yr un mor ddilys yw cymryd y nofel ar ei thelerau ei hun. Hynny yw, ei darllen gan dderbyn mai Steffan *yw* awdur, traethydd a phrif gymeriad *Esgyrn Bach*. Yn ôl y darlleniad ewyllysgar hygoelus hwn, yr un ymwybyddiaeth sy'n creu Steffan, yr hyn a ddigwydd iddo a'i ymateb i'r digwyddiadau hynny. O'i darllen felly, llwythir y nofel ag eironi. Mae Steffan yn creu ac yn rhwystro ei fwriadau ei hun. Llwydda i greu ei anallu i greu. Fodd bynnag, erys trydydd darlleniad. Gellir meddwl am *Esgyrn Bach* fel eiddo Bianchi *a* Steffan *am yn ail*. Hynny yw, try'r nofel ar wrthdaro rhwng traethydd hollwybodus sydd am wthio'r stori yn ei blaen a chymeriad sy'n ei dal yn ôl. O gam i gam, drwy ran agoriadol y nofel, mae Bianchi, fel y nodwyd uchod, yn gosod cyfres o heriau i Steffan. Yna gedy iddo bennu ei dynged ei hun. Ymateb Steffan − heb y ddawn i gofio na'r dychymyg i edrych ymlaen − yw ceisio aros yn ei unfan. Ei unig opsiwn yw arafu'r naratif. Ni fyn i ddim ddigwydd.

Ac o synio am y nofel yn y dull deuol hwn, gellir lleoli'r trobwynt yn Adran 22, pan gyflwyna Bianchi awenau'r naratif i'w gymeriad. Unwaith y dechreua Steffan siarad yn ei lais ei hun, unwaith y sonia amdano'i hun yn y person cyntaf, dechreua ddadwneud y bywyd a grëwyd iddo yn rhan gyntaf y nofel. Y gwaith a ymddiriedwyd iddo gan Bianchi yw dwyn y nofel i ben − ond oeda Steffan: 'Anadlaf yn ddwfn. Am unwaith mae'r cam nesaf yn ddirgelwch i mi. A does gen i'r un daten o ots.' (EB, 132)

Enw Adran 26 yw 'Begegnung', a gyfieitha Steffan yn 'gogordroi'. (EB, 152) Ynddi sylwa Steffan ar ei ffuglenoldeb ei hun, ei debygrwydd i gymeriadau rhwystredig a chaeth eraill − Melog, Mihangel Morgan; Joseph K, Kafka; Molloy, Beckett; Meursault, Camus − a gwrthryfela:

Daeth rhyw wefr fach, am sbel, o ddychmygu fy mod i'n gwacsymera yng nghwmni Melog, neu'n gogordroi â rhai o'm hen

93

ffefrynnau, Molloy a K a Meursault. Ond erbyn hyn galla i weld
sut mae'r plot yn ymddatrys, i le mae'n arwain, neu, yn hytrach,
galla i weld nad yw'n arwain i unman, dim ond yn plygu 'nôl, i
gnoi ei gynffon ei hun, ac rwy wedi colli diddordeb ynddo fe […]
Does dim rhaid i mi fod yn gaeth i batrwm o eiddo rhywun arall[.]
(EB, 153)

Erys dau eironi. Yn gyntaf, *nid* yw Steffan yn ymryddhau. Ni
all ddianc rhag ei grëwr. Y cyfan y gall ei wneud yw gohirio'r
diwedd anochel sy'n ei aros:

> *Begegnung.* Na, af i ddim ar ôl y sgwarnog gyntaf i siglo'i chynffon
> y tro hwn. Myfyriaf. Ystyriaf yr opsiynau cyn tynnu'r edafedd at ei
> gilydd. (EB, 154)

Yr ail eironi yw nad 'gogordroi' yw ystyr *Begegnung*. Ac mae'r
modd y dysg Steffan ei wir ystyr yn atgyfnerthu'r ddadl dros y
trydydd darlleniad deuol hwn o'r nofel fel ymrafael rhwng bwriad
awdurol a chymeriad anewyllysgar. Hola wraig ar y trên am ystyr
y gair, ond nid yw hi'n deall y cwestiwn. Gofyn y wraig i'w
merch ei helpu. Ysgrifenna Steffan y gair iddi:

> Mae'r ferch yn cymryd anadl ddofn ac yn sythu ei hysgwyddau a'i
> chefn fel petai ar fin cystadlu mewn gornest lefaru.
> − *Begegnung* yw'r gair Almaeneg am …
> Yn y saib sy'n dilyn, fe'm trewir yn sydyn gan y posibilrwydd
> arswydus mai gair anweddus o ryw fath, gair brwnt neu air
> awgrymog yw *begegnung*, ac mai dyna sy'n gyfrifol am eu dwyster,
> am eu gwefusau tynn, am y saib hir …
> … cyfarfod! (EB, 155)

Try'r olygfa − a'r trydydd darlleniad − ar ddau air. Y cyntaf
yw *Begegnung* ei hun: cyfarfod neu gyfarfyddiad. Dyma beiriant
y stori a diben y traethydd. Ond erbyn inni ddysgu ei ystyr, fe'i
traflyncir gan yr ail, sef 'saib'. Eiddo Steffan yw saib, ac fe'i ceir o

hyd pan fydd Steffan yng ngofal y naratif. 'Saib arall … Saib hir.' (EB, 83) 'Bu saib hir.' (EB, 103) 'Saib.' (EB, 160) A'r *tour de force* o oedi ac ymdroi pan gais drefnu taith:

Ffoniaf 08457 114141.
    – Swyddfa'r Gogledd dach chi isio, ia…
Ffoniaf 0161 8381240.
    – Mm… Ddim yn gwbod 'yn hunan, sori… Ato Phil Schreiber 'fi wastad yn mynd ambwyti pethach fel 'na…
Ffoniaf 0161 2288814.
    – Sgrwnsh… Y?…Sgrwnsh… Phil Schreiber?… Sgrwnsh… Sgrwnsh… Sgrwnsh… Ma' fe mas yn cael ei gino [*sic*], bach… Sgrwnsh… A phob un arall fyd… Sgrwnsh… Heblaw fi… Sgrwnsh… Ond nage fe fyddai'n gwbod, ta p'un.. Sgrwnsh… Ffonwch John Pengelly… Sgrwnsh… yn yr Adran Fasnachol… Bydd John yn gwbod…
Ffoniaf 0161 2284410.
    – Bant ar ei wyliau mae e… Ond dyw e ddim byd i 'neud â ni… GNER sy'n gyfrifol am y gwasanaethau ffor 'na…
Ffoniaf 08457 225125.
    – Triwch Arriva.
Ffoniaf 0870 6023322.
    – Colton Junction…? Ydw.
Saib. (EB, 190)

Daw'r nofel i ben wrth i Steffan gyrraedd ei gartref newydd (dirgelwch yw ei gyfeiriad o hyd) a chael nad yw Llio yno i'w gyfarfod. Fe'i caiff ei hun, yn llythrennol wedi'i ffuglennu:

    – Llio … Wyt ti 'na?
    Llyncwyd ei eiriau gan y distawrwydd, y gwacter a'r llwch […] Roedd bwrdd yn y gegin, a phedair stôl o bob tu iddo. Ar y bwrdd roedd lliain wen, lân, ac ar y lliain wen roedd platiau a chwpanau a chyllyll a ffyrc i ddau.
    Ac amlen wen a'i enw ef arni. (EB, 195-6)

Yn *Esgyrn Bach*, canfu Banchi ei lasbrint. Nod amgen ei ffuglen fyddai croestynnu rhwng yr awydd awdurol i ddweud stori bwrpasol a chydlynol, i drefnu i'w gymeriadau gwrdd ag eraill, a chyndynrwydd neu anallu'r cymeriadau eu hunain i gydymffurfio.

Yn y nofelau sy'n dilyn *Esgyrn Bach*, gwelir ychwanegu at y dulliau a ddefnyddir i amlygu'r hollt rhwng awdur a chymeriad. Ystyrier yr enghreifftiau hyn o odrwydd o *Dwy Farwolaeth Endaf Rowlands*. Yn oriau mân y bore, deffry Tomos a gweld golau hofrennydd drwy'r ffenestr, ond heb allu ei glywed. Mae'n codi a mynd at y ffenestr:

Gosodais fy nghlust dde wrth y gwydr, a'i thynnu'n ôl mewn syndod. Gwnes yr un peth â'm clust chwith, a rhyfeddu eto. Yno, yn y bwlch rhwng un cwarel a'r llall, roedd ysgyrnygu'r hofrennydd wedi cael ei ddal a'i gywasgu. Roedd hefyd, rywsut, o'i gaethiwo felly, wedi cael ei chwyddo. (DFER, 95)

Liw dydd, â Jim am dro i'r parc yng nghwmni ei fam oedrannus yn *Pryfeta*, a nodi fel y mae hyd yn oed y daith fer honno bellach yn drech na hi:

I Mam, gofod yw popeth ... Ac os yw ei byd wedi crebachu'n enbyd yn ei henaint, fe aeth popeth yn y byd hwnnw, rywsut, yn fwy ... Po arafaf y symud, mwyaf yn y byd y gofod y bydd rhaid symud trwyddo. Heddiw, mae'r parc megis peithiau anferth yr hen Orllewin Gwyllt. Y mae'n jyngl ac yn anialwch yn un. Yn fôr ac yn fynydd iâ. A chael a chael yw hi a gyrhaeddwn yr ochr draw. (P, 153-4)

A dyma Huw yn *Chwilio am Sebastian Pierce* yn ceisio dwyn i gof garreg a daflodd pan oedd yn blentyn:

Rwy'n ail-weindio'r ffilm. Mae'r garreg yn codi i'r awyr, ac rwy'n siŵr taw carreg fach oedd hi mewn gwirionedd ... ond aeth y garreg yn fwy yn y cof, waeth dyna sy'n digwydd pan rwyt [sic] ti'n trial cael gwell golwg ar bethau. Rwyt ti'n gorfod eu chwyddo nhw, eu gwneud nhw'n fwy nag oedden nhw, er mwyn eu gweld nhw'n iawn. (ChSP, 40)

Ac eto, dyma'r cyn-athro Harri Selwyn yn rhannu esiampl o'i lawysgrifen gyda'r darllenydd, drwy dorri'r gair *bywoliaeth* ar bapur a thraethu ar sut y dysgodd y grefft i'w ddisgyblion:

A bues i'n 'u dysgu nhw shwt i ga'l y *b* a'r *y* i gydio'n sownd yn 'i gilydd, a dim gwyn i'w weld yn unman, ddim rhwng y llythrenne, ddim rhwng dolen a llinell, dim torri mas, a dim cywiro chwaith, achos dyw'r llaw ddim fod [sic] codi o'r papur. A sech chi'n agor e mas wedyn, bydde'r tipyn gair hwnnw'n un llinell hir, ac fe synnech chi pwy mor hir hefyd, ond mae troedfedd gyfan o inc yn y *bywoliaeth* hwnnw O's. Troedfedd. Fel hyn.

_____

_____

_____

_____

_____

(ROLHS, 216)

Nid odrwydd realaeth hud sydd yma. Nid yw deddfau ffiseg yn plygu. Os rhywbeth, fel y dangosir isod, mae cymeriadau Bianchi'n ddiflas o normal. Yr hyn a geir, yn hytrach, yw tri pheth sydd wedi'u cyfrodeddu mor dynn nes ei bod yn hawdd peidio â sylweddoli bod modd eu didoli. Yn gyntaf, ceir y gwrthdaro rhwng amcan awdur ac adwaith cymeriad. Naturiolaidd hollol yw'r cyd-destun a grea Bianchi. Ef sy'n cartrefu Tomos yn ei fflat yn Nociau Caerdydd a chyfeirio pelydr yr hofrennydd drwy ei ffenestr. Ef sy'n dewis y llwybr drwy'r parc y bydd Jim a'i fam yn cerdded hyd-ddo, sy'n penderfynu y bydd carreg wrth law ar y traeth i Huw ei thaflu ac sy'n dysgu i Harri sut mae clymu llythrennau wrth ei gilydd ar bapur. Ond pan ildia'r stori i ymson gan y traethydd o gymeriad, gwyrdroir y byd hwnnw gan rywbeth amgen ac amwys ac amlwg 'ffuglennol'. Yn nwylo'r cymeriadau, mae sŵn yr hofrennydd yn gyfyngedig ond eto'n chwyddedig, y llwybr yn fyr ac yn hir, y garreg yn fawr ond eto'n fach, a'r tipyn gair hefyd yn droedfedd o inc. Yn ail, hawdd tybio bod arwyddocâd yn y canfyddiadau hyn o eiddo'r cymeriadau. Nid oes. Nid ydynt o bwys yn y byd. Nid ydynt yn ychwanegu dim at y stori; nid oes ynddynt unrhyw werth trosiadol; ni chyfeirir atynt eto. Seibiau estynedig ydynt. Eto i gyd, ac yn drydydd, mae rhywbeth cymhellol ynddynt. Fel 'troedfedd gyfan o inc' Harri Selwyn, maent yn llenwi lle ar y dudalen.

Defnyddir y tudalennau a ganlyn yn eu tro, felly, i ddweud gair am y geiriau gwag yn ffuglen Tony Bianchi. Delir clust wrth gwarel y ffenestr, eir am dro drwy'r parc, dilynir hynt y garreg ac edrychir ar y berthynas rhwng y tipyn gair a'r droedfedd gyfan o inc, i ystyried y tyndra rhwng penderfyniaeth awdurol gynnil y stori a'r dulliau naratif amgen a chroes a gwastraffus a geir gan y cymeriadau. A dadleuir bod yr ymyriadau hyn gan y cymeriadau yn dynodi gwrthryfel yn erbyn bwriadau eu crëwr o draethydd hollwybodus. Ac ateb y cwestiwn eto, felly, yr hyn sy'n digwydd yn nofelau Tony Bianchi yw cymeriadau-fel-traethwyr yn defnyddio dulliau neu ystrywiau naratifol i danseilio amcan storïol y storïwr-o-draethydd drwy afael yn y stori a'i chwyddo a'i lleihau, ei hymestyn a'i chrebachu, ei drysu, ei hansadio a'i datgymalu. Lle mae'r awdur yn adeiladu, mae'r cymeriadau'n chwalu; lle mae'r awdur yn pennu trefn, mae'r cymeriadau'n mynnu anhrefn; lle mae'r awdur am iddynt gwrdd ag eraill, mynnant oedi.

Sut, felly, mae cymeriadau nofelau Bianchi yn llesteirio amcan eu hawdur?

Un ffordd gyson yw pan fo'r cymeriadau yn gorlwytho'r nofelau â storïau a thestunau o'u heiddo'u hunain. Bwrlwm o gofnodion yw *Sol a Lara*: tri phasport Sol, rhestrau siopa Lara, ei dyddiadur bwyd a'i dyddiadur chwerthin, a nodiadau ei therapydd, Haval

Reis, ar eu sesiynau a'r cyfarwyddiadau y mae'n eu hysgrifennu i'w mam cyn iddi gychwyn am Sbaen. Yn *Ras Olaf Harri Selwyn*, atega Harri ei atgofion am ei gampau fel rhedwr traws gwlad gyda phentyrrau o ddorion papurau newydd a dyddiaduron. Cydblethir atgofion Harri hefyd â manylion fforensig am y presennol y gosodir y stori ynddo: 'Dydd Gwener, 21 Mai 2011, 3.50 y prynhawn … Dydd Gwener, 21 Mai 2011, 5.45 y prynhawn' (ROHS, 86, 96); hyn ar ben lluniau o amlenni a llythyrau, a rhestr o enillwyr medalau yn y Gemau Olympaidd rhwng 1964 a 2004. Diogelir darlun o goeden Nadolig a dynnodd Tomos Glyn ar ei ben-blwydd yn saith oed rhwng cloriau *Dwy Farwolaeth Endaf Rowlands*, ynghyd â lluniau pileri clasurol ac ymlusgiaid a nodiadau ar y llyfrau y bu'n eu darllen. Mae James yn *Pryfeta* yn cadw llyfr lloffion o ddeunydd wedi'i godi o wefannau, cardiau mynegai a labeli. Cynigia i'r darllenydd hefyd arolwg o hanes diwylliannol y fuwch goch gota: ei lle mewn chwedloniaeth, yr enwau arni mewn ieithoedd eraill a'r rhigymau a gysylltir â hi. Hyn ynghyd â'i gyfieithiad o hunangofiant Alfred Wallace, dyfyniad o emyn gan Ann Griffiths, a darnau o gofiant Elizabeth Reid Hope i Darwin.

Prin fod byd materol yr un nofel chwaith heb fod ynddo 'fflwcs': trugareddau byrhoedlog sy'n llenwi gofod ym mywydau'r cymeriadau ac ar y ddalen heb ychwanegu dim at y stori: 'pot blode, cans bambŵ, tŵls i'r ardd' (ChSP, 264) yn garej Byron, y crysau y mae Lara'n eu prynu i Gruff na fydd byth yn gwybod amdanynt heb sôn am eu gwisgo, yr ystafell fwyta sydd, erbyn hyn, 'yn storfa ar gyfer llyfrau a gwaith papur a chelfi diangen' (ROHS, 33), a'r 'cerfluniau, crociau, dysglau, potiau, canhwyllau, blodau sidan ac amryfal bechingalws eraill' yng nghartref Steffan (EB, 19), a'r atodiad i e-bost Carys at Tony yn cynnwys hysbyseb am 'hetiau ffansi, mygydau, stilts, sgerbydau plastig, peli jyglo, sgidiau clown, rubanau lliwgar, powdwr cosi, a phethau tebyg ar gyfer partïon plant'. (P, 63)

Yr un yw swyddogaeth y manylion pathetig a phitw a darfodedig am y byd go iawn ar ddechrau'r unfed ganrif ar hugain sy'n mynd â bryd y cymeriadau. Nid digon ganddynt wylio ffilm na sioe deledu na gwrando ar raglen radio generig: soniant am *Rain Man* ac *O Brother, Where Art Thou*, a *The King's Speech*, *Big Brother*, *Midsomer Murders* a *You and Yours*; nid darllen papurau newydd a chylchgronau yn unig, ond y *Cambrian News* a *Homes and Gardens*; nid troi at lyfrau ond cydio yn *Hi yw Fy Ffrind*, Bethan Gwanas a *Two in a Boat*, Gwyneth Lewis; nid llyfrau plant sydd gan eu hepil ar eu silffoedd, ond *Horrid Henry* a'r *Gruffalo*; nid siopa, ond prynu Ibuprofen, Mr Sheen a Fruity Cheerios, Kellogg's Mini-Wheats, Cwrw Tomos Watkin a Badger Golden Glory, a mynd i Aldi a Tesco i wneud hynny. Pa nofelydd arall sy'n cofnodi agwedd ei gymeriadau tuag at Derek Brockway a Jonathan Ross, Paul O'Grady, Graham Norton, Ranulph Fiennes ac Esther Ranzen, Katherine Jenkins ac Eva Cassidy? Pan grybwylla Bianchi fod criw o blant ysgol a'u hathrawon o'r Coed Duon wedi'u dal yn Llwydlo dros nos gan lifogydd (ChSP, 148), tyn ar ddigwyddiad go iawn ar 20 Mehefin 2007, a phan ddisgrifia gymeriad yn gwylio gêm pêl-droed ar y teledu – 'Nos Fawrth oedd hi … Trodd Michael Chopra ar ei droed chwith a tharo'r bêl yn erbyn y postyn' (SL, 11-12) – darpara ddigon o gliwiau inni wybod yn weddol hyderus, o graffu ar Google, mai nos Fawrth 31 Mawrth 2009 sydd yma, a bod chwe munud o'r gêm yn weddill pan ddaeth rhif 18 Caerdydd mor agos â sgorio yn erbyn Crystal Palace yn Selhurst Park. Ac wrth gwrs, ie: rhifau go iawn yw'r rhifau y mae Steffan yn eu ffonio er mwyn trefnu ei daith yn *Esgyrn Bach*, uchod.

Techneg gyffredin arall yw dad-draethu, neu *denarration*, lle mae'r cymeriad yn dileu rhannau o'i stori ei hun. Yn *Pryfeta*, cyfansodda Jim ateb cyfeillgar i neges Cerys am gyfarfod o'r clwb darllen y maent yn perthyn iddo, cyn ailfeddwl a llunio ateb llawer mwy ffurfiol. Yn *Sol a Lara*, ceir testun cyflawn pum cynnig y mae Lara'n eu rhoi ar ysgrifennu e-bost at Gruff, cyn eu dileu, gan gloi'r adran gydag ailadrodd 'Dim. Dim. Dim.' (SAL, 156-7). Mae Harri Selwyn o hyd fel pe bai'n methu gadael i osodiad fod heb ei herio drwy ei ailystyried a'i amodi:

> Pawb yn whislan. Na, ddim pawb. Ddim menywod, falle. Na, sa i'n gwybod a fuodd menywod yn whislan erio'd. Meddwl bod e'n gomon, siŵr o fod. Ond dynion, yn bendant. Heblaw ffeiradon, falle. O'dd ffeiriadon ddim yn ca'l whislan chwaith, sa i'n credu, ddim o beth rwy'n 'i gofio. (ROHS, 121)

Y gwrthwyneb i ddad-draethu o ran techneg, ond cyfatebol o ran yr effaith a gaiff ar arafu'r stori, yw cymeriadau'n dychmygu sefyllfaoedd nad ydynt wedi digwydd neu na fyddant yn digwydd. Dyma Sali'n dychmygu anffyddlondeb Seb:

> Fel hyn mae hi.
> Rwyt ti'n gorwadd hefo hi yn y gwely, mewn rhyw westy neu'i gilydd, heb fod yn rhy agos ond heb fod yn rhy bell chwaith. Llandudno? Caer, hwyrach? Ia, y Grosvenor yng Nghaer […]
> Na. Lol wirion. Fel hyn mae hi.
> Rwyt ti'n gorwadd hefo hi yn y gwely, na, ddim ein gwely ni, na, ond y gwely yn y llofft sbâr […] (ChSP, 70)

Dilyna Jim Ahmed a Cerys drwy Gaerdydd a'u gweld yn cnocio ar ddrws:

> Yr un olygfa sy'n chwarae o flaen fy llygaid. Cerys (nid Ahmed) yn curo ar ddrws y tŷ teras. Cerys yn rhoi llaw ar ei fraich. Llaw gefnogol, neu law dyner? Dwi ddim yn siŵr. Mae'r drws yn agor […] Ac rwy'n rhy bell i glywed y dipyn sgwrs […] Ai croeso gwresog o ran cwrteisi yw hwn? Neu groeso hen gyfaill? Neu berthynas? Alla i ddim dweud.
> Dyma'r olygfa sy'n chwarae, drosodd a thro, a minnau'n gwasgu'r *replay* a'r *pause*, yn arafu'r ffilm, yn edrych trwy'r lens

*zoom*, yn ceisio symud y camera er mwyn edrych i mewn i'r tŷ. Yn ofer, wrth gwrs. (P, 152)

Chwyddo heb gyfoethogi yn yr un modd y mae dychmygion Lara am gwrdd â Gruff:

> Twt-twtiodd Lara'n dawel pan edrychodd ar yr hysbysfwrdd electronig yn y maes awyr a gweld bod yr hediad i Malaga wedi'i ohirio am hanner awr. Ond o dan ei thwt-twtian roedd hi'n falch. Petai Gruff wedi cytuno i gwrdd â hi y noswaith honno byddai hi wedi bod yn hwyr. Byddai yntau wedi gorfod sefyllian yno, yn y gwesty dienaid hwnnw, yn disgwyl amdani, yn edrych ar ei watsh, yn tapio'i fysedd ar y bwrdd, ar y bar, ar ei ben-glin. Byddai hithau wedi gorfod anfon gair o eglurhad, o ymddiheuriad. (SL, 259)

A Byron yn ystyried sut y bydd yn cael mynd i'w dŷ yn sgil cael ei gloi allan: 'Fel hyn fydd e'n gweithio ... Fel'na fydd pethe'n gweitho [sic] ... Neu fel hyn ...' (ChSP, 264-5)

Dyfais arall yw sôn am ddirgelwch heb ei ddatrys. Dyna Tomos Rowlands yn canfod bod peiriant golchi'n gollwng yn ei siop sychlanhau gan rannu gyda'r darllenydd bob cam sy'n dilyn hyd at ddiweddglo nad yw'n ddiweddglo:

> Aeth Debbie i ymofyn mop a bwced. Rhoddodd arwydd 'Wet Floor' wrth y fynedfa ... Stopiais y cylch golchi ar ei hanner a'i newid i sbin ... Doedd dim byd yn bod ar y biben wacáu ... Roedd y drws i'w weld yn iawn hefyd ... 'Rhois arwydd 'Out of Order' ar y peiriant diffygiol ... des i i'r casgliad mai'r biben lenwi oedd ar fai ... Ni welwn yr un twll ynddi. Rhois blwc i'r braced a gysylltai'r biben â'r peiriant ... Llaciais y braced a thynnu'r biben yn rhydd ... Ond doedd dim i'w weld na'i deimlo. Roedd y biben yn gyfan, yn llyfn, heb yr un crych. (DFER, 125-6)

A Tomos eto yn straffaglu, gam wrth gam, yn sgil meddwl ei fod wedi clywed sŵn chwerthin drwy'r nenfwd. Dringa i ben stôl er mwyn gwrando, ond mae honno'n rhy isel. Cofia nad oes ysgol yn y fflat. Penderfyna osod y stôl ar ben blwch, ond mae hwnnw'n llawn llyfrau. Gwagia'r blwch. Gesyd y stôl ar y blwch. Erbyn hyn, mae scdd y stôl yn rhy uchel iddo fedru ei chyrraedd. Rhaid ymofyn stôl arall. Caiff wedyn fod clawr y blwch yn llithrig, ond mentra ddringo. Ac yna,

> Erbyn hynny, ysywaeth, wrth imi osod fy nghlust, orau y gallwn yn yr ongl gyfyng rhwng y piler a'r nenfwd, roedd y chwerthin wedi peidio. (DFER, 107)

Gorgyffwrdd y mae ymchwil Tomos â thechneg arall: pwyslais patholegol bron ar gofnodi prosesau. Troer at *Pryfeta* os am wybod sut i ladd pryf yn ddi-boen a'i binio ar gerdyn; at *Chwilio am Sebastian Pierce* i ddysgu cyfrinion gwneud cast plastr o'r corff; at *Dwy Farwolaeth Endaf Rowlands* er mwyn gwybod yn fanwl am gyfansoddiad gwahanol staeniau ar ddillad a'r modd mwyaf effeithiol o'u tynnu; at *Sol a Lara* am blannu blodau a gosod ffenestri a chwistrellu Dryzone Damp Proofing Cream, heb sôn am wyth llinell yn trafod paratoadau Lara cyn golchi traed ei mam: 'Â'r llaw trodd Lara'r tap dŵr oer ymlaen, yna'r tap dŵr poeth […] trodd y dŵr gyda'r llwy […] Trodd y tap dŵr oer ymlaen […]' (SL, 177)

A dyma Harri Selwyn yn paratoi at ras:

> Aiff Harri i'r gegin a llenwi cwpan o dan y tap dŵr. Cymer ddracht a rhoi'r cwpan ar y fainc. Yna, gan bwyso yn erbyn fframyn y drws, mae'n ymestyn ei goes dde yn syth y tu ôl iddo a chyfri i ddeg. *Un … dau … tri.* Yna'r goes arall. *Un … dau … tri.* Cymer lymaid arall o ddŵr, dim ond un bach, a mynd yn ôl i ganol y llawr, lle mae'n rhedeg yn ei unfan am ddwy funud: camau bach i ddechrau, yna rhai breision, egnïol, gan godi ei benliniau'n uchel ac anadlu'n galed. Wff, wff, wff … Hoe fach wedyn. Rhagor o ddŵr. Dim ond dracht bach. A dechrau eto. (ROHS, 261)

Dyma Harri eto, yn ceisio profi – mewn modd sy'n dwyn i gof Steffan a'r amlen yn *Esgyrn Bach*, uchod – a oes aroglau ar ei drwser:

Rhwng y ffôn a'r wal mae bin bara. Dan amgylchiadau eraill byddai Harri wedi dewis rhywbeth mwy pwrpasol ar gyfer cynnal ei arbrawf bach, ond dyna sydd wrth law. Cwyd y clawr a'i roi ar y fainc. Yna, estynna ei law i waelod y bin a thynnu allan torth fach wen a'i dal o dan ei drwyn. Dyw e ddim yn siŵr a yw'n arogli bara ai peidio: mae'n bosibl mai dyma beth yw aroglau bara gwyn, rhywbeth tenau, amhendant, sy'n mynd ar goll ymysg aroglau'r awyr a'r bysedd a Duw a ŵyr beth arall. A ble mae'r bara ynghanol rheiny i gyd? Estynna'i law i'r bin eto a chydio mewn crwstyn brown a meddwl, Iesu, mae hwn mor galed â'r graig. Deil hwnnw hefyd o dan ei drwyn. Ie, 'na fe, mae'n meddwl. Fel 'na mae'r graig yn gwynto. Bownd o fod. Gwynt hen grwstyn bara. Dyna sy'n digwydd i bethau pan maen nhw'n sychu mas a chaledu, does 'na ddim ar ôl i'w wynto. Dyna sut mae deall peth caled: fel rhywbeth sydd wedi colli'i wynt. (ROHS, 57)

Techneg gyfatebol yw creu amhendantrwydd drwy gyfeirio ymlaen at ddigwyddiad neu weithred gan ddefnyddio enw neu ragenw penagored cyn ei ddiffinio. Lleinw Jim ddwy dudalen yn gofyn am faddeuant gan ei fam am wneud un set o 'bethau' iddi er mwyn rhoi terfyn ar set arall o 'bethau', heb ddatgelu beth yw'r 'pethau' hynny:

Ddim fel hyn roedd pethau i fod … Feiddia i ddim gadael i bethau fynd ymlaen fel maen nhw. Mae'n wir ddrwg gen i na alla i ddweud dim o'r pethau hyn wrtho ti […] (P, 213)

Cenfydd Harri Selwyn 'beth' amhenodol hefyd wrth brynu trowsus y mae'r traethu malwodaidd arno drwy ei lygaid diddeall yn ychwanegu at eironi'r aros am fod gan y darllenydd syniad am beth yw heb fod gan y cymeriad ei hun ddim:

... peth bach crwn, dim mwy na maint botwm, uwchben y boced chwith. Peth bach crwn du, yn debyg i'r botwm arall, y botwm dilys, yr un sy'n cau'r bandyn. Ac o droi'r trwser tu chwith allan mae'n gweld peth bach crwn arall. Edrycha ar y naill, yna'r llall, un ar y tu mewn, a'r llall ar y tu allan. Gwasga'r ddau rhwng bys a bawd. Cydia ynddynt â'i ddwy law a cheisio eu tynnu, eu troi, eu plygu ... (ROHS, 115)

Eironi eto yw hanfod anallu Endaf Rowlands i lunio stori am 'stori' ei dad:

Ac efallai mai'r flwyddyn honno, ar ôl i ni ddod adref, y clywais i stori Dad am y tro cyntaf [...] Nid hon oedd ei unig stori, wrth reswm [...] Dyma'r stori a glywais droeon wedyn [...] Ond os mai'r flwyddyn honno y clywais i'r stori am y tro cyntaf, dim ond rhan fach ohoni y byddwn wedi'i deall [...] Byddai rhywun yn mynegi amheuaeth ynglŷn â rhyw fanylyn bach [...] A byddai'n gorfod ymhelaethu [...] Roedd hynny'n ddigon i gynnal y llif am awr arall [...] (DFER, 11-12)

Yr un yw effaith chwyddol y synau y mynnir eu hatgynhyrchu pan fyddai cyfeiriad atynt yn ddigon i'w cyfleu. Ceir pryf wedi'i ddal â phin yn troi 'fel nodwydd ar hen record. *Cer-íc. Cer-íc. Cer-íc.*' (P, 48); sonia Harri Selwyn am '*Oooooooo*' chwibaniad ei dad (ROHS, 120), '*psh, psh* yr *inhaler*', '*sh ... sh*' curiad ei waed a '*Da-sh*' curiad ei galon. (ROHS, 16), '*Thwap! Thwap! Thwap!*' chwip joci (ROHS, 164) a'r sain '*p-p-p-p-p-p*' wrth aros ateb i'w alwad ffôn (ROHS, 56).

Brithir y nofelau yn ogystal gan y segurdod geiriol a elwir yn apanorthosis. 'Ond mae'n well yn y pen draw', barna Harri Selwyn, cyn ychwanegu: 'Ydy.' (ROHS, 64) 'Oeddwn, roeddwn i wedi bod yn fwy beiddgar nag arfer.' (DFER, 102), medd Tomos Rowlands. Yr un yw swyddogaeth ystrydebau a gwirebau: 'Rhaid i chi neud y gore o beth gewch chi yn yr hen fyd 'ma, yndefe?'; (ChSP, 208) ''Tydi pobl ifanc ddim yn gwrando, nac 'dyn?'; (ChSP, 136) 'Tiwmor ydi tiwmor, a dyna fe': (ChSP, 200) 'Peth afiach yw ca'l llygoden yn y gegin', fel y'n hysbysir gan Harri Selwyn. 'Yn mynd ar ôl y bwyd. Yn gadael 'i baw ym mhob man.' (ROHS, 270)

A dyma Byron yn canmol Ann, gwraig Huw, am gynnig lle iddo yn y llofft sbâr:

> Ond am ei wraig e, wel, beth alla' i weud amdani ddi, heblaw 'i bod hi'n angel fach. Ody. Trwy ei bechingalw hi ces i bryd a bath a gwely neithiwr. Do. Wel nage gwely. Cwshins ar y llawr. Ond ma gorwedd ar gwshins mewn tŷ bach glân, cyfforddus yn well na campo mas yn Ty'n Waun, galla i wneud 'na wrthoch chi. Ody. Trwy ei charedigrwydd hi. 'Na fe. Angel fach garedig. (ChSP, 213)

A Harri Selwyn eto yn rhannu cyfrinachau anadlu'r rhedwr:

> Ca'l yr anal yn iawn. Deith pethau i fwcwl os cewch chi yr anal yn iawn … Cael eich anal yn iawn a deith popeth i fwcwl wedyn. (ROHS, 62-3)

Gyda hyn, dyma ychwanegu, yn gryno, nodweddion a dyfeisiau eraill yn y nofelau sy'n ehangu'r dweud heb gyfrannu dim at y digwydd: sgyrsiau a ddychmygir; cymeriadau anghofus; cymeriadau sy'n cam-gofio, yn cam-glywed, yn camddeall. Dyna Wncwl Wil, 'yn bur fethedig a dryslyd', a all '"gofio" pethau a ddigwyddodd ymhell cyn ei eni, ac eto'n methu cofio marwolaeth ei wraig ei hun fis ynghynt' (P, 29, 31).

Mewn gair, storïwyr methedig yw cymeriadau Bianchi. Ni allant lunio hanes iddynt eu hunain am nad ydynt yn deall pwrpas stori. 'Ffiws heb ffrwydryn' (P, 56) yw straeon crwydrol mam Steffan. 'Petawn i'n sgrifennu hunangofiant', medd Jim, 'siawns na fyddwn i'n tynnu at y terfyn trwy fyfyrio'n ddwys ar yr hyn a ddysgais ar hyd y ffordd […] Ond na, does gen i ddim gwirioneddau mawr i'w cyhoeddi […] a da hynny.' (P, 236) Yr un yw canfyddiad Sali: 'Mae petha'n digwydd drwy'r amsar, yn tydyn, un ar ôl y llall? Y ffôn yn canu. Y tecall yn berwi. Y post yn cyrraedd. Gweld fflach melltan drw'r ffenast. Toes dim disgwyl i ni 'u plethu nhw i gyd hefo'i gilydd, oes 'na?' (ChSP, 151) Dymuna Jim blethu hanes ei deulu, a'i hanes ef ei hun, drwy gasglu'r lluniau a'r trugareddau a arferai fod ar silff-ben-tân ei fam yn ei hen gartref, ond ni all ddwyn y bwriad i ben:

> Na, alla i ddim llenwi'r bylchau i gyd … Na fydda i byth yn gallu gwneud y lle hwn yn gyfan. Brawddeg fratiog, anghyflawn yw stafell mam. Bu farw gormod o'r llythrennau brodorol. Aeth y gweddill ar ddisberod. (P, 93)

★

Gellir olrhain yr obsesiwn â bylchau ac anghyflawnder ac ymaros yn ffuglen Tony Bianchi i'r cysylltiad rhwng caniatáu penrhyddid i'w gymeriadau a 'stori sgwarnoglyd', fel y disgrifiodd *Chwilio am Sebastian Pierce*, 'yn dangos bod y bobol yma yn dewis llwybr sy'n mynd â nhw ar ddisberod'.[2] Fe'i ceir hefyd yn y rhestr o destunau a enwa Steffan uchod: *Melog*, Mihangel Morgan, *Y Prawf*, Kafka, *L'Étranger*, Camus, a *Molloy*, Beckett: testun ei PhD.[3] Ychwaneger Kurtz o *Heart of Darkness*, Joseph Conrad, testun y gerdd hwyaf yn yr unig gyfrol o farddoniaeth i Tony Bianchi ei chyhoeddi,[4] T. H. Parry-Williams y cyfieithodd Bianchi ei ysgrif, 'Borshiloff' (patrwm o ddad-draethu ynddo'i hun) i'r Saesneg,[5] ac *O! Tyn y Gorchudd*, Angharad Price, nofel a nodweddir, chwedl yntau, gan '[t]he need for a story and the inability to sustain it',[6] ac un mewn cyfres o 'texts of radical ambiguity which cannot be adduced to reinforce one or another totalizing narrative'.[7]

A thrwy Conrad a Beckett, dyma ddod at ystyriaethau mwy dyneiddiol-fywgraffyddol. Arwyddocaol yw penderfyniad Bianchi yntau, fel hwythau, i gyfansoddi yn ei ail iaith, a datblygu 'dull mwy delweddol a hermetig o sgrifennu – dull sy'n tynnu mwy ar yr isymwybod ac sy'n llai tebygol o ddilyn llinyn y plot confensiynol',[8] gan greu cyfle i gamu y tu allan i'w bersona ei hun gan (ac ef biau'r italeiddio) *'ffugio'r* hyn na allwn *fod'*.[9]

Diau hefyd fod ystyriaethau therapiwtig yn rhan o'r gwead: awydd i 'ddofi cythreuliaid fy mhlentyndod'.[10] Oherwydd yr unig dro y mae Bianchi'r traethydd yn oedi yw mewn perthynas â dioddefaint mewn cyd-destun domestig. Neilltua bedair tudalen i gofnodi cwymp anochel tad James o ben ysgol (P, 12-15). Mae'n ymdroi'n arteithiol o hir gydag ymdrechion ofer Carys i ddod o hyd i'w thabledi. (SL, 272-81) Mae paratoadau Endaf Rowlands cyn taro ei wraig yn llenwi tair tudalen (DFER, 16-18). Caiff y darllenydd wybod fod Beti, gwraig Harri Selwyn, wedi marw (ROHS, 10) ymhell cyn i Harri ganfod hynny. (ROHS, 238).

Tardda perthynas Bianchi â'i greadigaethau, yn drasig, uwchlaw popeth, o'r cyflwr y cafodd ddiagnosis ohono mor gynnar â 2009, a'i hamddifadodd, yn raddol, o'i gof. Deffrôi heb wybod ble'r oedd a heb fedru enwi ei deulu ei hun. Dros amser, byddai'r cof yn araf ddychwelyd, cyn cilio eto. Lluniodd ei nofelau, a'u hail-lunio, yn llythrennol, heb gofio ei fod wedi gwneud.

I un yn cyfansoddi mewn iaith na theimlai'n berchen llawn arni, gan graffu ar ei gynnyrch 'anghofiedig' ei hun fel petai'n eiddo i rywun arall, efallai nad yn y traethydd hollwybodus, wedi'r cyfan, y dylid chwilio am lais Tony Bianchi. Fe ddichon ei fod i'w glywed ar ei fwyaf dilys yn ei gymeriadau ffwndrus ac ailadroddus. Ac yntau 'wedi'i fferu', fel y dywed am Lara, 'yn y cyflwr hwnnw o ddisgwyl diddisgwyl', (SAL, 169) 'yn ailadrodd yr un geiriau, yr un cwestiynau',[11] bu ysgrifennu'n fodd i'w atgoffa am ei anghofrwydd ei hun. A dyfynnu Beckett, 'Because in order not to die you must come and go, come and go.'[12]

# Perygl Geiriau, Oferedd Print: Cyd-destunoli Pryderon Llenyddol Morgan Llwyd

## Jerry Hunter

NID OES GAIR SY'N fwy allweddol yn hanes yr iaith Gymraeg a'i llenyddiaeth na'r enw 'gair', ac mae'n debyg nad oes llenor Cymraeg sydd wedi myfyrio'n ddwysach ar rym a goblygiadau'r gair hwnnw na Morgan Llwyd (1619-1659). Ni raid ond cyfeirio at eiriau cyntaf teitl llyfr a gyhoeddodd yn y flwyddyn 1656 er mwyn cefnogi'r awgrym hwn: *Gair o'r Gair*.[1] Ceir yn y gwaith rhyfeddol hwn ychydig dros 70 tudalen wedi'u llenwi â rhyddiaith delynegol sy'n cyflwyno myfyrdodau ynghylch Gair Duw, y gwahaniaethau rhwng yr 'iaith nefol' a ieithoedd y byd, ac anogaeth gyfriniol i geisio ymglywed â'r iaith dragwyddol sy'n 'nerthol' er ei bod yn 'ddistaw'.

Yn wahanol i'r rhan fwyaf o Gymry'r cyfnod a goleddai ffydd swyddogol yr Eglwys sefydlog, Piwritan oedd Morgan Llwyd; ceisiai gyflwyno syniadau crefyddol i'w gydwladwyr a fyddai'n radicalaidd o newydd – ac o bosibl yn frawychus o estron – i'r rhan fwyaf ohonynt.[2] Mae olrhain y dylanwadau ar ei syniadaeth grefyddol wedi bod yn faes ymchwil i nifer o ysgolheigion – ac yn destun anghytundeb chwyrn rhwng rhai ohonynt. Er nad oes cytundeb ynglŷn â'i berthynas â chredoau'r Crynwyr, ni ellir gwadu bod y Piwritan Cymreig ymchwilgar hwn wedi taflu rhwyd ei feddwl yn eang a bod y dylanwadau amrywiol a amlygir yn ei waith yn cynnwys y cyfrinydd Lutheraidd Jakob Böhme, cred filflynyddol Gwŷr y Bumed Frenhiniaeth ac, wrth gwrs, yn debyg i bron bob meddyliwr Protestannaidd o unrhyw fath, Jean Calvin.[3]

Bid a fo am ei holl ddylanwadau, mae peth consensws ysgolheigaidd ynglŷn â'r wedd gyfriniol ar ei waith; er nad yw Morgan Llwyd yn defnyddio'r union derm hwnnw – ac yn wir, er na fyddai'r gair Cymraeg 'cyfriniaeth' yn ymddangos mewn print tan 1794 – mae ymdrechion y llenor i drafod profiadau ysbrydol y tu hwnt i'r cyffredin yn hydreiddio'i ryddiaith a'i farddoniaeth.[4] Deellir cyfriniaeth mewn cyd-destun Cristnogol fel awydd i brofi presenoldeb Duw mewn modd uniongyrchol a'r dulliau a ddefnyddir er mwyn cyrraedd y cyflwr neu'r profiad arbennig hwnnw.[5] Ceir yng ngwaith Morgan Llwyd ymdrechion awdur i ddefnyddio'r iaith Gymraeg er mwyn trafod cysyniadau sydd (bron) y tu hwnt i allu iaith i'w trafod. Mae'r llais angerddol sy'n annerch darllenwyr ar dudalennau'i lyfrau ymysg creadigaethau llenyddol mwyaf effeithiol Morgan Llwyd, a gellid awgrymu bod cyfriniaeth yr awdur ymysg y cymhellion sy'n tanio angerdd y llais hwn, wrth iddo ddefnyddio'i holl arfogaeth lenyddol i geisio agor meddyliau a chalonnau'i ddarllenwyr i gysyniadau a phrofiadau sydd o bosibl y tu hwnt i'w gallu i'w dirnad.

Dyna yw hanfod *Gair o'r Gair*: defnyddia eiriau bydol i drafod Gair uwch a cheisio annog y darllenydd i glywed iaith 'ddistaw'. Gwelir rhai o'r dylanwadau amlycaf hynny ar waith yn y modd y mae'n trafod Gair Duw; yng ngeiriau Goronwy Wyn Owen, '[f]el Böhme, dywed mai drwy'r Gair y gweithreda Duw yn greadigol[.][6] Gellir canfod cysylltiad rhwng creadigrwydd ieithyddol yr awdur ac un o'r cysyniadau diwinyddol sy'n sylfaenol i'w drafodaeth: 'Credai Llwyd, fel Böhme, mai'r Gair yw'r cyfrwng y mynega Duw ei Hun drwyddo mewn gweithred greadigol[.][7]

Cyflwyna brawddeg gyntaf *Gair o'r Gair* ddisgrifiad o iaith dragwyddol y Nefoedd:

Nid oes gyda Duw, (yr hwn sŷdd dri yn un), ond ûn Iaith, na chan ei Angylion dŷallus Ef, ond ûn Dafod-Iaith brïodol; ac yn honno y maent yn moliannu Duw, ac yn siarad a'u gilŷdd ac â'r Seinctiau, hêb Lais Tafod, na Sŵn Geiriau, ond yn ddistaw, nefol a nerthol o'i flaen Ef[.][8]

Mae gwrthddywediad ymddangosiadol yn hoelio sylw'r darllenydd yn syth wrth i'r awdur ei annog i ystyried geiriau a leferir 'heb lais [...] na sŵn geiriau' a 'iaith' sy'n 'nerthol' er ei bod yn 'ddistaw'. Gellid awgrymu mai un effaith a gâi gwrthddywediad o'r fath yw chwalu ystyr iaith oddi mewn i'r greadigaeth ieithyddol sy'n mynegi'r gwrthddywediad hwnnw. Mae'r chwalu hwn yn ein cymell i ystyried yr hyn na all iaith ei fynegi'n gyflawn.

Gwrthgyferbynna Morgan Llwyd yr iaith nefol hon â ieithoedd y byd wedyn, gan ddweud '[nad] yw'r Bŷd yn dŷall mo'r Iaith ymma, ond yn bŷw mewn llawer o Sŵn arall, mewn Geiriau, Llwybrau ac Opiniwnau neilltuol.'[9] Ond er ei fod yn cael geiriau'r ieithoedd bydol yn ddiffygiol iawn o'u cymharu â'r Gair, mae hefyd yn dyrchafu'r iaith y mae'n ei defnyddio i annerch darllenwyr – y Gymraeg – ac yn ei dilysu fel cyfrwng llenyddol priodol. Yn wir, dywed teitl llawn y llyfr fod ieithoedd bydol yn foddion i ni glywed y 'Lleferydd Anfarwol': *Gair o'r Gair: neu, Son am Swm. Y Lleferydd Anfarwol, Yr hwn trwy'r Bŷd a glywir ym mhôb Iaith tan y Nefoedd; ac ym mhob Tafod-Iaith hyd Eithafoedd y Ddaiar.*[10] Eto, erys tensiwn rhwng y ddau fath o iaith; awgrymir yn y bennod gyntaf fod amrywiaeth ieithyddol y byd yn her i'r sawl sy'n ceisio clywed yr iaith nefol. Dywed fod '[y] cymysg yn rhwystro'r Purdeb' a bod pobl yn drysu rhyngddynt, 'yn dal mai Trefn yw Anhrefnestra ac mai Undeb yw'r Cymysgedd a'r Cyfeiliorni.'[11]

Afraid dweud bod gan gyfriniaeth Morgan Llwyd wreiddiau ysgrythurol amlwg. Cysyllta'i fyfyrdodau ynglych y Gair yn uniongyrchol â'r sylfaen destunol a geir yn adnod gyntaf Efengyl Ioan. Awdurdoda'i osodiad fod 'y GAIR yma . . . yn debyg i DDUW ei hun ym mhob Peth' trwy ychwanegu 'canys DUW oedd y GAIR medd *Ioan*', a rhai tudalennau'n ddiweddarch, fe'i ceir yn dyfynnu'r adnod allweddol hon yn echblyg: 'Bêth a ddywaid yr Yscrŷthur? Yn y Dechreuad yr oedd y GAIR[.]'[12]

Defnyddir yr enw '*gair*' yn Y Testament Newydd Cymraeg i gyfieithu'r gair Groeg '*logos*' (λογος) a geir yn y gwreiddiol. Roedd gan *logos* amrywiaeth o ystyron yn yr Hen Roeg, gan gynnwys 'ymresymu' a 'barn', yn ogystal â 'gair', ond ers o leiaf y 5ed ganrif cyn Crist, roedd athronwyr yn ei ddefnyddio wrth gyfeirio at hanfod trefn a gwybodaeth.[13] Yn wahanol i'r ystyr 'disgwrs rhesymegol' a geir yng ngwaith Aristotlys, dechreuodd rhai athronwyr Groegaidd eraill ei ddefnyddio i ddisgrifio grym dwyfol y credent ei fod yn hydreiddio popeth.[14] Awgrymodd yr athronydd Iddewig Philo fod *logos* yn rym sy'n cyfryngu rhwng Duw a'r bydysawd neu'r *kosmos*.[15] Dylanwadodd meddwl athronyddol Groegaidd-Iddewig ynglŷn â *logos* ar Gristnogaeth gynnar gan helpu i ffurfio cysyniadau a chredoau a ddaeth yn ganolog i'r ffydd honno.[16]

Amlygir y syniadaeth Gristnogol hon ar ei ffurf fwyaf cryno a chofiadwy, mae'n debyg, yn Ioan 1:1. Fe'i cyhoeddwyd gyntaf yn Gymraeg yn *Testament Newydd* 1567: 'Yn y dechrae ydd oed y Gair, a'r Gair oed y gyd a Duw, a'r Gair hwnw ocd Duw.'[17] Fel hyn y cyfieithodd William Morgan yr un adnod o'r testun Groeg gwreiddiol ar gyfer *Beibl* 1588: 'Yn y dechreuad yr oedd y gair, a'r gair oedd gyd â Duw, a Duw oedd y gair.'[18] A dyma Ioan 1:1 yn y 'Beibl Bach' a gyhoeddwyd yn 1630: 'Yn y dechreuad yr oedd y Gair, a'r Gair oedd gŷd â Duw, a Duw oedd y Gair.'[19] Cyfieithir *logos* gyda'r enw *gair* mewn adnodau eraill yn y Beiblau

Cymraeg hyn hefyd, megis Datguddiad 19:13, sy'n dweud y daw 'Gair Duw' ar gefn march gwyn adeg yr Ailddyfodiad.

Gellid synio am y gair '*gair*' fel angor yn yr iaith Gymraeg ar gyfer ffrwd gyfoethog a phwerus o feddwl gorllewinol sy'n ymestyn o athroniaeth yr Hen Roeg ymlaen trwy Gristnogaeth i amryfal agweddau ar ein diwylliant a'n meddwl heddiw. Bathodd yr athronydd Almaeneg Ludwig Klagers y term *Logozentrismus* ar ddiwedd y 1920au er mwyn trafod lle canolog y *logos* ym meddwl traddodiadau deallusol y Gorllewin.[20] Jacques Derrida yw'r mwyaf dylanwadol o'r holl athronwyr a aeth ati yn ystod ail hanner yr ugeinfed ganrif i archwilio'r 'logo-ganolrwydd' gorllewinol hwn. Cysyllta logo-ganolrwydd â 'metaffiseg presenoldeb' sy'n ceisio cuddio, anwybyddu neu israddoli holl gymhlethdodau ac amrywiaeth meddwl, iaith a disgwrs i un blwch a elwir yn *logos*, cyfeirair nad yw'n cyfeirio at ddim byd arall y tu allan iddo'i hun.[21] Yn ôl ei gyfieithydd, Gayatri Chakravorty Spivak, synia Derrida am '*logo*centrism' fel 'the belief that the first and last things are the Logos, the Word, the Divine Mind, the infinite understanding of God [...] and [...] the self-presence of full self-consciousness.'[22]

Dywed Graham Ward fod athroniaeth logo-ganolog yn rhagdybio bod geiriau yn cynrychioli 'stable truths or facts', a bod Derrida a'i ddilynwyr yn beirniadu 'the metaphysical assumptions, even the ideologies, in such a view of language.'[23] Eglura ymhellach: 'Indeed, they criticize the metaphysics of language itself, which continually deceives us into believing that words are merely windows on the world.'[24] Ceir yn *Gair o'r Gair* fynegiant Cymraeg trawiadol o'r meddwl logo-ganolog hwn. Cymerer un frawddeg yn enghraifft:

Mae'r GAIR ymma yn y Cariad, a'r Cariad yn y Meddwl, a'r Meddwl yn yr Enaid, a'r Enaid yn y Corph, a'r Corph yn y Bŷd, a'r Bŷd yn y GAIR, a'r GAIR yn Nuw, a Duw ei Hunan yw'r GAIR a'r oll yn oll.[25]

Gan Gymreigio dadansoddiad Spivak o syniadaeth Derrida, dyma osod gerbron y darllenydd, 'y gred mai'r pethau cyntaf a'r pethau olaf yw'r Logos, y Gair, a'r Meddwl Dwyfol'. Mae naws lesmeiriol yn hydreddio'r frawddeg hon. 'Whenever Morgan Llwyd contemplates the *infiniteness* of the Word, the Logos, he becomes a great ecstatic writer,' medd M. Wynn Thomas, ac mae'r asesiad hwnnw'n gweddu'n dda wrth ystyried y frawddeg hon.[26] Mae wedi'i saernïo mewn modd sy'n creu llifeiriant o eiriau, y rhan fwyaf ohonynt yn enwau sy'n dynodi hanfodion. Tywysir y darllenydd yn gyflym ar hyd cadwyn o ystyron gan y llifeiriant hwn, gan sylweddoli erbyn y diwedd bod y gadwyn syniadaethol honno'n gorffen gyda'r ddolen sy'n ei dechrau – y 'GAIR' – ar wahân i'r ategiad byr, 'oll yn oll', sy'n pwysleisio bod y Gair hwnnw'n ddolen sy'n cynnwys yr holl ddolennau eraill yn y gadwyn. Os yw *Gair o'r Gair* yn cynnig myfyrdodau ynghylch y gwahaniaethau rhwng yr iaith nefol a'r iaith Gymraeg y mae Morgan Llwyd yn ei defnyddio i gyflwyno'r myfyrdodau hyn, mae gweithiau eraill a gyhoeddwyd ganddo yn bwrw amheuaeth ar yr union gyfryngau a oedd yn fodd iddo ysgrifennu a chyhoeddi mewn unrhyw iaith.

Cyhoeddodd Morgan Llwyd 11 o weithiau rhwng 1653 a'i farwolaeth yn 1659. Ymddangosodd tri ohonynt yn ystod y flwyddyn gyntaf honno yn ei yrfa gyhoeddi, ac mae'n debyg mai'r cyntaf o'r tri hyn i ddod o'r wasg oedd *Llythyr i'r Cymry Cariadus*.[27] Awgryma'r awdur ei hun fod cyhoeddi'n fenter newydd iddo tua diwedd y testun byr hwn: 'Dyma'r llythyr cyntaf a ddanfonais i erioed attat ti mewn print[.]'[28]

Collodd ei swydd fel 'taenwr' pan ddaeth Deddf Taenu'r Efengyl yng Nghymru i ben yn 1653, ac felly, mae'n bosibl ei fod wedi troi at gyfrwng y wasg er mwyn cyrraedd ei gyd-Gymry ar ôl colli'r 'pulpud cenedlaethol' a fuasai'n fodd iddo eu cyrraedd trwy ddulliau eraill.[29] Casglodd J. H. Davies ei bod hi'n debyg i'r *Llythyr* ymddangos yn ystod y cyfnod cyffrous rhwng diddymu'r Senedd Hir ar 20 Ebill a chyfarfod y Senedd newydd ar 5 Gorffennaf 1653.[30] Gall milflynyddiaeth Morgan Llwyd egluro'r ffaith iddo ddechrau cyhoeddi hefyd; ac yntau'n credu bod Ailddyfodiad Crist yn agos – ac o bosibl mor agos â'r flwyddyn 1666 – teimlai fod 'deffro' ei gyd-Gymry ar fyrder yn rheidrwydd pwysfawr. Fel y dywed E. Lewis Evans, '[c]eisiodd ei orau i gyfarwyddo a pharatoi cenedl y Cymry ar gyfer ei dyfod, trwy bregethu a chyhoeddi llyfrau. Y mae'r gred hon o'r tu ôl i'w holl waith.'[31]

Diau bod nifer o gymhellion – gan gynnwys colli'i swydd a'i statws fel taenwr yr Efengyl yng Nghymru, amgylchiadau gwleidyddol, a'i gred bod y milflwyddiant yn agos iawn – wedi cyfuno i ysbrydoli Morgan Llwyd i ddechrau lledaenu'i waith trwy gyfrwng y wasg argraffu yn 1653. Un o'r agweddau mwyaf diddorol ar ei yrfa lenyddol yw'r ffaith bod y cyhoeddiad sy'n agor ei ymwneud dwys â'r wasg, *Llythyr i'r Cymry Cariadus*, yn bwrw amheuaeth ar yr union gyfrwng hwnnw yn ei frawddegau cyntaf:

> Mae llyfrau fel ffynnonnau, a Dyscawdwyr fel goleuadau lawer yr awron ymysg rai dynion[.] Cymmder dithau (O Gymro Caredig) air byr mewn gwirionedd ith annerch yn dy iaith dy hun. Oferedd iw printio llawer o lyfrau, Blinder iw cynnwys llawer o feddyliau, Peryglus iw dwedyd llawer o eiriau, Anghysurus iw croesawu llawer o ysbrydoedd, a ffolineb iw ceisio ateb holl resymau dynion, Ond (O ddyn) cais di adnabod dy galon dy hun, a mynd i mewn ir porth cyfyng.[32]

Trafoda M. Wynn Thomas saernïaeth gelfydd y brawddegau hyn gan dynnu sylw at yr ailadrodd a thechnegau llenyddol eraill a geir ynddynt:

> inversion helps to foreground the elaborate style of repetition [...] which includes reiterated words as well as recycled syntax. Phrases

ending with similiar sounds [...] are threaded together to form a sequence that generates cumulative power. The turn from the formal to the familiar [...] is beautifully contrived[.][33]

Mae nodwedd arall yn cyfrannu at hynodrwydd brawddegau agoriadol y *Llythyr*, sef y ffaith bod cyngor ysbrydol ('cais di adnabod dy galon dy hun') yn dod yn dynn ar sodlau cyfres o rybuddion ynglŷn â chyfryngau llenyddol ('llyfrau', 'printio', 'geiriau'). Cymhellir y darllenydd i feddwl bod gobaith a pherygl yn mynd law yn llaw â'i gilydd, a'i bod yn rhaid dewis yn ofalus wrth fanteisio ar yr holl gyfryngau hyn cyn 'mynd i mewn i'r porth cyfyng'.

Yn sicr, mae darllen y dyfyniad hwn yng nghyd-destun yr hyn a wyddys am yrfa lenyddol Morgan Llwyd yn codi cwestiynau cymhleth. Dyma lenor dawnus a ddefnyddia eiriau mewn ffyrdd gwreiddiol ac effeithiol sydd ar yr un pryd yn dweud mai 'peryglus yw dwedyd llawer o eiriau'. Dyma awdur a gyhoeddodd lawer o weithiau mewn cyfnod cymharol fyr yn dweud mai 'oferedd yw printio llawer o lyfrau'. Ai rhagrith sydd yma? Sut mae egluro agwedd gymhleth Morgan Llwyd at ysgrifennu a chyhoeddi? Pam bod awdur yn bwrw amheuaeth ar yr union gyfryngau sy'n fodd iddo fod yn awdur? Un ateb i'r cwestiynau hyn yw'r tebygolrwydd bod Morgan Llwyd yn poeni am y gwahaniaethau rhwng y geiriau Cymraeg a ddefnyddia a'r Gair tragwyddol.

Ceir ateb arall trwy graffu ar y berthynas rhwng y testun llenyddol hwn a'i gyd-destun hanesyddol uniongyrchol. Sylwer bod brawddeg gyntaf y *Llythyr* yn annog darllenwyr i ystyried yr hyn sy'n digwydd yn y presennol: 'Mae llyfrau fel ffynhonnau, a dysgawdwyr fel goleuadau lawer *yr awron* ymysg rhai dynion.' Dywed fod amlder llyfrau ymysg nodweddion yr oes; maent fel 'ffynhonnau', dŵr codi sy'n ymddangos yn fynych yn y tir.

Mynegir amheuaeth debyg yn un arall o'r gweithiau hynny a gyhoeddodd Morgan Llwyd yn 1653, *Gwaedd yng Nghymru yn*

*Wyneb Pob Cydwybod*.[34] Gwelir unwaith eto fod brawddeg gyntaf y testun printiedig hwn yn bwrw amheuaeth ar yr union gyfrwng sy'n rhoi bod iddo: 'Nid mewn papur ag ingc y mae bywyd yr enaid, nag mewn opiniwnau a geiriau, Ond yn *ysbryd y Duw byw*[.]'[35] Awgrymwyd uchod mai'r llais awdurol sy'n annerch ei ddarllenwyr yw un o greadigaethau llenyddol mwyaf effeithiol Morgan Llwyd. Gellid meddwl bod profiad helaeth y Piwritan fel pregethwr wedi'i helpu i ddatblygu'r dechneg lenyddol hon. Yn wir, myn teitl y cyhoeddiad hwn fod y darllenwyr yn 'clywed' llais llafar yr awdur-bregethwr. *Gwaedd yng Nghymru* ydyw, a thrwy gydol y testun, mae'r llais llenyddol hwn yn gweiddi'n angerddol ar y Cymry, gan erfyn arnynt i agor eu clustiau, clywed y waedd a derbyn y neges:

> *O Bobl Cymru!* Attoch chi y mae fy llais: *O Drigolion Gwynedd a'r Deheubarth*, Arnochi yr wyfi yn gweiddi. Mae'r wawr wedi torri, a'r haul yn codi arnoch. Mae'r adar yn canu: Deffro (*O Gymro*) Deffro. Ag oni chredi eiriau, cred weithredoedd. Edrych oth amgylch a gwêl, Wele, mae'r byd ai bilerau yn siglo. Mae'r ddaiar mewn terfysg, Mae taranau a mêllt ym meddyliau'r bobloedd.[36]

Os yw'n bwrw amheuaeth ar ddilysrwydd 'papur ag ingc' fel cyfrwng i gyflwyno myfyrdod ynghylch 'bywyd yr enaid', ac os yw'n cwestiynu gwerth 'geiriau' mewn cymhariaeth ag 'ysbryd y Duw byw', mae'n sicr yn defnyddio geiriau yn effeithiol er mwyn ceisio sefydlu perthynas agos â'i ddarllenwyr Cymraeg trwy gyfrwng papur ac inc y cyhoeddiad.

Rhaid ystyried y berthynas rhwng y testun llenyddol hwn a'i gyd-destunol hanesyddol uniongyrchol hefyd. Fel y mae *Llythyr i'r Cymry Cariadus* yn annog darllenwyr i ystyried yr hyn sy'n digwydd 'yr awron', mae *Gwaedd yng Nghymru yn Wyneb Pob Cydwybod* yn eu gorchymyn i 'edrych' o gwmpas a gweld yr hyn sy'n digwydd yn y byd cyfoes. Tywysir y darllenydd i ddehongli'r hyn a 'wêl' mewn modd lled-apocalyptaidd: 'mae'r byd a'i bilerau yn siglo'. Mae'n ddisgrifiad addas iawn o'r cyfnod, o gofio bod Cymru wedi profi tri rhyfel cartref dinistriol rhwng 1642 ac 1651, bod y frenhiniaeth wedi'i disodli â gwerinlywodraeth am y tro cyntaf yn hanes Prydain, a bod y brenin ei hun wedi'i ddienyddio.

Roedd datblygiadau crefyddol, gwleidyddol a milwrol wedi 'siglo' pilerau'r byd yn ystod yr 11 o flynyddoedd cyn cyhoeddi'r *Llythyr* a'r *Gwaedd*. Roedd Cymry wedi'u lladd mewn brwydrau gwaedlyd, ac roedd byddinoedd a ddaethai i dir Cymru wedi dwyn anifeiliaid a chynnyrch amaethyddol gan orfodi caledi ar gymunedau. Gwelid dinistr y rhyfel yng Nghymru am gyfnod maith ar ôl i'r ymladd ddod i ben. Llosgwyd nifer o dai mawr y wlad, megis Caer Gai, cartref yr uchelwr llengar, Roland Vaughan.[37] Yn Wrecsam – tref yr oedd Morgan Llwyd yn gyfarwydd iawn â hi – dinistriwyd 143 o dai gan dân yn 1643.[38] Dioddefodd trefi a phentrefi Cymreig eraill hefyd. Disgrifia Stephen Porter hynt rhai ohonynt yn ystod y rhyfeloedd: 'Property outside the town walls at Carnarvon and Denbigh was destroyed, a part of Bangor was burnt by its defenders, and "many fair houses" in Aberystwyth were ruined.'[39]

Mae'n wir bod meddylwyr Protestannaidd wedi derbyn rhyfel ers dyddiau Martin Luther, a ysgrifennodd fod 'rhyfel mor angenrheidiol ag ydyw bwyta, yfed neu unrhyw fater arall', a bod gan y milwr hawl i ladd unwaith yr oedd rhyfel wedi'i ddatgan yn ffurfiol.[40] Mae hefyd yn wir bod rhai o gerddi anghyhoeddedig Morgan Llwyd yn dangos iddo groesawu neu o leiaf dderbyn rhai mathau o drais yn ystod y rhyfeloedd. Dyna'i gerdd Saesneg am ddienyddiad y brenin ('unhappy Charles provokt the lambe / to dust hee must withdraw'), ac un arall yn ymfalchïo ym muddugoliaeth byddin 'Seisnig' y Senedd mewn ymgyrch yn erbyn yr Albanwyr sy'n dechrau â'r geiriau, 'Give thanks to God our man of war', ac yn clochdar wrth nodi 'The Scottish lords now scattered lye', ac wrth ddisgrifio'r 'bloody streame' a grëwyd gan yr ymladd.[41]

Ond mae cerdd arall ganddo sy'n disgrifio dioddefaint y 'Ffyddloniaid yng Nghymru yng nghanol y Rhyfeloedd' mewn modd apocalyptaidd: 'Mae rhyfedd newidiad, dros wyneb yr hollwlad / Ple ceir dim gwir gariad mewn undyn. / Y byd a dywyllodd, y ddayar a grynnodd, / ar nefoedd a dduodd in herbyn.'[42] Yn sicr, roedd 'y ddaear mewn terfysg', fel y dywed yn y *Gwaedd*, ond mae tinc gobeithiol hefyd, gan fod y milflynyddwr yn gweld yr holl derfysg a oedd wedi siglo pilerau'r byd fel paratoad ar gyfer yr Ailddyfodiad: 'mae calonnau llawer yn crynnu […] wrth edrych am y pethau sydd ar ddyfod. Mae dydd mawr yr Arglwydd yn chwilio ac yn profi pob meddwl dirgel[.]'[43]

Mae'n haws egluro'r gobaith a fynegir yng ngwaith Morgan Llwyd na'r pryderon sydd dan sylw yn yr ysgrif hon. Wedi'r cwbl, yn ogystal â bod yn Biwritan a gefnogai achos y Senedd yn y rhyfeloedd diweddar, roedd wedi teithio gyda byddin Cromwell gan, mae'n debyg, bregethu i'r milwyr a'u hannog yn eu hymdrechion i ddefnyddio trais i siglo pilerau'r byd.[44] Wrth gwrs, dim ond un ymysg llawer o bregethwyr radicalaidd a deithiai gyda lluoedd y Senedd ydoedd, ac roedd llawer o'r milwyr eu hunain yn awyddus i drafod y credoau newydd a goleddent. Tystiai'r Piwritan o Gymro i'r modd yr oedd y gwersylloedd milwrol Seneddol wedi'u troi'n fforymau ar gyfer areithwyr, athrawon a phroffwydi o bob math. Mae'n hawdd cysylltu cyfeiriad y *Llythyr* at 'lawer o eiriau' a gwahanol 'resymau dynion' â'r profiadau a ddaethai i ran ei awdur yn fforymau radicalaidd y fyddin Seneddol.

Ond er bod Morgan Llwyd wedi taflu'i rwyd syniadaethol yn eang, nid oedd yr holl athrawiaethau newydd a gylchredai ar y pryd wrth fodd ei galon. Fel y noda Avihu Zakai, roedd rhai Piwritaniaid yn ceisio darbwyllo'r Senedd i rwystro meddylwyr a ystyrient yn beryglus:

The spectre of so many sects in the kingdom alarmed orthodox Puritans and provided the context for their sermons before

Parliament in which they repeatedly admonished the civil magistrates to purge the land and reform the church.[45]

Defnyddir y term 'Piwritaniaeth' heddiw weithiau mewn modd sy'n awgrymu mai mudiad unffurf ydoedd, ond gan fod cymaint o wahanol ddaliadau a syniadau ar led yn y cyfnod, rhai'n groes i rai eraill, gellid cwestiynu a yw'r term 'Piwritan uniongred' yn ddilys, hyd yn oed. Rhaid bod Morgan Llwyd wedi clywed llawer yn ystod ei gyfnodau yn Lloegr a oedd yn cyd-fynd â'i syniadaeth ei hun ac yn ei ysbrydoli, ond mae hefyd yn sicr iddo glywed llawer o syniadau nad oedd yn cytuno â hwy. Dyma un wedd ar y cyd-destun a all egluro'r rhybuddion ar ddechrau'r *Llythyr*: 'Blinder yw cynnwys llawer o feddyliau, Peryglus yw dwedyd llawer o eiriau, Anghysurus yw croesawu llawer o ysbrydoedd, a ffolineb yw ceisio ateb holl resymau dynion'.

Nid amrywiaeth aruthrol y syniadau a gylchredai yn y cyfnod oedd unig bryder Morgan Llwyd, wrth gwrs, ond y cyfryngau a oedd yn fodd i'w lledaenu – llefaredd, ysgrifen, a'r mwyaf grymus ohonynt, y wasg argraffu. 'Oferedd yw printio llawer o lyfrau' yw'r cyntaf yn y rhestr honno o rybuddion. Mae'n sicr ei fod yn ymwybodol iawn o dwf y wasg argraffu Saesneg. Yn sgil newidiadau deddfwriaethol, daethai'n haws i radicaliaid ledaenu gwahanol syniadau trwy gyfrwng y wasg yn Lloegr. Fel yr eglura Diane Purkiss: '[t]he London print trade, liberated by the absence of the Licensing Act, was mushrooming, fuelling hectic political discussion and religious innovation[.]'[46] Gall y cyd-destun hwn helpu i egluro'r amhcuacth y mae Morgan Llwyd yn ei bwrw ar argraffu llyfrau yn ei weithiau cyhoeddedig cyntaf ef.

Nid yn unig yr oedd cynnyrch y wasg Saesneg yn cynyddu'n gyflym ac yn mynd yn fwy amrywiol o ran ei gynnwys, ond roedd dulliau dosbarthu'r cynnyrch hwnnw yn newid hefyd. Yn ôl un hanesydd:

pedlars and hawkers increasingly turned their attention to the sale of more controversial and topical political and religious literature. The latter, involving polemical texts as well as newsbooks, was obviously not entirely novel, but it formed a much more significant part of the print trade after 1640, and it was the kind of material which seems previously to have been the preserve of metropolitan bookshops, and to have reached the localities either by means of gentry sociability and the postal system, or else through networks of godly activists. Before the civil wars, in other words, topical and controversial literature seems to have been almost entirely absent from the itinerant print trade, but this situation changed dramatically with the onset of England's 'troubles.' Indeed, this heightened involvement of itinerant traders in the distribution of topical and polemical literature even led to the emergence of new kinds of street merchants[.] [47]

Gwêl Jason Peacey y datblygiadau hyn fel 'trawsffurfiad' a newidiodd y farchnad brint yn Lloegr ganol yr ail ganrif ar bymtheg.[48] Sylwer bod cysylltiad rhwng cynnwys cyhoeddiadau a'r modd y'u dosberthid, gyda'r ddau beth yn newid yn gyflym a'r naill drawsffurfiad yn dylanwadu ar y llall mewn modd symbiotig. Mae natur y trawsffurfio yn cydfynd â naws rhybuddion cysylltiedig y *Llythyr*.

Gwedd arall ar wasg Saesneg y cyfnod a all fod yn berthnasol yw'r ffaith bod nifer o gyhoeddiadau sy'n sarhau cenedl Morgan Llwyd wedi ymddangos. Roedd y rhan fwyaf o'r Cymry a ymladdai yn y rhyfeloedd yn y lluoedd brenhinol, ac felly cyhoeddid taflenni a phamffledi gwrth-Gymreig a oedd yn cylchredeg ymysg milwyr y Senedd a'u cefnogwyr. A nodi tair enghraifft yn unig, dyna (1) *The Welsh-Mans Postures, OR, The true manner how her doe exercise her company of Souldiers*, (2) *The Welch-mans COMPLEMENTS: OR, The true manner how* Shinkin *woed his Sweet-heart* Maudlin *after his return from . . . Battalie*, a (3) *The Welsh-mans publique and hearty SORROW AND RECANTATION, that ever her tooke up Armes against her cood Parliament.*[49] Gall y tebygolrwydd bod Morgan Llwyd wedi gweld rhai o'r cyhoeddiadau sarhaus hyn yn ystod ei amser yn Lloegr helpu i egluro'r ffaith ei fod yn disgrifio cynnyrch y wasg argraffu fel 'oferedd' ac yn awgrymu mai 'peryglus yw dweud llawer o eiriau'.

Yn ddiddorol ddigon, er bod Morgan Llwyd yn bwrw amheuaeth ar y cyfrwng, roedd Piwritaniaid Seisnig cyfoes yn canmol y wasg argraffu. Pan sefydlodd y Senedd *Ordinance for the Regulation of Printing* yn 1643, ymatebodd neb llai na John Milton gyda chyhoeddiad sy'n dadlau o blaid rhyddid y wasg: *Areopagitica; A Speech of Mr. John Milton For the Liberty of Unlicenc'd Printing, to the Parlament of England.*[50] Roedd gan yr agwedd hon wreiddiau dyfnion yn llenyddiaeth Brotestannaidd Lloegr; canmolodd y diwygiwr John Foxe y cyfrwng yn y *Book of Martyrs* ganrif yn gynharach fel y 'divine and miraculous invention of printing', gan bwysleisio mai Duw a oedd wedi dod â'r cyfrwng newydd hwn i'r ddaear ('God himselfe was the ordayner').[51]

A dweud yr hyn sy'n amlwg, er bod geiriau'r *Llythyr* a'r *Gwaedd* yn bwrw amheuaeth ar y cyfrwng, mae gweithred cyhoeddi'r gweithiau hyn yn awgrymu bod yr awdur yn gweld gwerth yn y wasg argraffu. Gellid, felly, gymryd un o siarsau'r *Gwaedd*, 'oni chredi eiriau, cred weithredoedd', a'i throi'n erbyn yr awdur ei hun fel sylw eironig am y gwahaniaeth rhwng yr hyn a ddywed a'r hyn a wna. Fodd bynnag, gwelir Morgan Llwyd yn defnyddio geiriau er mwyn trafod y wasg mewn modd mwy cadarnhaol – gan hyd yn oed gyfiawnhau'i ymwneud â'r cyfrwng – yn y trydydd gwaith a gyhoeddodd yn 1653.

Gwneir cam â llyfr mwyaf adnabyddus Morgan Llwyd trwy gyfeirio ato gyda'r llaw-fer 'Llyfr y Tri Aderyn'. Mae teitl llawn y gwaith yn dweud llawer wrth y darllenydd am natur y llyfr a bwriad ei awdur: *Dirgelwch i rai iw Ddeall Ac i eraill iw Watwar, sef Tri aderyn yn ymddiddan yr Eryr, a'r Golomen, a'r Gigfran. Neu Arwydd i Annerch y Cymru. Yn y flwyddyn mil a chwechant a thair ar ddêc a deugain, Cyn Dyfod 666.*[52] Cyfeiria'n echblyg at ei awydd i 'annerch y Cymry' trwy gyfrwng y wasg er mwyn eu deffro cyn y milflwyddiant y credai a fyddai'n dod yn [1]666. Eglura hanfod y testun alegorïaidd trwy enwi'r 'tri aderyn' sydd 'yn ymddiddan' yn y gwaith, a gellir cymryd y gair 'arwydd' fel dull yr awdur o ddweud mai alegori ydyw. Yn yr un modd, gellir cymryd y gair 'dirgelwch' fel dull Morgan Llwyd o ddisgrifio'r wedd gyfriniol arno. Amlyga'r teitl ei ymwybyddiaeth o densiynau deallusol-ddiwinyddol y cyfnod; gwyddai'n iawn ei fod yn cyflwyno syniadau crefyddol newydd na fyddai'r rhan fwyaf o'i gyd-Gymry yn eu croesawu'n hawdd, ac felly, dywed yn blwmp ac yn blaen y bydd llawer o ddarllenwyr y llyfr yn ei 'watwar'. Yn anad dim, rhwng y 'dirgelwch' a'r ymdrech i ddeall 'arwydd[ion]', rhydd y teitl argraff ei bod yn rhaid i'r darllenydd ymdrechu ac ymgodymu â geiriau er mwyn deall y testun.

Yn wir, ymgodymu â geiriau yw hanfod y stori sy'n llenwi'r rhan fwyaf o dudalennau'r llyfr. Y prif leoliad yw arch Noa, gyda gofod y llong yn troi'n fforwm ar gyfer trafodaethau a dadleuon. Caiff y darllenydd ei ollwng mewn byd palimpsestaidd, gyda sawl cyfnod a naratif wedi'u trawsosod yng ngwead y testun, gan gynnwys awgrym yr alegori, gyda'r Golomen yn cynrychioli'r Piwritan, y Gigfran yn cynrychioli'r Eglwyswr ceidwadol a'r Eryr yntau'n ymgorfforiad o rym bydol. Mae'n demtasiwn cysylltu'r grym hwn ag Oliver Cromwell ei hun, a ymddyrchafodd yn Arglwydd Amddiffynnydd ym mlwyddyn cyhoeddi'r llyfr, 1653.[53] Ceir yn y llinellau agoriadol sylfeini Beiblaidd sy'n fodd i sefydlu gwahanol fydoedd y testun palimpsestaidd:

Eryr. O Ba le'r wyti (*y Gigfran ddû*) yn ehedeg?
Cigfran. O dramwy'r ddayar ac o amgylchu'r gweirgloddiau i ynnill fy mywyd.
Eryr. Onid tydi yw'r aderyn a ddanfonodd Noah allan o'i long na ddaeth yn ôl fyth atto drachefn?
Cigfran. Myfi yn wir yw'r aderyn hwnnw, ac mae arnai dy ofn di, brenin yr Adar.

Eryr. Pam na ddoit ti yn ôl at yr hwn ath ddanfonodd?

Cigfran. Am fôd yn well gennif fwytta cyrph y meirwon na bôd dan law Noa ai feibion.

Eryr. Di wyddost (ô Gigfran.) i'r Golomen ddychwelyd yn ôl, ai deilien wyrdd yn ei phîg.[54]

Pan sonia'r Gigfran am hedfan i chwilio am furgynnod i'w bwyta, meddylir ar yr un pryd am y rhan fwyaf o boblogaeth y byd yr oedd y Dilyw wedi'i lladd yn stori arch Noa, ac am gyrff milwyr yn gorwedd ar faesydd y gâd yn y Rhyfeloedd Cartref diweddar. Mae trafodaeth yr adar yn amlygu gwirioneddau oesol, ac eto, mae'n archwilio agweddau ar y byd cyfoes.

Prif fecanwaith y stori yw ymdrechion yr adar i ddefnyddio geiriau yn effeithiol. Ceisia'r Eryr reoli'r drafodaeth gan bwyso a mesur honiadau a gosodiadau'r ddau aderyn arall, fel barnwr mewn llys yn gwrando ar gyfreithwyr sy'n cynrychioli dwy ochr wrthwynebus. Ond mae'r Gigfran yn gymeriad cyfrwys ac anufudd, ac mae'r Golomen – er ei bod hi'n addfwyn a chwrtais – yn ddoethach na'r Eryr, ac felly mae ymdrechion 'Brenin yr Adar' i reoli'r drafodaeth yn methu ar adegau. Mae'r Eryr a'r Gigfran yn cyfnewid diarhebion, fel pe baent yn cystadlu er mwyn dangos meistrolaeth o'r math hwnnw o greadigaeth eiriol.[55] Tyn y Golomen hithau sylw at ddefnydd iaith pan ddywed – gyda geiriau sy'n rhagweld un o themâu canolog *Gair o'r Gair* – fod 'iaith nad oes nemor yn ei deall', ac mae'r datganiad hwn yn fodd iddi gyflwyno'i diarhebion ei hun: 'Nac ofned neb arall cymaint ag ef ei hun. Oni fedri roi taw ar eraill, distawa dy hun. […] Gwell yw adnabod y galon yn y byd yma, na'i bod hi yn adnabod digofaint byth.' Ymetyb yr Eryr trwy ebychu: 'O Golomen, dyma ddiarhebion newyddion.'[56] Ystyr sylfaenol 'dihareb' yw dywediad traddodiadol sy'n cyfleu doethineb yr oesoedd, ond trwy ddangos i'r Eryr fod ganddi 'ddiarhebion' nad ydynt wedi'u clywed o'r blaen, mae'r Golomen yn profi bod yr ysbryd sy'n ei symud yn ei galluogi i ddefnyddio iaith gyfarwydd mewn modd anghyfarwydd-gyffrous. Daw rhan gyntaf y llyfr i ben pan sylweddola'r Gigfran fod geiriau'r Golomen yn drech na'i geiriau hithau. Mae union natur ymadawiad y Gigfran yn tynnu sylw at yr hyn a wna'r awdur â geiriau yn y gwaith:

> Cigfran. Mi welaf dy fôd ti yn fy erbyn i yn hollawl, ond cymmer Noah, a'i Arch rhyngoti a'r golomen. Minneu a wn p'le cai fy swpper. Mi glywaf sawyr burgunnod ar y ddaiar.
> Eryr. Fe dderfydd y rheini o'r diwedd, ac yno fe dderfydd amdanat tithau.
> Cigfran. Nid oes fatter. Mi ai cymmeraf tra i caffwyf. Ffarwel i Noah, ac iw Arch, ac i tithau, ac ith golomen. Ni ddoi attoch mwyach. Crawcc, Crawcc. Ymaith, ymaith. Ymhell ddigon.[57]

Mae araith olaf y Gigfran yn gymysgedd o eiriau a chrawcian, gan awgrymu bod yr aderyn yn colli'r gallu i lefaru mewn modd dynol. Diddorol hefyd yw nodi bod Morgan Llwyd yn ysgrifennu'r cymeriad hwn allan o'i stori trwy chwarae â'r union gonfensiwn sydd wedi bod yn fodd i'r Gigfran siarad a chymryd rhan ynddi.

Mae adran olaf y llyfr yn ymddiddan rhwng y ddau aderyn sy'n weddill, ond os yw ymadawiad y Gigfran yn tynnu sylw at y llais trwy amddifadu'r aderyn hwnnw o'i lais dynol, caiff llais arall ei gyflwyno'n ddisymwth yn ystod yr ymddiddan rhwng yr Eryr a'r Golomen sy'n gorfodi'r darllenydd i 'wrando' ar drafodaeth o fath gwahanol. Geilw M. Wynn Thomas y darn trawiadol hwn yn 'Ymryson oddi mewn i Forgan Llwyd', ac awgryma Saunders Lewis mai dyma un 'o'r darnau dwysaf o hunangofiant yn ein llenyddiaeth Gymraeg'.[58] Teimlir bod persona'r awdur ei hun yn siarad yma, er nad yw Morgan Llwyd yn rhoi'i enw ac yn dweud yn unig mai un o ddilynwyr 'llescaf' y Golomen yw'r siaradwr.

Roedd yn fynghalon i ysgrifennu attat ith rybuddio mewn cariad perffaith, Ond fe ddaeth y Sarph attafi ac a geisiodd attal y pin ymma. Hi a boerodd ei chelwydd tuag attaf wrth sissial fel hyn. Hunan sy'n dy osod ar waith. Rwyti yn scrifennu yn rhŷ dywyll, ni fedr nêb mo'th ddeall nes i'th niwl di godi, ac nid wyt ti yn dy ddeall dy hunan. Gâd yn llonydd, Mae digon o wybodaethgan ddynion, bei gwnaent ar ei hôl. Mae gormod o lyfrau yn barod yn y bŷd. [...] Gorau i ti dewi, a gadel ymmaith scrifennu.[59]

Gan adleisio'r rhybuddion a geir yn y ddau waith arall a gyhoeddwyd gan Morgan Llwyd yn 1653 – 'Oferedd yw printio llawer o lyfrau' (y *Llythyr*) ac 'Nid mewn papur ac inc y mae bywyd yr enaid, nac mewn opiniynau a geiriau' (y *Gwaedd*) – dywed y Sarff fod 'gormod o lyfrau yn barod yn y byd' ac y byddai'n well 'gadael ymaith ysgrifennu'. Pwysleisia'r awdur ansicr yr hyn a oedd yn y fantol pan oedd y geiriau hyn yn bygwth ei awydd i orffen ei waith: 'A phe i cawse y Sarph i meddwl ni chawswn i nag ysgrifennu hyn na thithau nai ddarllen nai wrando.'[60] Daw cymeriad canolog y gwaith yn ôl i ganol y stori er mwyn cysuro'r awdur pryderus yn y frawddeg nesaf: 'Ond fe ddaeth y Golomen ac am helpodd, ac am cynnorthwyodd gan ddyweyd. Dôs ymlaen. Rhaid i bob gwas arfer ei dalent.'[61]

Gwrthbwysa'r Golomen ddatganiadau'r Sarff fod 'digon o wybodaeth gan ddynion' a 'gormod o lyfrau yn barod yn y byd' trwy nodi bod sefyllfa benodol yr iaith Gymraeg yn wahanol:

Nid oes chwaith fawr lyfrau cymreig ynghymru er pan loscwyd papurau y Bruttaniaid gynt. Ac (medd Duw) fy mhobl i ynghymru a ddifethir o eisiau gwybodaeth[.][62]

Ac yntau'n cyflwyno syniadau crefyddol y prydera y byddai llawer o Gymry yn eu 'gwatwar', mae Morgan Llwyd yn sicrhau bod llinynnau Cymreig amlwg yn y gwaith y tu hwnt i'r iaith sy'n gyfrwng iddynt. Yma y mae'n cydio mewn hen thema lenyddol

Gymraeg, sef y gred neu'r honiad bod 'llyfrau' hynafiaid y Cymry
– 'yr Hen Frytaniaid' – wedi'u llosgi yn yr hen oesoedd. Amlygir
y thema hon mewn testun tra awdurdodol a gyhoeddwyd yn
agos at ganrif yn gynharach, sef rhagymadrodd yr Esgob Richard
Davies i Destament Cymraeg 1567:

> y gollet a gavas y Cymru am eu llyfray beth bynac faynt, ay
> celfyddyt, ay historiae, ay Achay, ay Scrythur lan: ys llwyr yr
> anrheithiwyt oll Cymru o honynt. Can ys pan ostynget Cymru
> tan goron Loygr trwy nerth arfeu, diammay ddistrowio llawer oy
> llyfray hwynt yn hynny o trin. [...] Dyma gyflwr gresynawl ar
> pobl, i dinoithi a dwyn eu goleuni o i canthynt, ae gadael megis yn
> ddeillion i ymddaith ac i siwrneio trwy wylltineb y byt hwn. Val
> hyn y digwyddawdd na bu nasiwn irioed mor anafus am lyfray a
> gwybodaeth yn ey iaith i hun a'r Cymru.[63]

Felly, yn hytrach na'i gweld fel un o lawer o ieithoedd sy'n
llenwi'r byd â llyfrau 'ofer', pwysleisia'r Golomen fod sefyllfa'r
Gymraeg yn unigryw. Awgryma fod ysgrifennu a chyhoeddi yn
yr iaith Gymraeg yn weithred sy'n llenwi bwlch y llenyddiaeth a
gollwyd.

Mae ymwneud Morgan Llwyd ag agweddau hŷn ar y traddodiad
llenyddol Cymraeg yn dod â ni yn ôl at y llyfr logo-ganolog
hwnnw a gyhoeddodd dair blynedd ar ôl y *Llythyr*, y *Gwaedd*, a
*Dirgelwch i rai iw Ddeall Ac i eraill iw Watwar*. Mae'n ddiddorol nodi
bod pennod olaf *Gair o'r Gair* yn cymell y darllenydd i ystyried
mynegiant traddodiadol o hunaniaeth Gymreig:

> Fe ddywedwyd am y *Cymru* gynt, fel hyn: *Ei ffydd a gollant a'u*
> *Hjaith a gadwant*. Ond yr awron y dywedir. Y Ffŷdd a geisiant,
> a'r wir Iaith a gant. Yr hon o's mynni ei chael a'i chadw, Edrych
> mewn Parch mawr yn Wyneb Ysbrŷd yr Yscrŷthurau, a gâd i'r
> GAIR Tragwyddol edrŷch yn Wyneb dy Feddwl dithau trwy'r
> Gydwybod: Fel wrth ddyfod yn gyntaf attat dy hun, a mynd i
> mewn i ti dŷ hun i Ysbryd DUW, y gellŷch glywed Llais DUW,

a iawn ddeall yr Ysgrŷthurau. Nid oes un Ffordd arall er maint a ddyscer.[64]

Cyfeiria yma at linellau mwyaf poblogaidd testun poblogaidd a elwid weithiau yn 'Y Broffwydolaeth Fawr'. Ceir llawer o fersiynau o'r broffwydoliaeth lenyddol hon mewn llawysgrifau o'r Oesoedd Canol diweddar a'r Cyfnod Modern Cynnar, y rhan fwyaf wedi'u priodoli i un o ddau gynfardd chwedlonol, Taliesin a Myrddin.[65] Yn dilyn traddodiad amlweddog y *brut/brud* sy'n dal gorffennol, presennol a dyfodol y Cymry mewn perthynas gynhyrchiol gymhleth, mae'r testun hwn yn disgrifio hynt y genedl Gymreig fel cyfuniad o golled ('*eu tir a gollant*') a pharhad ('*eu ffydd a'u hiaith a gadwant*').[66] Ond mae Morgan Llwyd yn aralleirio llinellau cyfarwydd y broffwydoliaeth wrth ddweud mai'r iaith Gymraeg yn unig sydd wedi'i 'chadw' gan y Cymry, a'i bod, felly, yn rhaid iddynt 'geisio' cael hyd i'r 'Ffydd' a'r 'wir Iaith'.

Sylwer yma fod caffael y wir Iaith yn ganlyniad i ymdrechion y Cymry i geisio'r Ffydd: 'Y Ffydd a geisiant, a'r wir Iaith a gânt.' Gellid meddwl ei bod yn rhaid ceisio'r Ffydd trwy gyfrwng geiriau'r Beibl a argraffwyd yn yr 'iaith a gadwânt', y Gymraeg. Ond yn hytrach nag annog y Cymry i ddarllen geiriau Cymraeg penodol mewn llyfr penodol, mae'n erfyn arnynt i 'edrych [...] yn wyneb ysbryd yr Ysgrythurau', gweithred sy'n gadael 'i'r GAIR Tragwyddol' edrych yn ei dro yn eu meddyliau hwythau. Ar yr union adeg ag y mae Morgan Llwyd yn agosáu at gadarnhau gwerth ysgrifennu a chyhoeddi geiriau Cymraeg, mae'n symud ei drafodaeth y tu ôl i len metaffiseg y *Logos* gan ddisodli llyfrau go iawn ag 'ysbryd yr Ysgrythurau' a chan ddisodli geiriau go iawn â'r 'GAIR'.

# Cyfweliad â Mihangel Morgan

*Ysgrifau Beirniadol (YB)*: 'Fandal o lenor' yw disgrifiad cofiadwy John Rowlands ohonoch chi. A gredwch chi fod hwn yn ddisgrifiad teg? Ai fel fandal o lenor yr hoffech i bobl feddwl amdanoch?

*Mihangel Morgan (MM)*: John Rowlands oedd yr athrylith wrth feddwl am y disgrifiad hwn'na a'r peth am dynnu mwstásh ar y Mona Lisa. Ac mae'r disgrifiad wedi glynu, yn gam neu'n gymwys. Dawn John oedd ei allu i wneud i sgrifennwr bach dinod fel y fi ac eraill swnio fel Dostoiefsci. Mae'n wir, mae'n debyg, fod 'na ryw barchedig ofn yn dal i fod ynghylch ambell i ffigur cenedlaethol yn ôl yn y nawdegau. 'Na i gyd oedd yn rhaid i chi ei wneud oedd dewis enw fel Ann Griffiths, dyweder, yn lle Jane Jones, a dyna chi'n dryllio delw. Mor rhwydd â 'ny. Roedd hi'n beth greddfol i mi, a finnau wedi dod o fyd y celfyddydau gweledol i ddechrau. Doedd dim modd anwybyddu'n llên a'n diwylliant, ond dim rhaid bod yn rhy barchus chwaith. Nid fy mod yn hollol ddi-barch – i'r gwrthwyneb. Os wyf i'n fandal yna dwi'n fandal sy'n trysori'r hyn y mae'n ei fandaleiddio. Mae'n fandaliaeth deyrngar.

*YB*: Soniwch rywfaint am eich cefndir a dylanwad hynny ar eich gwaith.

*MM*: Dwi ddim yn berson sy'n hoff o hel atgofion, nid llenor hunangofiannol mohonof i. Ond wrth dynnu at 'oed yr addewid' mae rhywun yn dechrau mynd yn fwy atgofus, yn ddiarwybod bron, gan sylwi fel mae pethau wedi newid, er gwell, weithiau, ond er gwaeth gan amlaf. Ces fy ngeni a'm magu yn Aberdâr. Un o bentre Penderyn oedd fy nhad, ac yno'r oedd ei rieni a'i frawd a'i chwaer yn byw. Di-Gymraeg oedden nhw ond bod mam-gu 'nhad yn hanu o'r gogledd a Myfanwy oedd ei henw ac yn ôl fy mam roedd ganddi doreth o hen ddywediadau a geiriau anghyffredin iawn. Tŷ mam oedd ein cartref ni, wedi dod iddi oddi wrth ei rhieni hithau. Ganed mam yn y tŷ hwn'na, Gwynfryn, a dyna ei hunig gartref am weddill ei hoes nes iddi farw yn naw deg a dwy oed. Cymry Cymraeg a chapelwyr oedd teulu mam. Bu farw rhieni mam cyn fy ngeni i. Yn wir, bu farw'i thad mewn damwain yn y pwll glo. Ond roedd gan fy mam 'dylwyth' yng Nghwmdâr a bydden ni'n mynd yno'n aml iawn. Roedd dwy chwaer ei mam yn byw yno, dwy 'Bopa' i mi. Dwy 'fatriarch' gyda'u plant a phlant eu plant yn byw mewn tai cyfagos yn yr un stryd. Credwn i fod perthnasau mam yn berchnogion Cwmdâr gan fod cynifer ohonyn nhw a phob un ohonyn nhw'n Gymry Cymraeg. Roedd pob un yn siarad Cymraeg yng Nghwmdâr. Prin y gallai'r ddwy Bopa siarad Saesneg. Dwy fenyw oedrannus, cymeriadau wedi camu'n syth o Oes Fictoria oedden nhw, ond yn hynod o garedig ac addfwyn. Gartre, drws nesa, roedd 'na berthnasau eraill yn byw. Dau 'wncwl' a dwy 'fodryb', oedrannus a dibriod. Roedd y rhain eto yn Gymry Cymraeg. Bob dydd Sul byddai mam, fy chwaer a finnau'n 'mynd i gwrdd', gwasanaeth yn y bore, ysgol Sul yn y prynhawn, a chwrdd eto'r hwyr yn y capel mawr. Roedd y capeli yn dal i fod yn weddol o lewyrchus pryd 'ny. Ond crwtyn bach direidus, diamynedd oeddwn i, a chymerwn i fawr o sylw o ddim oedd yn mynd ymlaen. Serch hynny, yn ddiarwybod i mi, aeth yr holl emynau a'r gweddïau a'r adnodau o'r Beibl i mewn a flynyddoedd yn ddiweddarach gallwn eu galw i gyd i gof yn ddidrafferth. Nid fy mod yn arbennig o hoff o'r capel ar y pryd, yn enwedig yn f'arddegau gwrthryfelgar, ond nawr rwy'n ddiolchgar dros ben am gael fy nhrwytho heb yn wybod i mi yn emynau Pantycelyn a'r Salmau ac ieithwedd y pregethwyr. Nyni oedd cenhedlaeth ola'r ysgol Sul i bob pwrpas. Mae'r cyfan wedi diflannu nawr, dim ond ambell i gwrdd yn llusgo ymlaen o hyd gyda chriwiau bychain. Ac roedd y gymdogaeth yn

Gymreicach. Pan âi fy mam i'r siopau lleol, Cymraeg a siaradai gyda phob yn ail un wrth gwrdd â rhai ar y stryd ac yn y siopau hyd yn oed. Nawr, anaml y clywech chi air o Gymraeg.

*YB*: Beth oedd y sbardun cychwynnol ichi ddechrau ysgrifennu'n greadigol?

*MM*: Efallai y bydd yr ateb i'r cwestiwn hwn yn ymddangos mewn atebion i gwestiynau eraill. Roedd gyda fi ryw wreichionen o greadigrwydd o'r dechrau'n deg, mae'n debyg. Yn y capel yn lle gwrando ar y bregeth byddwn i'n tynnu lluniau ar bapur ac yn llunio storïau bach.

*YB*: Rydych wedi ysgrifennu barddoniaeth, nofelau, straeon byrion, ysgrifau, a thestunau nad yw'n hawdd eu labelu. Sut a pham y byddwch yn penderfynu pa ffurf i'w defnyddio?

*MM*: Roeddwn i'n awyddus i 'dreio'n llaw' ar bob *genre,* pob ffurf. Mewn ffurfiau llenyddol y mae fy mhrif ddiddordeb. Rhyw reddf sy'n gweud pa ffurf i'w defnyddio. Mae'n dibynnu ar y syniad gwreiddiol sy'n gofyn am driniaeth lenyddol. Weithiau mae'n amlwg taw cerdd yw hi. Bryd arall mae'n stori ac mae angen datblygu'r syniad ar ffurf rhyddiaith. Ar gyfer nofel mae'n rhaid wrth syniad sy'n gallu cael ei ymestyn, syniad hirhoedlog, fel petai. Nid yw'n hawdd disgrifio'r broses, ond mewn ffordd, y canlyniad, boed hwnnw'n gerdd neu'n stori fer neu'n nofel neu'n ysgrif, yw'r disgrifiad o'r broses.

*YB*: Mae'r traddodiad llenyddol Cymraeg yn chwarae rhan bwysig yn eich gweithiau, ac mae cyfeiriadau at lenorion Cymraeg a'u gweithiau'n britho'ch cyhoeddiadau – mae *Dirgel Ddyn, Dan Gadarn Goncrit* a *Kate Roberts a'r Ystlum* yn enghreifftiau amlwg. Soniwch rywfaint am eich perthynas â'r traddodiad hwnnw.

*MM*: Atebaf gwestiwn 6 yn lle cwestiwn 5 yma gan fod yr ateb i'r naill gwestiwn yn paratoi'r ateb i'r llall. Ar ôl gadael yr ysgol – 'doedd 'da fi gynnig i'r ysgol, roeddwn i'n ei chasáu – es i drwy gyfnod o ansicrwydd hir a digyfeiriad. Gweithiais ar fferm yng nghefn gwlad Ceredigion am ryw ddwy neu dair blynedd.

Yna, diolch i gyfuniad o amgylchiadau ffafriol i mi, ces i le ar gwrs dylunio graffig yng ngholeg celf Abertawe. Ar ddiwedd fy mlwyddyn gyntaf yno dyma fi'n penderfynu arbenigo mewn llythrennu cain dan ddylanwad Ieuan Rees oedd yn ddarlithydd cynorthwyol yn Abertawe ar y pryd, ac ymunais â'r unig gwrs llawn amser ar y pwnc yn ysgol gelf Reigate, Swydd Surrey. Yno, yng nghanol Saeson Seisnicaf Lloegr y deuthum yn fwy ymwybodol o'm Cymreictod. Hefyd, dyma fi'n darganfod gwaith llythrennu David Jones. Roedd hyn yn rhyw fath o ddatguddiad os nad yn dröedigaeth gan fod arysgrifiadau David Jones yn frith gan gyfeiriadau at lenyddiaeth Gymraeg. Enynnodd gwaith David Jones fy niddordeb yn Saunders Lewis a dyma fi'n dechrau darllen ei waith ef. Tua'r un pryd, a finnau'n dal yn fyfyriwr yn Reigate, darllenais y gyfrol deyrnged i Waldo Williams a dyna gychwyn fy mhenderfyniad i ddilyn cwrs gradd yn y Gymraeg. Bu'n rhaid i mi ohirio'r cynllun hwn'na am nifer o flynyddoedd. Yna, ar ddechrau'r wythdegau dyma fi'n cofrestru i wneud y radd allanol drwy gyfrwng y Gymraeg drwy Goleg Prifysgol Cymru Aberystwyth, fel oedd e ar y pryd. Gan fy mod wedi cael grantiau i wneud y cyrsiau celf ni allwn wneud cwrs llawn amser arall, felly, roedd y radd allanol yn ddelfrydol i mi.

*YB*: Beth a'ch arweiniodd i ddilyn cwrs gradd allanol yn Aberystwyth?

*MM*: Felly, gan fy mod wedi 'cwympo mewn cariad' â'n llenyddiaeth roedd hi'n anochel y byddai fy ngwaith fy hun yn adlewyrchu hynny. I mi mae llenyddiaeth yn tarddu oddi wrth lenyddiaeth, yn tyfu ac yn pesgi ar lenyddiaeth. Nid yw'n bosibl sgrifennu dim o werth nad yw'n ddyledus i'n gwaddol llenyddol. Yn hyn o beth, wrth gwrs, roeddwn i'n adleisio Saunders Lewis, yn fy ffordd fy hun. A John Gwilym Jones i raddau. Ond nawr mae'n bosibl i lenor mewn nofel yn Gymraeg gyfeirio nid at y Mabinogi – hynny yw, nid at y testun gwreiddiol yn yr iaith wreiddiol – eithr at y cyfieithiad Saesneg, a hynny, fe ymddengys, heb iot o gywilydd.

*YB*: Mae eich traethawd doethurol yn cynnig darlleniad hoyw o weithiau John Gwilym Jones. Pam dewis gweithiau JGJ yn destun, a sut ymateb a gafodd yr astudiaeth?

*MM*: Dwi ddim yn siŵr a ydw i'n cynnig darlleniad mor ddiamod â hynny ar waith John Gwilym Jones. Dewisais waith JGJ fel maes ymchwil yn y lle cyntaf gan fod fy nghyfarwyddwr, John Rowlands, yn meddwl y byd ohono. Fy newis i oedd e, ond ei ddewis a wnes i o barch i John Rowlands. Ar ôl rhyw flwyddyn, rhaid cyfaddef, gwelais fy nghamsyniad. Dewisaswn destun rhy gyfyng. Ni fyddwn yn cynghori neb i wneud traethawd ar waith un llenor oni bai fod hwnnw neu honno'n arbennig o doreithiog ac amrywiol. Roeddwn i wedi hen syrffedu ar drafod JGJ ond ofnwn na allwn newid cyfeiriad heb dramgwyddo John. Dwi'n gweld nawr, wrth gwrs, y byddai John wedi deall yn iawn, ond ar y pryd doedd gyda fi mo'r 'wyneb' i gyfaddef fy mod wedi cael llond bol ar waith JGJ. Wrth imi fwrw yn fy mlaen fe wnes i fy ngorau i gynhyrchu rhyw fath o draethawd 'creadigol'. Y dyddiau 'ma mae'n bosib sgrifennu nofel yn lle traethawd ond doedd y dewis hwn'na fel y cyfryw ddim ar gael ar y pryd. Ond wedi dweud hynny dwi ddim yn credu y byddwn i wedi llwyddo i gynhyrchu nofel dan amodau 'academaidd' ta beth. Chwiliais am elfennau hoyw yng ngwaith JGJ ond maen nhw'n brin iawn. Ac ar ben hynny roedd rhai ar y pryd yn dal i warchod 'enw da' JGJ rhag unrhyw ensyniad. Roedd rhai yn barod i ddwyn achos enllib ar fy mhen pe bawn i'n meiddio mynd yn 'rhy bell'. Yn eironig iawn, edrychais ar storïau JGJ eto yn ddiweddar wrth chwilio am ddeunydd ar gyfer *Queer Square Mile*, ac ac eithrio un stori, 'Y Cymun', sydd yn amwys ac yn niwlog iawn, doedd dim y gallwn ei gyfiawnhau'i gynnwys gan JGJ yn y gyfrol.

*YB*: Yn ôl Simon Brooks, 'Pwysigrwydd Mihangel Morgan yw ei ymwybyddiaeth boenus o ddwy hunaniaeth leiafrifol ac ymylol: y dyn hoyw a Chymro Cymraeg o gefndir trefol. Mae'r lleiafrifaeth honno wedi peri iddo fod yn llenor moesegol eithriadol; y llenor mwyaf moesegol yn holl hanes y Gymraeg, efallai.' Beth yw eich ymateb i'r sylw hwn?

*MM*: Ofnaf fod 'y llenor mwyaf moesegol yn holl hanes y Gymraeg' yn mynd tamaid bach yn rhy bell, efallai. Ond y gwir yw taw defnyddio fy mhrofiad fy hun oedd yr unig ddewis oedd gyda mi. A doedd neb yn sgrifennu o safbwynt person hoyw agored yn ôl yn yr wythdegau a'r nawdegau. Oedd, roedd cymeriadau wedi ymddangos ar ymylon ein llên ond ystrydebau oedden nhw, heb sôn am ddarluniau rhagfarnllyd ymhellach yn ôl fel yn *Ffenestri Tua'r Gwyll* gan Islwyn Ffowc Elis, er enghraifft. Ac ni ddymunwn sgrifennu rhyw stori 'dod ma's' ymddiheuriadol. Cychwyn gan gymryd yn ganiataol fod yr 'ymwybyddiaeth hoyw' yn ddealledig, fel petai.

*YB*: Beth yn union oeddech chi'n ceisio'i gyflawni gyda'ch barddoniaeth gynnar? A pham troi at ryddiaith wedyn?

*MM*: Credaf fod nifer o awduron rhyddiaith yn dechrau gyda barddoniaeth cyn troi at ffuglen. Mae'n debyg taw arbrofi a phrofi'r dŵr oeddwn i ar y dechrau. Unwaith yn rhagor artistiaid yn y maes gweledol oedd y dylanwad yn y lle cyntaf yn hytrach na beirdd. Pobl fel Tristan Tzara a Dada a Christian Morgenstern. Moderniaeth. Braidd yn hen ffasiwn ar y pryd ond yn newydd i mi. Chwarae oeddwn i. Ond gwyddwn o'r dechrau taw ffuglen oedd fy mhriod gyfrwng i.

*YB*: Pam troi'n ôl at farddoniaeth yn fwy diweddar?

*MM*: Des i nôl i Aberdâr i fyw yn 2016 gan adael Tal-y-bont ac Aberystwyth. Bu'n rhaid i mi ddarganfod y lle o'r newydd. Roedd llawer o bethau wedi newid ac eraill heb newid o gwbl. Roedd hi'n ddieithr ac yn gyfarwydd ar yr un pryd. Ond y newid amlycaf a'r peth mwya trist oedd bod y gymuned Gymraeg wedi diflannu i bob pwrpas. Oes, mae yma Gymry gweithgar iawn o hyd ond maen nhw'n brin iawn. Roedd 'na hen fenyw, ffrind i mam, yr arferwn ei gweld ar y bws o bryd i'w gilydd a bydden ni'n cael clonc yn Gymraeg, a phob un yn troi i ddisgwyl arnon ni mewn syndod. Yna, bu farw honno yn ddiweddar. Teimlwn fel petawn i'n profi tranc yr iaith. A dyma fi'n gwneud ymchwil ar siaradwyr ola nifer o ieithoedd. Pob stori yn dorcalonnus o drist. Dim ond mewn barddoniaeth y gallwn i ddelio â hynny. Dwi ddim yn credu bod lle i fod yn optimistaidd ynglŷn â'r iaith.

YB: Rydych ymhlith y mwyaf blaenllaw o lenorion ôl-fodernaidd y Gymraeg. Y Dychymyg Ôl-Fodern yw teitl astudiaeth Rhiannon Marks o'ch ffuglen fer, er enghraifft. A yw'r label 'ôl-fodernaidd' yn un yr ydych yn hoff ohono?

MM: Newid gyda'r gwynt fydd fy nheimladau ynglŷn â'r label ôl-fodern. Weithiau bydda' i'n ei gasáu, bryd arall byddaf yn ei gofleidio ac yn ymhyfrydu ynddo. Deuthum i gysylltiad â'r cysyniad o ôl-foderniaeth gyntaf drwy drafod llenyddiaeth gyda ffrind o Awstria, yn yr wythdegau, un a oedd yn sgrifennu'i draethawd PhD ar y pwnc. Yna darllenais Borges, Nabokov, Don Delillo (yn benodol ei nofel Libra) ac wrth gwrs trafodaethau Barthes a Foucault ac eraill. Rwy'n crynhoi ac yn cywasgu'n arw yma wrth raid ond buan y sylweddolais taw peth hen iawn yw ôl-foderniaeth mewn gwirionedd a bod gweithiau fel Don Quixote a Tristram Shandy a Moby Dick yn ôl-fodernaidd. Efallai fod y term metaffuglen yn ddewisach gan nad yw'n awgrymu cyfnodau. Ac yn ein llenyddiaeth ni mae R. T. Jenkins yn rhagredegydd; a'r stori wych honno gan R. Williams Parry, ei unig stori am wn i, 'Hen Eisteddfod'.

YB: Mae rhyngdestunoldeb a chyfeiriadaeth gelfyddydol yn rhan amlwg o'ch gwaith – cyfeiriadau at ffilmiau, at ganeuon, a gweithiau eraill. Ai rhywbeth bwriadol, bwriadus yw hyn, ynteu rhywbeth sy'n digwydd yn organig a naturiol?

MM: Mae'n wir fy mod i wedi defnyddio rhyngdestunoldeb yn aml er mwyn sefydlu perthynas rhwng testunau eraill gan adleisio llenor arall, efallai, a hynny yn fwriadol fel rhan o'r broses o adeiladu darn o waith. Ond wedi dweud hynny mae 'na elfen ddigon digymell yn perthyn i'r ffordd y bydda' i'n defnyddio cyfeiriadaeth. Dwi'n licio chwarae gyda chysylltiadau ac atgofion. Felly bydd syniad neu ddelwedd yn awgrymu syniad arall a bob yn dipyn fe ellir ffurfio rhwydwaith neu glytwaith tebyg i gwilt. Meddwl fel pioden sydd 'da fi sy'n casglu'r hyn a'r llall. Ond i mi pwrpas cyfeiriadaeth yw cyfoethogi testun. Ond rhaid i mi ddweud taw un peth yw defnyddio tameidiau a dyfyniadau er mwyn mireinio gwaith, peth arall yw cymryd talpau o waith llenor arall o iaith arall (Sacsneg fel rheol) eu cyfieithu a'u cyflwyno fel eich gwaith gwreiddiol eich hun heb gydnabod y ffynhonnell yn un man. Efallai taw hen ffasiwn ydw i ond i mi llên-ladrad yw hynny, yn ddigon syml, nid rhyngdestunoldeb.

*YB*: Rydych yn cynnig sylwebaeth gymdeithasol mewn amryw ffyrdd, o weithiau ôl-fodernaidd i straeon arswyd. A ystyriwch fod trafod y byd a'r Gymru sydd ohoni yn rhan o'ch cenhadaeth?

*MM*: Rwy'n symud ymlaen at y cwestiwn nesaf.

*YB*: Fyddech chi'n ystyried eich hun yn llenor gwleidyddol, o gofio am eich cyfrol o farddoniaeth yn ymateb i ddifodiant a breuder bodolaeth ieithoedd lleiafrifoedd ar draws y byd?

*MM*: Wel dwi ddim yn Solzhenitsyn, ond mae'r weithred o sgrifennu a chyhoeddi yn Gymraeg yn safiad gwleidyddol, on'd yw e? Mae bod yn hoyw yn wleidyddol. On'd yw'r rhan fwyaf o weithredoedd yn wleidyddol?

*YB*: Mae eich gwaith a'ch cymeriadau'n aml yn rhai sy'n herio confensiynau sefydledig, ond eto ni ellir dweud mai gwrthryfel yr ieuainc yn erbyn yr hen sydd yma chwaith. Thygs a iobs yw llawer o'r bobl ifanc yn eich gweithiau'n aml iawn. Pam hynny?

*MM*: Rhaid cyfaddef dwi ddim yn adnabod y thygs na'r iobs hyn yn fy ngwaith. Os yw llawer o'r bobl ifanc yn fy ffuglen yn ymddangos fel'na i'm darllenwyr nid dyna fy mwriad. Sydd ond yn profi eto nad yw bwriad llenor yn cyfri ryw lawer.

*YB*: Enillasoch y Fedal Ryddiaith yn 1993 am y nofel *Dirgel*

*Ddyn.* A ydych wedi cystadlu ers hynny? A welwch werth i gystadlu ac i'r traddodiad eisteddfodol?

*MM*: Naddo, wnes i ddim cystadlu ar ôl 1993. Gwych o beth yw'r traddodiad eisteddfodol lle mae llenor yn gallu cystadlu dan ffugenw gan osgoi pob rhagfarn o du'r beirniaid gan nad oes ganddyn nhw ddim clem pwy sy'n cystadlu. Gallai fod yn ffrind mynwesol neu ynteu'n elyn pennaf. Cofiaf stori am John Gwilym Jones yn beirniadu cystadleuaeth fawr yn yr eisteddfod a phan safodd yr enillydd ar ei thraed yn y pafiliwn (wna'i ddim dweud pwy) roedd JGJ yn gandryll gan ei bod yn fenyw roedd ef yn ei chasáu gyda chas perffaith.

*YB*: Mae'r byd academaidd yn gefndir i sawl un o'ch gweithiau creadigol a byd digon philistaidd yw hwnnw, yn ôl y portreadau yn eich gweithiau chi. Ai dyna'ch barn chi mewn gwirionedd neu oedd y portread hwnnw'n gyfle i ollwng stêm yn fwy na sylwebaeth?

*MM*: Nid sylwebaeth mo'r darluniadau o'r byd academaidd yn fy ffuglen. Doedden nhw ddim yn seiliedig ar bobl nac ar lefydd nac ar sefyllfaoedd go iawn. Comedi a pharodi oedd yr amcan.

*YB*: Rydych wedi dychanu'r obsesiwn lenyddol â thafodiaith Gymraeg y Gogledd mewn sawl man. Ai ymateb penodol i hynny yw eich defnydd o'r Wenhwyseg?

*MM*: Mae gyda fi'r parch mwya tuag at dafodiaith y gogledd a phob tafodiaith arall o ran hynny. Nid dychanu'r dafodiaith oedd f'amcan eithr gwneud hwyl am ben sgrifennu llac oedd yn defnyddio tafodiaith i guddio pob math o feiau. Roedd 'na res o nofelau wedi bod gyda rhyw blentyn o brif gymeriad/adroddwr a'r cyfan mewn tafodiaith – nid y gogledd bob tro, ond yn amlach na pheidio – a'r stori yn cael ei harllwys yn rhibidirês o ddigwyddiadau gyda dogn sylweddol o gamdriniaeth rywiol wrth fynd heibio, fel petai. Efelychiadau glastwraidd a sâl o *Un Nos Ola Leuad* oedden nhw. Defnyddiais beth y buaswn i'n ei ddiffinio fel tafodiaith Blaenau'r Cymoedd yn hytrach na'r Wenhwyseg yn

*Pantglas*, er enghraifft, gan taw dyna'r peth mwya naturiol i mi. Er bod sylfaen hanesyddol y stori yn y gogledd bu'n rhaid i mi drosglwyddo'r cyfan i'r deheubarth gan na fyddwn i wedi gallu cynnal tafodiaith y gogledd dros nofel hir.

*YB*: Soniwch rywfaint am yr hyn y ceisiwch ei gyflawni gyda'ch colofn gyfredol yn y cylchgrawn *O'r Pedwar Gwynt*.

*MM*: Ces i wahoddiad i sgrifennu colofn yn *O'r Pedwar Gwynt* pan sefydlwyd y cyfnodolyn a ches i gyfle i ddefnyddio fy meddwl 'piodennaidd' gan drafod amrywiaeth o bethau, nid ar ffurf storïau neu gerddi ond mewn ysgrifau byrion. Doeddwn i ddim wedi gwneud hynny o'r blaen er fy mod yn edmygu llenorion megis Montaigne a Hazlitt ac wrth gwrs T. H. Parry-Williams ac ysgrifau ardderchog R. T. Jenkins yn Gymraeg. Ond credaf fod rhaid gochel rhag i golofn fynd yn fformiwläig a rhagweladwy nes bod yr awdur yn gorfod meddwl am 'stwff' er mwyn llenwi'r golofn fel rhyw hen hac.

*YB*: Roedd eich nofel fer *Pan Oeddwn Fachgen*, sydd wedi'i hadrodd o safbwynt un a anwyd yn fachgen ond sy'n credu mai merch ydyw mewn gwirionedd, yn dra arloesol pan gyhoeddwyd hi yn 2002, ond yn ddiweddar fe'ch cyhuddwyd o drafod pobl draws mewn modd 'adweithiol', ac o gamryweddu ('misgendering'). Sut fyddech chi'n ymateb i ymateb felly?

*MM*: I mi peth hyblyg yw rhywedd. Os caf i ganu fy nghloch fy hun wrth gyflwyno tystiolaeth, on'd oedd rhywedd fy Ann Griffiths yn beth amgen yn *Dirgel Ddyn* (1993) ac *Y Ddynes Ddirgel* (2001)? Ac yn *Te Gyda'r Frenhines* (1994) archwiliais thema rhywedd mewn sawl stori. Ar ddechrau *Tair Ochr y Geiniog* (1996) rhoddais y geiriau hyn o eiddo Ivy Compton-Burnett, 'There is more difference within the sexes than between them'. Ac rwy'n dal i gredu hynny. Welais i mo'r sylw amdana' i yn trafod pobl draws mewn modd adweithiol na'r cyhuddiad o gamryweddu, ond diau fod y sawl a wnaeth y sylw wedi ennill pwyntiau gan y Gymdeithas 'Woke' nad wyf i'n tanysgrifio iddi.

*YB*: Diolch am eich atebion.

# Cyfieithu: swydd gachu rwtsh

## Elis Dafydd

YM MIS RHAGFYR 2020, gorffennais fy noethuriaeth, ac ym
mis Ionawr 2021, dechreuais ar swydd newydd yn cyfieithu
i un o gynghorau sir Cymru. Pan benodwyd fi i'r swydd honno,
derbyniais gerdyn ac arno'r geiriau:

> Croeso i'r byd gwaith, Elis! Ma'n shit, ond ma'n bres.

Roedd hi braidd yn rhyfedd cael fy llongyfarch a chael pìn
yn fy swigen ar yr un gwynt, ond nid oedd hynny'n fawr o sioc
chwaith. Hyd yn oed ymhlith y bobl hynny sy'n mwynhau eu
swyddi, prin yw'r rhai a honnai fod gweithio yn well na pheidio â
gweithio; fod treulio deugain awr yr wythnos yn cyflawni tasgau
a osodwyd gan rywun arall yn brafiach na threulio'r amser yn
canlyn eu diddordebau eu hunain. Na, rhywbeth i'w wneud, neu
ei oddef, er mwyn gallu fforddio pethau a phrofiadau sy'n gwneud
yr amser y tu allan i'r gwaith yn esmwythach neu'n ddifyrrach –
rhywbeth i'w wneud er mwyn fforddio byw – yw swydd yn ei
hanfod.

Ond eto, nid oedd gwybod hynny'n ddigon i'm paratoi at
ddiflastod y swydd. Ar ôl ychydig wythnosau, ar ôl i newydd-
deb y profiad bylu, dechreuais ddigalonni. Roeddem ni'n dal yng
nghanol pandemig, wrth gwrs – mae'n rhaid cydnabod nad hwn
oedd y cyfnod difyrraf i fod yn fyw ynddo – ond roedd y felan
yn dipyn gwaeth pan oeddwn i'n gweithio. Nid oedd gweithio

o adre bob dydd yn cynnig fawr o amrywiaeth chwaith, ond roeddwn i'n gweld y gwaith ei hun yn undonog, yn ailadroddus, os nad yn ddi-fudd. Ar ôl sbel, roeddwn yn cael trafferth codi yn y boreau. Penderfynais fynd i seiclo cyn brecwast bob bore er mwyn cael rhywbeth i edrych ymlaen ato, ond bu'n rhaid rhoi'r gorau i hynny ar ôl imi ddechrau mynd i deimlo'n benisel wrth gyrraedd adref a sylweddoli bod uchafbwynt y diwrnod wedi darfod cyn 8am.

Mae'r diwydiant cyfieithu wedi rhoi gyrfaoedd llwyddiannus a bodlon i lawer iawn o bobl glyfrach na fi, fwy creadigol na fi, ddifyrrach na fi, fwy anturus na fi. Doeddwn i ddim goruwch i'r swydd ar unrhyw gyfrif. Ond roedd hi'n dweud ar fy iechyd i. Y cynllun arferol oedd cyfieithu'r ddwy fil a hanner o eiriau disgwyliedig mor gynnar â phosib yn y dydd, a threulio faint bynnag o amser a oedd yn weddill o'r pnawn yn dal llyfr neu ffôn yn fy llaw dde tra oedd bysedd y llaw chwith yn sicrhau fy mod i'n ymddangos 'ar-lein' ar y Skype mewnol, ac yn ystod un o'r prynhawniau diog hyn y deuthum ar draws enw David Graeber, a synnu rywsut na fyddwn wedi taro arno cyn hynny. Americanwr oedd Graeber, mab i deulu Iddewig dosbarth gweithiol yn Efrog Newydd, anarchydd yn ôl ei ddaliadau gwleidyddol ac un o'r prif feddylwyr y tu ôl i fudiad Occupy Wall Street (mae sôn mai fo a fathodd y slogan 'We are the ninety-nine percent' ond roedd o'i hun yn dweud nad felly'n union y bu hi). Roedd yn anthropolegydd, ac yn Athro yn y London School of Economics. Bu farw ar ei wyliau yn Fenis ym mis Medi 2020. Cyhoeddodd sawl cyfrol ym maes anthropoleg economaidd, ac yn eu plith, *Bullshit Jobs: The Rise of Pointless Work and What We Can Do About It* (2018).

Mae'r swyddi sy'n cael sylw Graeber yn y gyfrol benodol honno yn 'bullshit', yn 'pointless', yn swyddi sy'n gallu bod yn ddiflas, yn undonog, yn anniddorol, yn annifyr, yn galed, ac yn arw. Maen nhw'n gallu bod yn ddigon diddrwg ddidda neu hyd yn oed yn braf i'r gweithiwr cywir. Ond y prif beth am y swyddi hyn ydi nad oes diben eu gwneud nhw o gwbl. Maen nhw'n swyddi sydd mor ddiwerth a dibwynt nes nad ydi'r gweithwyr sy'n gwneud y swyddi'n gallu eu cyfiawnhau. Dyma union ddiffiniad Graeber ei hun:

> a bullshit job is a form of paid employment that is so completely pointless, unnecessary, or pernicious that even the employee cannot justify its existence even though, as part of the conditions of employment, the employee feels obliged to pretend that this is not the case. (tt. 9-10)

Swnio'n gyfarwydd? Mae'n ddychrynllyd cyn lleied o bobl sy'n credu bod unrhyw ddiben o gwbl i'w gwaith nhw. Mewn pôl gan YouGov yn 2015, gofynnwyd, 'Is your job making a meaningful contribution to the world?', a dim ond 50% o bobl a ymatebodd yn gadarnhaol. Felly o'r miliynau o bobl ar draws Prydain sy'n treulio wyth awr y diwrnod, dyweder, yn gweithio, dim ond eu hanner nhw sy'n credu'n onest bod y diwrnod hwnnw'n cael ei dreulio'n gwneud rhywbeth o werth. Roedd 37% o bobl yn bendant nad oedd eu swyddi'n gwneud cyfraniad ystyrlon, a nododd 13% nad oeddent yn gwybod.[1]

Un cwestiwn pwysig: beth fyddai 'bullshit jobs' yn Gymraeg?

1. Biswail *(m)* [tarw], N: tail *(m)* [gwartheg], S: tom *(f)* da, dom *(f)* da, V: cachu *(m)* buwch 2. *(=nonsense)*: V: cachu rwtsh

'Swyddi cachu rwtsh' amdani, felly. Diolch, Bruce – a Dafydd! Mae hyd at hanner y bobl sydd mewn gwaith yn credu nad oes diben i'r gwaith y maen nhw'n ei wneud. Nid problem fechan mo honno, ac mae Graeber yn ei harchwilio o sawl cyfeiriad gan ofyn beth yn union yw swydd gachu rwtsh, pam y mae pobl sydd mewn swyddi cachu rwtsh yn aml yn dweud eu bod yn anhapus, pam y mae swyddi o'r math hwn yn amlhau, pam nad yw cymdeithas yn gwrthwynebu'r twf mewn gwaith diddiben, a beth yw effeithiau gwleidyddol swyddi cachu rwtsh.

Cred Graeber y gellir dosbarthu'r gwahanol fathau o swyddi cachu rwtsh yn bum categori, a rhoddodd enw ar y bobl sy'n cyflawni'r gwahanol amrywiadau ar y swyddi:

1. Flunky
2. Goon
3. Duct taper
4. Box ticker
5. Taskmaster

Yn Gymraeg, beth am:

1. Gwas bach
2. Llabwst
3. Diffoddwr tanau
4. Ticiwr bocsys
5. Tasgfeistr

A beth yn union y mae'r gwahanol bobl hyn yn ei wneud?

1. Mae gwas bach yn cael ei gyflogi i wneud i'r cwmni neu'r sefydliad y maen nhw'n gweithio iddo edrych a theimlo'n bwysig. Dadleua Graeber fod y math hwn o swydd yn adlais o'r cyfnod ffiwdal pan fyddai dynion grymus yn eu hamgylchynu eu hunain â gweision a gweithwyr er mwyn dangos eu grym a'u cyfoeth gan mai dim ond pobl rymus a chyfoethog a allai dalu i bobl eistedd neu sefyll o gwmpas yn gwneud dim llawer o ddim byd rhag ofn y byddai eu hangen rywbryd. Mae pobl sy'n gweithio mewn derbynfeydd lle mae'r ffôn yn canu ryw unwaith y dydd yn enghraifft gyfoes o'r math hwn o waith. Mae'r

gweithiwr yno i wneud i'r cwmni edrych yn broffesiynol a slic yn hytrach nag i weithio.

2. Mae elfen fygythiol i waith llabwst. Yr enghraifft amlwg o rywun sydd mewn swydd fel hyn yw aelod o'r lluoedd arfog: yr unig reswm pam y mae ar wledydd angen byddinoedd yw am fod gan wledydd eraill fyddinoedd. Pe na bai gan neb fyddin, ni fyddai angen byddin ar neb arall chwaith. Dadleua Graeber fod y rhan fwyaf o lobïwyr, arbenigwyr cysylltiadau cyhoeddus, telefarchnatwyr, a chyfreithwyr corfforaethol yn disgyn i'r categori hwn oherwydd fod y bobl hyn eu hunain yn ystyried bod elfen o fygwth ac o ddylanwadu'n ddiegwyddor ar bobl yn rhan o'r gwaith.

3. Prif ddyletswydd diffoddwyr tanau yw datrys problemau na ddylent fodoli yn y lle cyntaf. Un enghraifft a roddir yn y llyfr yw rhywun sy'n gorfod prawfddarllen adroddiadau a ysgrifennwyd yn y lle cyntaf gan rywun nad yw'n gwybod llawer o ddim am y maes y mae'n ysgrifennu amdano, ac nad yw'n gallu ysgrifennu brawddegau ystyrlon, dealladwy chwaith.

4. Cyflogir ticwyr bocsys er mwyn i sefydliad allu honni ei fod yn gwneud rhywbeth nad yw'n ei wneud mewn gwirionedd. Yn ôl Graeber, y peth gwaethaf am swyddi ticio bocsys yw bod y gweithwyr eu hunain fel arfer yn sylweddoli nid yn unig nad yw'r ymarferiad yn cyfrannu dim at gyflawni'r hyn y dylai ei gyflawni, ond ei fod yn tanseilio'r hyn y dylai ei gyflawni hefyd.

5. Mae dau fath o dasgfeistr. Y math cyntaf yw'r un nad yw'n gwneud dim byd ond gosod gwaith i bobl eraill ei wneud. Yr hyn sy'n gwneud y gwaith hwn yn ddibwynt yw y byddai'r bobl sy'n gwneud y gwaith yn gallu'i wneud heb help nac ymyrraeth y tasgfeistr. Mae'r ail fath yn waeth gan ei fod yn dyfeisio tasgau dibwynt i bobl eraill eu gwneud.

Mae'n amhosib rhoi darlun cyfan o'r maes yn y fan hon. Mae'n wir werth troi at y llyfr er mwyn gweld y rwtsh llwyr y mae rhai pobl yn gorfod ei wneud (neu esgus ei wneud, yn aml iawn) er mwyn ennill bywoliaeth. Yr hyn yr hoffwn ganolbwyntio arno yn y fan hon yw'r sylweddoliad mai'r rheswm pam yr oeddwn i mor anhapus yn fy swydd yn cyfieithu i gyngor sir oedd am fy mod i'n credu, ym mêr fy esgyrn, ei bod hi'n swydd gachu rwtsh. Roedd hi'n ddiflas ac yn undonog, ond yr hyn oedd yn ei gwneud hi'n annioddefol oedd amau, os nad gwybod, nad oedd ddiben o gwbl iddi.

Sut hynny? Os yw rhywun yn credu y dylai awdurdod lleol gyfathrebu â'i drigolion yn ddwyieithog, onid yw cyfieithu'n waith buddiol a gwerthfawr? Mae elfen o ddiffodd tanau yn rhan o'r swydd, elfen o ddatrys neu o ddelio â chanlyniadau problem na ddylai fodoli yn y lle cyntaf. Nid yw system addysg Cymru'n cynhyrchu siaradwyr ac ysgrifenwyr Cymraeg hyderus. Dyna'r broblem na ddylai fodoli. Canlyniad hynny yw bod mwyafrif gweithwyr y rhan fwyaf o gynghorau sir Cymru'n ddi-Gymraeg, a bod angen i rywun gyfieithu'r dogfennau y mae'r gweithwyr yn eu cynhyrchu i'r Gymraeg, a chyfieithu cyfraniadau llafar Cymraeg mewn cyfarfodydd i'r Saesneg. Nid oes symbyliad i neb ddatrys y broblem addysg wedyn chwaith. Haws na delio â'r talcen caled hwnnw yw parhau i dalu pobl i drosi pethau o un iaith i'r llall.

Roedd cyfieithu dogfennau o'r Gymraeg i'r Saesneg yn rhan o'm dyletswyddau hefyd, ond rhyw ddwywaith yn unig y bu gofyn imi wneud hynny, a'r gofyn y ddau dro oherwydd fod rhywun o'r tu allan i'r cyngor wedi gyrru neges atyn nhw yn Gymraeg. Y broblem yr oedd gofyn i mi fel cyfieithydd ddelio â'i chanlyniadau hi y troeon hynny oedd bod cyfran dda o staff y cyngor yn methu â siarad na sgrifennu iaith cyfran dda o drigolion y sir. Nid bod hynny'n broblem yng ngolwg pawb. Bûm yn y swydd am rai misoedd, ac yn ystod yr amser hwnnw cyfieithais wn i ddim faint o hysbysebion swyddi. Nid oedd un ohonynt – dim un o gwbl – yn nodi bod y Gymraeg yn sgìl hanfodol. I mi, roedd hynny'n dangos mai diben yr uned gyfieithu oedd galluogi'r cyngor i barhau i weinyddu'n fewnol yn gyfan gwbl drwy gyfrwng y Saesneg. Byddai'r cyngor yn dirprwyo'i holl gyfrifoldeb am y Gymraeg i'r uned gyfieithu, ac yn gallu ticio'r bocs i nodi bod popeth pwysig a pherthnasol yn digwydd yn ddwyieithog. Ticio bocsys – dyna elfen arall y gwaith. Ôl-nodyn, ôl-ystyriaeth oedd y Gymraeg. Roedd siaradwyr Cymraeg rhugl yn gwneud eu gwaith yn Saesneg, ac yn ei yrru i gael ei gyfieithu wedyn – dyna oedd diwylliant y sefydliad yn ei annog. Cyfieithu oedd yr un tic olaf ar y rhestr.

Mae swyddi cachu rwtsh i'w cael bron ym mhob sefydliad ym mhob sector. Maen nhw mor niferus, mor gyffredin, ac mor niweidiol i iechyd pobl ac i'r amgylchedd nes bod cael gwared arnyn nhw'n flaenoriaeth wleidyddol. Nid yw swyddi fel hyn yn gyfyngedig i'r diwydiant cyfieithu o bell ffordd – yn wir, un o'r pethau gwaethaf am gyfieithu i gyngor sir oedd amau nad oedd diben ysgrifennu'r hyn a gyfieithid yn y lle cyntaf, a bod llawer o'r bobl a anfonai waith atom ni yn cyflawni swyddi cachu rwtsh eu hunain. Nid lladd ar gyfieithwyr nac ar gyfieithu yn ei hanfod yw fy nymuniad wrth ysgrifennu'r darn hwn, ond tynnu sylw at y ffaith fod defnydd rhy helaeth o gyfieithu yn gwneud mwy o ddrwg nag o les i'r Gymraeg, ei siaradwyr a'r bobl sy'n dymuno'i dysgu.

Dros e-bost y byddem yn anfon gwaith yn ôl at bwy bynnag a ofynnodd amdano, a byddwn yn gyrru'r ffeiliau gyda neges debyg i'r isod:

Dyma'r gwaith wedi'i gyfieithu. / Here's the translation work you requested.
Hwyl,
Elis

Ar ddau achlysur gwahanol, derbyniais ateb a agorai gyda'r geiriau:

Hi, Hwyl

Os gall rhywun fod yn gweithio i awdurdod lleol yng Nghymru heb fod yn ymwybodol o ystyr y gair 'Hwyl' ar ddiwedd e-bost, mae angen gofyn, mewn difri calon, a ydi'r awdurdod lleol hwnnw'n gwneud unrhyw les o gwbl i'r Gymraeg. Mae'n hollbwysig nodi nad y cyfieithwyr eu hunain sydd ar fai am seithugrwydd eu gwaith. Mae pobl yn ymgeisio am y swyddi sydd ar gael, ac mae llawer o swyddi cyfieithu ar gael gan fod penderfyniad gwleidyddol wedi'i wneud, yn dilyn Deddf Iaith 1993, mai'r ffordd hawsaf i awdurdodau lleol fodloni gofynion y ddeddf honno yw cyflogi llawer o gyfieithwyr. Dyna hanfod y broblem, mewn difri – mae sefydliadau cyhoeddus ar draws Cymru'n meddwl mwy am sut i fodloni'u safonau Cymraeg yn hytrach na sut i hybu'r iaith mewn ffyrdd gwirioneddol ystyrlon. Dylid pwysleisio nad yw cyfieithu yn sgìl ddiwerth ynddi'i hun chwaith: nid peth hawdd yw trosi darn o un iaith i iaith arall, ac mae cyfieithwyr da yn feistri ar ddefnyddio iaith, ar ddehongli gwybodaeth, ar gyfleu syniadau.

Ond mae'r ffaith fod cynifer o bobl ddeallus yn cael eu cyflogi gan gynifer o sefydliadau i wneud gwaith nad oes gwir angen ei wneud yn sgandal. Roedd greddf athrawon yn amlwg yn llawer o'm cydweithwyr yn y cyngor sir – byddai dweud wrth eu hanner, hyd yn oed, am ddysgu Cymraeg i gynifer â phosib o weithwyr y cyngor yn llawer mwy buddiol na gofyn iddyn nhw gyfieithu drwy'r dydd. Roedd yna gydweithwyr imi'n sgrifennu caneuon, yn canu mewn corau, yn aelodau o bwyllgorau, yn trefnu steddfodau, yn llywodraethwyr ysgolion, yn mynd i sesiynau sgwrsio gyda phobl sy'n dysgu Cymraeg, yn darllen llyfrau ac yn sgrifennu pethau treiddgar amdanyn nhw, yn trefnu boreau coffi. Roedden nhw'r math o bobl y mae eu cymunedau nhw'n diolch amdanyn nhw. Ac roedd pob un yn rhoi mwy o hwb i'r Gymraeg yn ystod eu hamser rhydd nag yn ystod eu horiau gwaith.

Fel y nodwyd uchod, dylai mynd i'r afael â phroblem swyddi cachu rwtsh fod yn flaenoriaeth wleidyddol oherwydd y drwg y maent yn ei wneud. Maent yn niweidiol i iechyd pobl – yng ngeiriau Graeber: 'This is a profound psychological violence here. How can one even begin to speak of dignity in labor when one secretly feels one's job should not exist?' (t. xviii) – ac i'r amgylchedd: 'in ecological terms, a mass reduction of working hours is probably the quickest and easiest thing that could be done to save the planet' (t. 194). Byddai dargyfeirio'n hymdrechion dros yr iaith i ffwrdd oddi wrth gyfieithu corfforaethol yn gwneud lles i'r Gymraeg hefyd, ac mae'n bryd inni wynebu hynny.

# 'Codi'r allwedd':
# Cyfieithu dramâu
# Saunders Lewis i Bwyleg

## Marta Listewnik

Y LLYNEDD, CYHOEDDWYD CYFROL A oedd yn cynnwys cyfieithiadau Pwyleg o dair drama gan Saunders Lewis: *Blodeuwedd, Siwan* ac *Esther (Saunders Lewis. Dramaty: Blodeuwedd, Siwan, Estera*, Łódź: Officyna 2024), y tro cyntaf i waith yr awdur gael ei gyhoeddi yng Ngwlad Pwyl. Yn yr ysgrif hon, hoffwn fyfyrio ar fy mhrofiad o gyfieithu'r campweithiau hyn, gan ganolbwyntio ar strategaethau addasu diwylliannol; credaf y gall y pwnc fod o ddiddordeb i'r rhai sy'n ymddiddori mewn cyfieithu llenyddol wrth ystyried prinder cymharol cyfieithiadau ffuglen Gymraeg i ieithoedd heblaw Saesneg. Fel man cychwyn, hoffwn ddyfynnu sylwadau Saunders Lewis ei hunan am waith cyfieithydd llên a roddodd mewn erthygl o 1951, teyrnged i'r Athro T. Hudson-Williams a'i drosiadau o ddramâu Tshecof:

> Y mae dramâu'n bod, a'r rheini'n ddramâu mawrion, y gellir eu cyfieithu, neu y llwyddodd rhyw athrylith i'w cyfieithu i iaith arall. Y mae llawn cynifer o ddramâu mawrion, campweithiau dramatig o'r rheng flaenaf oll, nas cyfieithwyd yn llwyddiannus i unrhyw iaith arall ac nad yw'n debyg y gellir fyth eu cyfieithu. [...] Y mae llenyddiaeth pob cenedl hen yn gyfrinach fawr. Eithriad yw'r estron yr agorer y gyfrinach iddo. Cymwynas arbennig y cyfieithwyr da yw helpu pobloedd gwareiddiad i amgyffred

cymhlethdod eu gwareiddiad, a gweld fod gan bob llenyddiaeth drysorau ysbrydol y bydd y ddynoliaeth yn colli eu dylanwad i fesur onid erys pobl y bydd iaith y llên honno yn dreftadaeth iddynt. Y mae pob llenyddiaeth yn gyfrinach y mae'r allwedd iddi dan garreg drws teulu a phentref a bro a gwlad. Dod i mewn i'r teulu yw medru codi'r allwedd ac agor y drws.[1]

Gwelir yn y darn hwn bod Lewis yn amau gallu'r cyfieithydd i gyfleu trysorau un llenyddiaeth mewn iaith arall yn gwbl effeithiol. Wrth ddarllen yr erthygl yn ofalus, mae'n glir hefyd mai trosi llenyddiaeth Gymraeg i Saesneg oedd prif bwnc myfyrdod Lewis. A dyma ei gasgliad ef: 'nid cyfieithu yw'r maen prawf ar gamp drama; nid y Saeson a fedr roi barn ar ddramâu Cymraeg'. Er nad ei ddramâu ei hunan oedd ar feddwl yr awdur, mae'n debyg, tybed nad ydy'r honiad yn berthnasol iddyn nhw hefyd? Wedi'r cyfan, nodweddir dramâu mawrion Lewis gan elfennau a all beri cryn dipyn o drafferth i gyfieithwyr: y cefndiroedd hanesyddol a llenyddol cymhleth, cyfeiriadau at faterion cyfoes Cymreig, ac, wrth gwrs, yr iaith ei hun, Cymraeg cain, barddonol. Os trosiadau Saesneg oedd testun pryder Lewis, adnabuwyd rhai anawsterau cyfieithu i'r iaith hon gan Ioan Williams yn ei gyfrol *A Straitened Stage*:

> The problems of translating from Welsh to English are very considerable and I have to confess that I despair of ever being able to present anything resembling a proper English equivalent of the dignified, muscular yet familiar dialogue which runs throughout his later plays. The difficulty is not merely linguistic, of course, but arises from the fact that the literary and cultural registers of the two countries are so very different, so different as to seem at times even mutually hostile.[2]

Dyma un darn o dystiolaeth nad ar chwarae bach y ceisir cyflwyno arddull Saundersaidd i ddarllenwyr tramor heb golli rhywfaint o ysbryd unigryw yr awdur. Wedi darllen nifer o gyfieithiadau Saesneg dramâu Lewis, tueddaf i gytuno â Williams ynglŷn â 'chyweiriau llenyddol a diwylliannol' hollol wahanol sy'n effeithio i raddau ar y trosiadau.

Ymddengys ar yr olwg gyntaf y gall hynny fod yn wir am y Bwyleg hefyd. Ystyriwn rai o'r prif anawsterau, megis pellter daearyddol a diwylliannol rhwng Gwlad Pwyl a Chymru a phrinder nodweddiadol llenyddiaeth Gymraeg yn y Bwyleg (a *vice versa*). Mae diffyg traddodiad cyfieithu yn arwain yn naturiol at ddiffyg gwybodaeth gyffredinol am ddiwylliant Cymreig ymysg darllenwyr o Bwyl. Hyd yn weddol ddiweddar, storïau'r Mabinogion oedd yr unig destunau Cymraeg a oedd wedi'u cyfieithu i Bwyleg, ond tair chwedl yn unig a droswyd yn uniongyrchol o Gymraeg gan Elżbieta Nogeć ac Andrzej Nowak yn 1997 a 2008.[3] O ran llenyddiaeth gyfoes, dim ond pedwar o'm cyfieithiadau innau sydd ar gael hyd yn hyn: *Un Nos Ola Leuad* Caradog Prichard (*Jedna księżycowa noc*, 2017), *Pum Cynnig i Gymro* John Elwyn Jones (*Uciekałem pięć razy*, 2017) *Llyfr Glas Nebo* Manon Steffan Ros (*Niebieska księga z Nebo*, 2019) ac *Y Dydd Olaf* Owain Owain (*Ostatni dzień*, 2024).[4] Cyhoeddwyd nifer bychan o gerddi Cymraeg yma ac acw hefyd.[5] Ar hyn o bryd, felly, yr wyf mewn sefyllfa go anarferol o fod ar fy mhen fy hunan wrth geisio 'codi'r allwedd', chwedl Saunders Lewis, a mentro agor y drws i fyd llenyddiaeth Gymraeg i fy nghydwladwyr. Gall hynny fod yn her, yn sicr, ond mae'n fraint ac yn ddyletswydd hefyd, a hynny oherwydd y rhyddid sydd gennyf i ddewis testunau rwyf yn eu hystyried yn fwyaf addas i'w cyflwyno i gynulleidfa Bwylaidd.

Pam dramâu Saunders Lewis? Trown yn ôl at y pwynt uchod: yr anawsterau sy'n ymwneud â phellter a dieithrwch cyd-destunau diwylliannol, yn arbennig y pwyslais ar y lleol sydd mor gryf mewn llenyddiaeth Gymraeg gyfoes. Yn ddigon annisgwyl i rywun, efallai, wrth feddwl am Saunders Lewis, ymddengys imi fod rhai o'r anawsterau arferol yn llai dilys. Wrth feddwl am rai agweddau ar gymeriad a gwaith yr awdur: ei feddylfryd arwrol, hunanaberthol, ei gysylltiad cryf ag etifeddiaeth a llenyddiaeth Ewropeaidd, ei ffydd Gatholig, a hefyd ei gefndir cymdeithasol, y dosbarth y gellir ei ddisgrifio yn nhermau Canol-Dwyrain Ewrop fel deallusion (*inteligentsia*), sylweddolir bod y rhain oll yn rhan anhepgor o hanes llawer o awduron Pwylaidd yr ugeinfed ganrif. Ni chaniatâ prinder lle i mi fanylu ar y pwnc – digon yw dweud yr ystyriaf Lewis yn un o awduron mwyaf 'Canol-Ewropeaidd' Cymru, ac y gall llawer o'r hyn a ysgrifennodd ef a ymddangosai'n 'estron' i'w gyfoedion fod yn gyfarwydd iawn i Bwyliaid. Gwelaf gynnyrch Lewis, felly, fel pont bosib rhwng Cymru a Gwlad Pwyl, a stori'i fywyd ef yn gyflwyniad rhagorol i hanes Cymru yn yr ugeinfed ganrif.

Cyfarwyddwyd fy newis o *Blodeuwedd*, *Siwan* ac *Esther* o blith holl weithiau Lewis gan chwilio am y cydbwysedd hwn rhwng y cyfarwydd a'r newydd. Ar y naill law, mae'r tair drama gain a chyffrous yn cyffwrdd â nifer fawr o themâu cyffredinol, fel cariad, rôl gymdeithasol merched, perthynas dyn â natur, dyletswydd, dewrder a gwladgarwch. Yn achos *Esther* ceir hefyd broblem fwy penodol ond perthnasol iawn yng Nghanol-Dwyrain Ewrop, sef erlid Iddewon a gwrthsemitiaeth. Credaf y gall y themâu cyffredin dirnadwy hyn hyrwyddo mynediad i'r agweddau ar y dramâu a fydd yn gwbl estron i Bwyliaid, fel elfennau o gefndiroedd y dramâu: y mytholegol yn *Blodeuwedd*, yr hanesyddol yn *Siwan* ac – i raddau – y gwleidyddol yn *Esther*.

Wedi esbonio'r rhesymau dros ddewis y tair drama, hoffwn ymhelaethu ar y strategaethau cyfieithu a ddefnyddiais i geisio ail-greu i ddarllenwyr yn fy mamwlad yr argraff ddofn a wna'r dramâu arnaf fi. O ran theori cyfieithu, y syniad sydd agosaf at fy nghalon yw'r *dominanta semantyczna*, y 'llywydd semantig', damcaniaeth a luniwyd gan y cyfieithydd adnabyddus o Bwyl Stanisław Barańczak yn 1992.[6] Yn nhyb Barańczak, mae gan bob testun barddonol o leiaf un elfen 'lywyddol' sy'n llywodraethu cynnwys a ffurf y testun ar yr un pryd. Gwaith cyfieithydd yw dod o hyd i'r elfen neu'r elfennau a sicrhau eu bod yn cael eu cadw yn yr iaith darged – a hynny ar draul elfennau eraill, os oes angen. Mae'r rheol hon, er iddi fod yn ddadleuol o achos ei helfen oddrychol, yn ddefnyddiol iawn wrth gyfieithu llenyddiaeth. Beth oedd y llywydd i mi, felly, wrth gyfieithu dramâu barddonol Lewis? Mae'r ateb yn ddigon syml: y *genre* ei hunan, drama farddonol,[7] sy'n arwain at ddwy egwyddor benodol:

1. nid testun ysgrifenedig yn unig ond gwaith i'w ddehongli gan gyfarwyddwr a'i berfformio o flaen cynulleidfa fyw ydyw'r testun: rhaid felly iddo fod mor ddirnadwy â phosib ar y gwrandawiad cyntaf (gan gofio nad yw rhai elfennau dramâu Lewis wedi bod yn hollol ddealladwy i gynulleidfaoedd Cymraeg erioed);
2. gan fod barddoniaeth yn rhan anhepgor o'r modd y mae'r cymeriadau yn mynegi eu teimladau a'u meddyliau rhaid cadw cymaint â phosib o'r elfennau barddonol.

Ymddengys problem anodd ei datrys yma. Mae'r rheolau hyn yn galw yn naturiol am rywfaint o addasu, yr hyn a elwir domestigeiddio mewn theori cyfieithu,[8] a daw hynny â'r perygl o amharchu'r gwreiddiol, colli gormod o 'hen gyfrinachau', a dyfynnu Lewis eto. Un ffordd weddol effeithiol i leihau'r niwed yw ychwanegu meta-wybodaeth am yr hyn sydd ar goll, er enghraifft trwy ôl-nodiadau a rhagarweiniadau. Y broblem yw y bydd y rheini ar gael i ddarllenwyr y gyfrol yn unig, nid i gynulleidfa fyw. Nid oes datrysiad syml i hynny. Efallai yn y pen draw, gwaith cynhyrchwyr theatrig posib – yng Ngwlad Pwyl fel yng Nghymru gyfoes – yw dod o hyd i ffordd effeithiol i drosglwyddo gwybodaeth gefndirol yn nramâu Lewis i'r gynulleidfa fodern.

Trof yn awr at ddangos enghreifftiau penodol o addasu'r testunau i'r iaith a'r diwylliant targed, gan ddechrau gydag agweddau ieithyddol *Blodeuwedd*. Hon oedd y ddrama fwyaf heriol o'r tair o ran iaith a rheswm amlwg am hynny yw mai drama fydryddol ar fesur di-odl (gan amlaf pumban iambig) ydyw. Nid oedd dewis y mesur addas yn yr iaith darged yn achosi gormod o benbleth oherwydd traddodiad hir ac ysblennydd o gyfieithu dramâu Shakespeare i Bwyleg. Yn ôl yr arfer, mesurau 11 sillaf a 13 sillaf sydd fwyaf effeithiol (nid acennau ond sillafau a gyfrifir mewn barddoniaeth Bwyleg fel arfer). Ar ôl ychydig o arbrofi ac ystyried hyblygrwydd arddull Lewis, penderfynais ddefnyddio'r ddau: mae 13 sillaf yn helpu i gyfleu'r holl gynnwys semantig mewn monologau hir, godidog tra bod 11 sillaf yn effeithiol mewn deialogau bywiocach. Eto, ni ellid osgoi problemau cyffredin wrth gyfieithu o iaith 'fer', fel Cymraeg, â chyfoeth o eiriau unsillafog, i iaith 'hir', fel Pwyleg, sy'n llawn o eiriau aml-sillafog. O ganlyniad, roedd angen torri un llinell yn ddwy ambell waith: e.e. trodd 'Daliwyd na hydd na merch erioed gan ofn'[9] yn 'Strach jeszcze nigdy nikomu nie pomógł:/Ani myśliwym, ani też kochankom' (yn llythrennol 'Ni helpodd ofn neb erioed,/ na helwyr, na chariadon').

Problem ieithyddol arall oedd y cyflythrennu y mae Lewis yn hoff o'i ddefnyddio i addurno'r testun. Weithiau mae cyflythreniadau'n dod yn naturiol, fel yn: 'Un ewyllys sydd/ Mewn *dail* a *dynion*'[10] – 'Ta sama wola tkwi/W *ludziach* i w *liściach*'. Weithiau mae eu hepgor nhw yn angenrheidiol er mwyn cadw prif neges y gwreiddiol, e.e.: '[...] Gyda hwy/ Cei sicrwydd *câr* a *chyfaill* a *chywely*' – 'U ludzi czeka cię/ Pewność *więzi rodzinnych, przyjaźni, małżeństwa*'.[11] Yn anffodus, yn y pen draw, ni all cyfieithydd ond dibynnu ar gyd-ddigwyddiad ffodus i ddod o hyd i gydseiniadau addas.

Ar wahân i anawsterau ieithyddol, yr oedd rhai sy'n gysylltiedig â'r cefndir diwylliannol, yn enwedig yn *Blodeuwedd* a *Siwan*, lle mae Lewis ar ei orau yn tynnu'r gynulleidfa i mewn i fydoedd y Mabinogi a'r Gymru ganoloesol. Wrth reswm, gwaith cyfieithydd yw hwyluso mynediad i'r bydoedd hyn nid yn unig i ddarllenwyr cyffredin ond hefyd i gyfarwyddwyr a hoffai gynhyrchu'r dramâu. Yn sgil hynny, ychwanegais wybodaeth swmpus at y gyfrol, gan gynnwys braslun o fywgraffiad yr awdur a'i waith theatrig, rhagarwciniad manwl i bob drama, yn esbonio eu cefndiroedd (y Mabinogi, hanes Llywelyn Fawr, rhai agweddau ar Lyfr Esther) a thrafod dehongliadau gwahanol o'r stori yn hanes beirniadaeth lenyddol a pherfformio yng Nghymru. Ar ben hynny, penderfynais gyfieithu Pedwaredd Gainc y Mabinogi o'r newydd a'i hychwanegu fel atodiad ar ddiwedd y llyfr, er mwyn i ddarllenwyr allu dod yn gyfarwydd â'r stori gyffrous sydd y tu ôl i gymeriadau Lewis a gwerthfawrogi ei gamp yn addasu'r chwedl.

Er yr holl wybodaeth ychwanegol y gellir ei chynnig, ceisiais beidio ag anghofio am y 'llywydd' y soniais amdano, yr angen i ddramâu fod yn ddealladwy wrth gael eu clywed, sy'n galw am ryw gydbwysedd rhwng y cynefin a'r estron. Mewn ambell le, ymddangosai mai'r dechneg ddomestigeiddio (addasu elfennau estron i ddiwylliant targed) oedd y dewis gorau. Cyflwynaf un enghraifft, darn o ymgom Llew Llaw Gyffes ar ddiwedd Act IV *Blodeuwedd*: 'Buost flwyddyn gron yn darpar f'angau i,/ Blwyddyn lawn meddiannaist ti fy ngwely,/ Fy nghaer, f'arglwyddiaeth, a'r hanner ellyll acw/ Fu ar enw gwraig i mi […]'.[12] *Hanner ellyll* yw'r ymadrodd yr wyf am ei drafod yma. Mae nifer fawr o greaduriaid ffantastig y gellir eu defnyddio yn y cyfieithiad (gweler Geiriadur Prifysgol Cymru am dros ddwsin o gyfieithiadau Saesneg). O'r holl bosibiliadau, dewisais air sy'n tarddu o fyd chwedlau Slafaidd, sef *dziwożona*: 'Przez rok okrągły szykowałeś mi mój zgon,/ Przez cały rok panowałeś w moim łożu,/ Na moim zamku, włościach, wraz z tą dziwożoną,/ Którą zwałem małżonką.' Creadur benywaidd maleisus oedd y *dziwożona* yn llên gwerin Gwlad Pwyl, ellyll a fyddai'n erlid mamau ifanc a herwgipio babanod.[13] Er nad oes fawr o debygrwydd rhyngddi hi a Blodeuwedd, cystrawen y gair ac nid ei ystyr manwl a berodd i mi ei ddefnyddio. Mae'n cynnwys dwy elfen: *dziwo-*, 'rhyfedd', a *żona*, 'gwraig'. 'Gwraig ryfedd' yn llythrennol, felly, ond mae'r elfen 'dziwo' yn gallu atgoffa rhywun hefyd o'r gair *dziwka*, 'putain', 'hwren'. Roedd yr ystyr llythrennol ynghyd â'r cysylltiad anuniongyrchol negyddol at fenyw yn gwneud y gair yn berffaith yn fy nhyb i i'w ddefnyddio wrth i Llew fynegi ei lid am y godineb ac i greu gwrthdrawiad effeithiol gyda'r gair ffurfiol *małżonka* am 'gwraig' yn y llinell olaf.

Un o'r meysydd amlycaf lle ymddengys problemau addasu yw cyfieithu enwau priod. Tueddiad cyffredin cyfoes yw eu cadw nhw yn eu ffurf wreiddiol, ond nid ydyw'r rheol yn ddilys bob tro. Enghraifft amlwg yw enwau cymeriadau yn *Esther*, lle'r oedd angen defnyddio ffurfiau a geir yn y cyfieithiad Pwyleg o'r Beibl. Er ei bod hi'n swnio fel tasg hawdd, perodd ychydig o benbleth mewn gwirionedd oherwydd bod mwy nag un ffurf am rai o'r enwau Beiblaidd mewn cyfieithiadau gwahanol, e.e. Mordechaj/ Mardocheusz am Mordechai yr Iddew, Aswerus/Achaszwerosz am y brenin Ahasferus. Yn y pen draw penderfynais ddewis yr enwau â'r rhythm agosaf at y geiriau cyfatebol Cymraeg, a'r rhai hawsaf i'w hynganu, a dyma'r reswm dros ddewis y ffurfiau 'Mordechaj' ac 'Aswerus' er eu bod yn dod o gyfieithiadau gwahanol o'r Beibl.

Achos arall lle'r oedd angen addasu oedd enwau arwyddocaol yn *Blodeuwedd*. Yn sgil llinellau sy'n cyfeirio'n uniongyrchol at ystyr yr enwau fel: ''Fynna' innau ddim/Fy nal fel ewig yng nghrafangau'r Llew' neu 'Ai felly y cei di ryddid, fy Ngronw pefr?',[14] troes Llew Llaw Gyffes yn Lew Zręcznoręki a Gronw Pebr yn Gronu Piękny. Ar y llaw arall, methiant oedd ceisio trosi enw Blodeuwedd. Daeth yn amlwg wrth gyfieithu fod anghenion y mesur yn galw am air cyfatebol nid hwy na thair sillaf. Roedd yr unig drosiad rhesymegol a ddaeth imi, 'Kwiatolica' (*kwiaty*, 'blodau', *lica*, 'gwedd') nid yn unig yn bedair sillaf, ond yn swnio'n anobeithiol o hen ffasiwn a thrwsgl i'm clust. Nid oedd fawr o ddewis ond cadw'r enw gwreiddiol Cymraeg a thalu'r pris o golli rhan o arwyddocâd brawddegau fel 'Ond merch y blodau ydwyf i, Flodeuwedd'[15] a'r perygl i'r enw beri dryswch i actorion wrth ei ynganu (nid yw'r sain 'dd' yn bodoli yn y Bwyleg). Yr unig beth y gellid ei wneud am hynny oedd rhoi cyfarwyddiadau ynghylch yr ynganiad mewn troednodyn ac ychwanegu adran ar ddiwedd y llyfr sy'n esbonio sillafu a seiniau Cymraeg fel cymorth i berfformwyr.

Siwan a'i chymeriadau hanesyddol oedd y ddrama fwyaf dryslyd o ran cyfieithu enwau. Ar y naill law, roedd rhaid ystyried traddodiad ysgrifau hanes Pwyleg sy'n addasu rhai enwau unigolion enwog: ceir y brenin Henryk, nid Henry/Henri, felly, ac yn amlwg cyfieithir Llywelyn Fawr fel Llywelyn Wielki. Beth wedyn am Siwan a Gwilym Brewys? Os crybwyllir nhw mewn ffynonellau Pwyleg o gwbl, Joan neu Joanna a William de Braose ydynt. Ond unwaith eto, effaith ddramatig, nid cysondeb â chrybwylliadau prin mewn llyfrau hanes, a arweiniodd fy newis yn y diwedd. Penderfynais mai'r peth pwysicaf i gynulleidfa ei ddeall yw'r gwrthdrawiad rhwng dau ddiwylliant, Cymreig a 'Ffrengig', a geir yn y ddrama. Cedwais, felly, yr enw Siwan oherwydd dyna sut y cyfeirid ati yn llys Llywelyn yn nychymyg yr awdur ond troais Gwilym Brewys yn William de Braose i bwysleisio ei gefndir Eingl-Normanaidd.

I derfynu yr ysgrif fer hon, hoffwn sôn am fath o anhawster diwylliannol eithaf annisgwyl a gododd wrth gyfieithu Esther. Soniais o'r blaen am y ffaith y gall lle amlwg y grefydd Gatholig yng Ngwlad Pwyl hwyluso dealltwriaeth o'r elfen grefyddol yng ngweithiau Saunders Lewis. Yn wir, wrth gyfieithu Siwan a golygfa crogi Gwilym Brewys yn Act II, er enghraifft, ni welais angen i esbonio cyfeiriadau'r awdur at y Forwyn Fair, Sant Ffransis, dyfyniadau o'r Litaniae Sanctorum ac yn y blaen. Yn y ddrama Feiblaidd Esther, wrth reswm, ceir nifer enfawr o gyfeiriadau crefyddol hefyd: nid at yr Hen Destament yn unig, ond weithiau, yn anachronistaidd, at y Testament Newydd a Chatholigiaeth. Mae un o'r cyfeiriadau ar ddiwedd y ddeialog serchus ganlynol yn Act II:

> ESTHER: Ahasferus!.... Fy anwylyd!
> AHASFERUS: Gosod fi fel sêl ar dy galon, fel sêr ar dy fraich.
> ESTHER: Yr awr hon a hyd awr fy angau, amen.[16]

Uchafbwynt y ddeialog yw'r tair llinell hyn. Adeilada'r awdur y dyfnder ysbrydol a'r tensiwn emosiynol rhwng y cariadon drwy ddyfynnu Caniad Solomon, a hynny'n cael ei ddilyn gan linell sy'n cyfeirio at derfyniad y weddi *Henffych well, Fair:* 'yr awr hon ac yn awr ein hangau, amen'. Dichon mai creu cysylltiad rhwng Esther a Mair ac ychwanegu rhyw ddimensiwn efengylaidd i gymeriad yr arwres Iddewig yw pwrpas y dyfyniad. Tybiaf na fyddai geiriau'r weddi yn hollol amlwg i ran o'r gynulleidfa Gymraeg pan ysgrifennodd Lewis y ddrama, ac nad ydynt heddiw. Ond nid oes gweddi fwy poblogaidd na *Zdrowaś Maryjo* yng Ngwlad Pwyl, lle mae cwlt y Forwyn Fair wedi bod yn arbennig o gryf dros ganrifoedd,[17] a bydd pawb, boed yn grediniwr ai peidio, yn adnabod y cyfeiriad yn syth. Yn sgil hynny, caem effaith weddol od pe cyfieithem y llinell i Bwyleg wrth ddilyn geiriau'r weddi'n fanwl: 'Teraz i w godzinę śmierci mojej, amen'. I'm clust i, o leiaf, byddai'r llinell felly'n swnio'n drwsgl a bron yn gableddus, yn fwy fel parodi ar y weddi na mynegiant o gariad dwys. I ddatrys y broblem a chadw effaith y gwreiddiol, dewisais newid ychydig bach mwy ar gystrawen y frawddeg fel na fyddai'n swnio fel dyfyniad uniongyrchol ond yn rhywbeth naturiol sy'n codi o galon Esther: 'Tak teraz, jak i w godzinie mojej śmierci, amen.'

Gobeithiaf y dengys yr enghreifftiau uchod rai tensiynau y mae'n rhaid delio â nhw wrth gyfieithu testunau gyda chefndir diwylliannol cyfoethog. Ar y naill law, gall cyfieithydd straffaglu wrth geisio agor y drysau i fydoedd estron yr iaith a'r diwylliant.

Ar y llaw arall, weithiau mae hyd yn oed agosrwydd diwylliannol yn gallu bod yn gyfaill twyllodrus. Galwodd Ioan Williams *Siwan* yn 'fuddugoliaeth cyfaddawd'.[18] Yn y pen draw, cyfaddawd yw pob cyfieithiad hefyd, a'r gynulleidfa yng Ngwlad Pwyl fydd yn penderfynu ai gwir fuddugoliaeth yw f'ymdrechion i gyfieithu'r tair drama hyn gan Saunders Lewis ynteu a yw'r allwedd yn dal yn sownd o dan y trothwy.

# Taith *Cara* o'r dechrau'n deg

## Meinir Wyn Edwards[1]

*C*ARA – CYLCHGRAWN GAN fenywod ac am fenywod. Dyna'n gryno yw holl ethos *Cara*. Mae'n gylchgrawn i bobl o bob oed, a'n nod yw rhoi llais a llwyfan mewn meysydd amrywiol sy'n cwmpasu bywydau menywod Cymru heddiw yn eu holl ogoniant. Ers pan oeddwn i'n blentyn, mae cylchgronau wedi bod yn fy niddanu a'm hudo. O ddyddiau diniweidrwydd *Twinkle* a *Bunty* yn y 1970au – a dyna fi wedi datgelu fy oed yn syth! – i'r colur cynnil a ffasiwn y sgertiau ra-ra a'r leg-warmers yn *Fab*. Breuddwydio wedyn yn fy arddegau cynnar am y sêr canu pop a theledu yn *Blue Jeans*, *My Guy* a *Jackie* – beth mae David Cassidy yn ei wneud erbyn hyn, tybed? – a darllen erthyglau a llythyrau am iechyd, am berthynas a chariad cyntaf. Ac mae 'nghalon i'n curo ychydig yn gynt hyd yn oed heddiw wrth weld llun o Donny Osmond …

Yna, ar ddechrau'r 1980au, aeth y cynnwys yn fwy *risqué* gyda chylchgronau fel *Cosmopolitan*, rhywioldeb yn ffynnu a'r gair '*sex*' ar glawr pob rhifyn. Daeth pŵer menywod i amlygrwydd, yn eu siwtiau busnes a'u padiau yn y 'sgwyddau – ydych chi'n cofio Joan Collins yn *Dynasty*? Daeth Nancy Reagan a'r Dywysoges Diana wedyn â'u siwtiau 'gwrywaidd' oedd yn symbol o statws, hyder a llwyddiant, a menywod yn dod yn fwyfwy cyffredin ym myd cyllid a busnes a gwleidyddiaeth, yn ogystal â'r byd cerddoriaeth a ffasiwn.

Dyma ddechrau cyfnod y selébs, yn enwedig ym myd ffasiwn a chanu pop, ac edrychwn ymlaen yn eiddgar at weld eiconau fel Madonna a Cindy Crawford rhwng y cloriau i gael gwybod am y steil a'r *fad* diweddaraf, a chael cipolwg ar eu bywydau prysur wrth iddyn nhw deithio'r byd. A finnau'n mynd ar y daith gyda nhw yn fy stafell wely fach glyd yn Sir Benfro.

Heb anghofio'r cylchgronau *Pais* ac *Asbri*, wrth gwrs – Mam yn eu prynu a finnau'n eu bachu cyn iddi hi gael cyfle! A chwaraeodd *Sgrech* ran allweddol yn fy mywyd i drwy'r wythdegau wrth i fi fynd o un gìg i'r llall, a Noson Wobrwyo *Sgrech* yn uchafbwynt y flwyddyn yn y sin roc a phop, cyn bod sôn am unrhyw Faes B.

A hyd yn oed heddiw, os oes gen i benwythnos gweddol rydd, neu 'mod i'n mynd ar daith drên hir, trît go iawn yw prynu cylchgrawn llawn lliw a sglein a chael ymgolli rhwng y cloriau. Weithiau bydd amrywiaeth *Company* neu *Red* yn denu, ond bryd arall, bydd cylchgronau mwy arbenigol yn mynd â fy mryd, pan fydda i'n chwilio am ysbrydoliaeth ar gyfer addurno'r tŷ neu'r ardd, neu angen syniadau ar gyfer prydau bwyd gwahanol, dillad ar gyfer achlysur arbennig, neu lefydd egsotig i fynd iddyn nhw ar wyliau. Yn aml iawn, mae'r holl argymhellion sy'n cael eu cynnig ymhell y tu hwnt i'm cyllideb i, ond mae'r lluniau lliwgar a'r penawdau *punchy* ar y cloriau yn denu, ac alla i mo'u gwrthod!

A dwi'n cofio pan oedd Efa, fy merch, a chyd-sylfaenydd *Cara*, yn prynu cylchgronau o bob math wrth dyfu – o *Girl Talk* ar ddiwedd y nawdegau i *Mizz* a *Sugar* ar ddechrau'r mileniwm newydd. Roedden nhw'n llawn gwybodaeth ddefnyddiol i ferched ifanc, ac roedd hi wrth ei bodd yn eu darllen ac yn dysgu yn ystod ei blynyddoedd ffurfiannol. Ar y pryd, digon diniwed oedd y cynnwys ar yr wyneb, ond o edrych yn ôl heddiw, efallai fod y cylchgronau hyn wedi ailadrodd syniadau oedd yn niweidiol ar y pryd, fel mynd ar ddeiet a bod yn ddeniadol i ddynion, heb sôn am yr heteronormadedd. Roedd y normau harddwch yn eithaf niweidiol hefyd, gyda merched ifanc, gwyn, tenau, a'r rheini byth yn anabl, ar y cloriau fel arfer! Er bod y sefyllfa wedi gwella yn gyffredinol ym maes cylchgronau ers hynny, mae hyn yn bendant yn rhywbeth y mae *Cara* eisiau ei ddiosg yn ein cylchgrawn ni. Rydyn ni am i fenywod fod yn nhw eu hunain, a dangos yr amrywiaeth o fenywod sydd yng Nghymru a thu hwnt.

Ond wrth i ni'n dwy edrych yn ôl a hiraethu am y dyddiau a fu, rwy'n sylweddoli mai'r un pynciau sy'n codi yn y cylchgronau ers degawdau. Mae ffasiwn, colur, cerddoriaeth, teithio, bwyd, iechyd, a gweld merched yn llwyddo ym mhob maes, yn ganolog i bob un. A dyna'r pynciau hefyd sy'n hollbwysig i gylchgrawn *Cara*.

Pan wnes i sôn wrth Efa, ryw saith mlynedd yn ôl, am fy mreuddwyd o ddechrau cylchgrawn Cymraeg, daeth hi i'r amlwg ein bod ni'n dwy'n rhannu'r un dyhead. Ein dymuniad oedd creu deunydd darllen poblogaidd, yr iaith yn hawdd ei deall, y cynnwys yn safonol a digon o amrywiaeth a fyddai'n apelio at bawb. A dyma ni'n mynd ati o ddifri i greu rhifyn sampl 12 tudalen i'w werthu yn yr Eisteddfod Genedlaethol ym Mae Caerdydd yn 2018. Gwerthwyd pob un o'r 400 copi, ac felly roedd hi'n amlwg bod bwlch yn y farchnad ar gyfer cylchgrawn *lifestyle* Cymraeg. Chwe blynedd ers y rhifyn llawn cyntaf, ym mis Ebrill 2019, mae *Cara* yn mynd o nerth i nerth, a'r brand yn tyfu, wrth i ni gynnig cynnyrch a chyhoeddi llyfrau, yn ogystal â pharatoi tri rhifyn y flwyddyn.

Roedd cael diwyg lliwgar yn hollbwysig i ni ac rydyn ni'n ffodus o gael Tanwen Haf fel dylunydd ers y cychwyn cyntaf. Mae hi'n deall i'r dim beth yw anghenion y cylchgrawn a beth sy'n denu'r llygad, ac mae'n llwyddo bob tro i daenu ei hud dros y dogfennau Word a'r lluniau sy'n cael eu hanfon ati, ar ôl eu golygu. O fewn cwta chwe wythnos wedi i'r deunydd crai ein cyrraedd, a'r cyfan wedi ei olygu, ei ddylunio a'i brawfddarllen, mae'r rhifyn yn barod i fynd i'w argraffu. Ond mae'r gwaith comisiynu, a denu hysbysebwyr a thanysgrifwyr, yn parhau'n ddi-dor drwy gydol y flwyddyn.

Mae'r diwyg apelgar, lliwgar, yn gwneud darllen y testun yn haws, a'r ffontiau amrywiol, y ffeithiau ar ffurf pwyntiau bwled mewn bocsys, a'r holl ffotograffau a lluniau yn ddengar i bob oedran. Ond rydyn ni hefyd yn sicrhau bod yr iaith yn amrywiol ac yn ddarllenadwy i bawb.

Mae'n bwysig cael amrywiaeth o gyweiriau iaith o fewn pob rhifyn, a hynny'n adlewyrchu'r math o bwnc sy'n cael ei drafod a'r ystod eang o gyfranwyr sy'n sgwennu i'r cylchgrawn. Mae'r erthyglau materion cyfoes, mwy newyddiadurol eu naws, yn defnyddio iaith ychydig yn fwy ffurfiol. Ond oes, mae 'na eiriau Saesneg o bryd i'w gilydd yn rhai o'r erthyglau a'r colofnau mwy anffurfiol, a geiriau tafodieithol yn y darnau ysgafn, ond mae'n rhaid clywed llais yr awdur yn dod trwodd yn y sgwennu. Mae colofn Lisa Angharad, er enghraifft, yn trafod materion tabŵ, ac yn deillio o'i phrofiad personol hi, ac mae'r iaith yn llafar iawn, fel petai'n siarad yn uniongyrchol â ni, ddarllenwyr. Eto, roedd colofn Ledi G, sef Gwenllian Ellis o Bwllheli, 'Helyntion merch sengl yn y ddinas fawr', yn adrodd ei stori unigryw hi ei hun gan ddefnyddio tafodiaith Pen Llŷn.

Ym mhob rhifyn o *Cara*, mae cyfweliadau ar ffurf cwestiwn ac ateb, fel y cyfresi o erthyglau, 'Mam a Merch' a 'Cymraes Dramor', ac mae'n rhaid i lais naturiol yr awduron ddod drwodd yn glir i'r darllenydd, felly yma eto, mae'r dafodiaith yn cael lle blaenllaw. Ac oherwydd yr ystod oedran eang sy'n driw i *Cara*, mae'n rhaid cadw pawb mewn cof wrth olygu'r deunydd. Efallai fod y gynulleidfa iau wedi arfer darllen iaith lafar, fwy pytiog, a'r rhai hŷn, o bosib, yn fwy cyfarwydd ag iaith fwy ffurfiol a 'safonol' mewn deunydd print. Ond cael y cydbwysedd sy'n bwysig, a pheidio dieithrio cyfran o'r gynulleidfa am fod rhai o'r erthyglau yn rhy heriol. Rhaid cofio hefyd ein bod ni, fel golygyddion sy'n fam a merch, o ddwy genhedlaeth wahanol ac felly'n deall y gwahanol gyweiriau sydd eu hangen.

Cywair gwahanol eto sydd i'r gyfres, 'Cymraes Newydd', lle rydyn ni'n cyfweld â menywod sydd wedi ymrwymo i ddysgu'r iaith a byw eu bywyd trwy gyfrwng y Gymraeg. Brawddegau gweddol fyr a geir yn yr erthyglau hyn, a'r eirfa'n symlach, ac mae'n bwysig i ni ddenu'r cnwd brwdfrydig yma sy'n ymlafnio i ddysgu'r iaith, trwy greu deunydd ysgafn a lliwgar ar eu cyfer.

Rydyn ni hefyd yn darparu rhestr eirfa ar ein gwefan er mwyn helpu'r rheini sy'n llai hyderus o ran yr iaith. A sôn am eirfa, mae *Cara* yn flaengar wrth roi sylw i bynciau a meysydd sy'n weddol ddieithr i'r Gymraeg. Prin iawn yw'r defnydd o eiriau Cymraeg yn y byd colur a phensaernïaeth, er enghraifft, ac mae defnyddio geiriau Cymraeg ar gyfer bwydydd, garddwriaeth neu afiechydon, gyda'r gair Saesneg weithiau mewn cromfachau, yn gyffredin yn *Cara*, er mwyn gwneud y termau newydd yn fwy gweladwy a'u normaleiddio.

Mae denu cynulleidfaoedd amrywiol, fel siaradwyr newydd, wedi bod yn ganolog i *Cara* ers y dechrau. Rydyn ni'n ymwybodol o diwtoriaid dysgu Cymraeg sy'n defnyddio erthyglau yn eu gwersi wythnosol, ac mae ambell ysgol uwchradd wedi tanysgrifio i'r cylchgrawn ac yn ei ddefnyddio er mwyn trafod pynciau penodol yn eu dosbarthiadau. Mae potensial anhygoel i ni fel cylchgrawn i hyrwyddo *Cara* mewn ysgolion, ac mae'n hanfodol cael athrawon ymroddedig, blaengar, sy'n gallu cyflwyno a throsglwyddo holl amrywiaeth y deunydd cyfoes sy'n bodoli yn y Gymraeg i'r disgyblion. Trwy rannu eu harferion darllen personol mae modd i athrawon addysgu'r disgyblion bod posib darllen er pleser, ac nid yn unig ddarllen nofelau a straeon byrion llenyddol eu naws ar gyfer y gwersi ysgol. Trwy ddarllen cylchgrawn hwyliog fel *Cara*, y gobaith yw y bydd hynny'n arwain at awch i ddarllen deunydd mwy swmpus, a gwerthfawrogi llenyddiaeth Gymraeg o bob math.

Nid yn unig denu cynulleidfa newydd i lenyddiaeth Gymraeg yw'r nod gan *Cara*, ond hefyd ddenu a meithrin sgwenwyr newydd. Rydyn ni wedi comisiynu nifer o sgwenwyr o gefndiroedd ethnig gwahanol er mwyn cynrychioli a dathlu'r amrywiaeth amlddiwylliannol sydd yng Nghymru heddiw. Bu erthyglau, er enghraifft, ar Ramadan ac ar briodasau Mwslemaidd, ac mae hyrwyddo hyn ar ein tudalennau Facebook ac Instagram yn arwain at ddenu dilynwyr a darllenwyr newydd. Rydyn ni hefyd yn hybu sgwennu creadigol, ac wedi cynnwys straeon byrion a cherddi gan Grug Muse, er enghraifft, a thair awdures o Ben Llŷn adeg Eisteddfod Genedlaethol Boduan yn 2023. Yn ogystal â hyn, rydyn ni'n clymu'r gwaith creadigol gydag artistiaid benywaidd i greu cywaith o lun a gair. Gwnaeth Luned Aaron gyfres hyfryd i ni o lên feicro a lluniau gwreiddiol mewn tri rhifyn dilynol.

Y llynedd, fe wnaethon ni ailwampio gwefan *Cara* a chynnig galwad agored ar gyfer ein blog, gan roi platfform arall i sgwenwyr. Mae hyn wedi arwain at gael stôr o enwau newydd, pob un â'i stori unigryw i'w hadrodd, ac o hybu'r blogiau ar ein tudalennau cyfryngau cymdeithasol mae'r rhain hefyd wedi denu cynulleidfaoedd newydd a dod â'r cylchgrawn i sylw mwy o bobl. Mae ambell un sydd wedi sgwennu blog hefyd wedi mynd ymlaen i sgwennu erthyglau mwy swmpus ar gyfer y cylchgrawn print. Ac mae rhai o gyfranwyr rheolaidd *Cara* hefyd wedi mynd ymlaen i gyhoeddi cyfrolau. Arweiniodd colofn Ledi G gan Gwenllian Ellis at gyhoeddi'r gyfrol *Sgen i'm syniad: Snogs, Secs, Sens*, ac mae Luned Aaron wedi cyhoeddi cyfrol o straeon byrion, *Porth*, yn ddiweddar. Dyma un o'r pethau rydyn ni fwyaf balch ohono – rhoi llwyfan i sgwenwyr ac artistiaid ddatblygu eu crefft ac arbrofi ar ffurf print, a mynd ymlaen i gyhoeddi a chael darlleniad ehangach i'w gwaith.

A sôn am roi cyfleoedd i sgwenwyr newydd, fe wnaethon ni gynnal cystadleuaeth sgwennu stori fer ar y testun 'Adref' yn ôl yn 2020. Ie, adeg Covid. Cafwyd 30 o straeon ardderchog, gan awduron profiadol yn ogystal ag awduron nad oedden nhw erioed wedi cyhoeddi o'r blaen. Enillydd y gystadleuaeth oedd Marged Elen (sydd wedi cyhoeddi nofel i bobl ifanc ers hynny, sef *Aniq*, un o nofelau cyfres *Y Pump*), ac yn dilyn argymhelliad gan y beirniad, Manon Steffan Ros, penderfynwyd cyhoeddi'r holl straeon mewn cyfrol o'r enw *Adref* ym mis Tachwedd 2020 a chomisiynu'r artist ifanc Lleucu Non i greu delweddau. Mae cymaint o dalent gan fenywod Cymru! Cystadleuaeth arall a gynhaliwyd oedd sgwennu rysáit a thynnu llun i gyd-fynd â'r pryd bwyd. Eto, math gwahanol o sgwennu, ond mae cyhoeddi llyfrau coginio yn ddiwydiant anferthol ynddo'i hun.

Cyfrol arall a gyhoeddwyd dan frand *Cara* yn 2023 oedd *Menopositif: Cara dy hun drwy'r Newid Mawr*, y gyfrol gyntaf yn y Gymraeg i drafod y menopos. Rydyn ni'n rhoi pwyslais arbennig ar iechyd ym mhob rhifyn ac wedi trafod pynciau fel sepsis, alopesia, strôc ac endometriosis, gyda'r dioddefwyr yn sgwennu am eu profiadau yn onest a dewr. Wrth i ni fel golygyddion drafod erthyglau iechyd posib ar gyfer rhifynnau 2023, adeg gwyliau Nadolig 2022, fe soniwyd am y menopos, ond wrth ddechrau ymchwilio i'r pwnc, buan iawn y gwnaethon ni sylweddoli bod o leiaf gyfres o erthyglau yn bosib, ac wedyn penderfynu ystyried y posibilrwydd o gyhoeddi cyfrol arall. Cyhoeddwyd *Menopositif* yn Hydref 2023, gyda chyfranwyr wedi eu comisiynu'n benodol ar gyfer y gyfrol. Roedd y rhain yn gymysgedd o arbenigwyr meddygol – yn defnyddio ieithwedd fwy ffeithiol, arbenigol a ffurfiol – a dioddefwyr, pob un yn sgwennu ei stori unigryw ei hun, yn ei eiriau ei hun, mewn cywair doniol, mwy llafar a ffwrdd-â-hi, eto er mwyn i'r darllenydd glywed llais unigryw yr awdur.

Dim ond un neu ddwy o blith yr ugain o gyfranwyr oedd wedi

gweld eu gwaith wedi ei gyhoeddi mewn print o'r blaen, ond gobeithio y bydd y llwyfan arbennig yma'n eu cymell i ystyried sgwennu mwy yn y dyfodol.

Felly, dyna daith *Cara* hyd at ddechrau 2025. Gan ein bod yn bum mlwydd oed yn 2024, roedden ni eisiau trefnu digwyddiad i ddathlu gwaith ac ethos y cylchgrawn. Ar 4 Mai fe wnaethon ni wahodd 14 o fusnesau sy'n cael eu rhedeg gan fenywod i ddod at ei gilydd yn Ffair Fai Cara yn y Bandstand yn Aberystwyth. Ein bwriad oedd hyrwyddo hunan-les ac iechyd da, gan ddwyn ynghyd amrywiaeth o stondinau a oedd yn cynnig cynnyrch fel eli croen, bwyd a diod Cymreig, canhwyllau a hylif lliw haul, a gwasanaethau fel adweitheg, tylino pen a gwella poen cefn. Gobeithiwn gynnal digwyddiadau fel hyn eto, a bydd croeso i chi ymuno â ni am ddiwrnod o fwynhau a chael ambell drît!

I danysgrifio i gylchgrawn *Cara*,
ewch i www.cara.cymru/tanysgrifio

Facebook ac Instagram: @cylchgrawncara

Gwefan: cara.cymru

# Dylanwadau *Y Delyn Aur*

## Malachy Owain Edwards

CYHOEDDWYD *Y DELYN AUR*, cofiant ffeithiol-greadigol newydd, ar Ŵyl Sant Malachy yn 2023. Hon oedd fy nghyfrol gyntaf ac mae'i chwaer gyfrol eisoes yn cael ei datblygu. Cefais y syniad amdani tra oeddwn yn byw yng Nghaerdydd ac yn ymchwilio i'r broses o wneud cais am ddinasyddiaeth Wyddelig/Ewropeaidd yn sgil Brexit. Roedd y broses o hel gwybodaeth ar gyfer y cais wedi codi llawer o gwestiynau am fy achau a hanes fy nheulu yng Nghymru, yn Llundain, yn Iwerddon ac ym Marbados, ac yn 2018, meddyliais y byddai'n ddifyr sgwennu cyfrol gofiannol oedd yn cyfuno trafodaeth am y broses ymgeisio am ddinasyddiaeth Wyddelig/ Ewropeaidd, Brexit a fy ymateb iddo, ac am fy mhrofiad o hel fy achau Gwyddelig, gan hefyd ymweld â theulu'r ochr yna o'm tylwyth. Cyfrol a fyddai'n dechrau gyda fi'n ceisio am ddinasyddiaeth Wyddelig ac yn diweddu gyda derbyn Pasbort Éire, a'm gwneud yn aelod o'r Undeb Ewropeaidd yn gyfreithlon unwaith eto.

Dechreuais weithio ar y llyfr efo brwdfrydedd ym mis Chwefror 2019 a chafodd ei gyhoeddi ym mis Tachwedd 2023. Yn ystod y pedair blynedd yna, o'i dechrau i'w diwedd, tyfodd y gyfrol a newid cryn dipyn o ran ei chynnwys a'i sgôp. Roedd y gyfrol orffenedig yn wahanol iawn i'r llyfr roeddwn i wedi ei ddychmygu ar y dechrau. Er hynny, mi wnes i gadw asgwrn cefn y llyfr yn union fel ag yr oedd. Mae'n agor gyda Brexit a cheisio am ddinasyddiaeth Wyddelig; fi'n derbyn dinasyddiaeth Wyddelig oddeutu canol y llyfr; a fi'n derbyn fy mhasbort Gwyddelig yn y bennod olaf. Fy mwriad oedd i'r stori barhau nes fy mod yn derbyn y pasbort a diweddu pethau bryd hynny. Mae digwyddiadau'r llyfr, felly, yn dod i ben ym Medi 2021 gyda gwyliau teuluol yn Muineachán, ychydig fisoedd wedi imi dderbyn fy ninasyddiaeth Wyddelig.

Ni ddaeth y syniad cyntaf am y gyfrol o nunlle. Roedd ysgrifennu a'r uchelgais i gyhoeddi llyfr wedi bod gyda fi ers pan oeddwn yn fyfyriwr 21 oed ôl-raddedig ym Mhrifysgol Bryste ac roeddwn wedi ceisio, sawl gwaith dros y blynyddoedd, sgwennu cyfrol. Yn 2018, roeddwn eisoes wedi treulio tair blynedd aflwyddiannus ar gyfrol ffuglen hanesyddol wedi'i lleoli yng Nghymru'r Oesoedd Canol. Fe ddaeth y syniad ar gyfer *Y Delyn Aur* ar amser da, gan iddo dynnu fy sylw oddi ar y prosiect ffuglen hanesyddol condemniedig.

Fel mae'n digwydd, nid oedd fy ymdrechion gyda'r gyfrol honno yn gwbl ofer gan iddi blannu ambell hedyn ar gyfer y cofiant am fy mherthynas efo Iwerddon. Fel rhan o fy ymchwil ar gyfer y gyfrol ffuglen hanesyddol, gwnes ddefnydd mawr o Lyfrgell Genedlaethol Cymru. Yn ystafell ddarllen y Llyfrgell, darllenais gofiannau o'r Oesoedd Canol, fel cofiant Brenin Gwynedd, Gruffudd ap Cynan (1055-1137) a hunangofiant y clerigwr, Gerallt Gymro (1146-1223) a ysgrifennwyd yn y trydydd person. Gwnaeth y ddau gofiant yma (yn enwedig ysgrifau Gerallt) gryn argraff arnaf.

Roedd darllen am bobl yr Oesoedd Canol yn ddifyr imi, ac fel dyn hil-gymysg, roedd yn gysur imi ddarganfod fod yna bobl yng Nghymru'r Oesoedd Canol a ystyrid yn gymysg/amlddiwylliannol. Nid cymysg o ran y termau modern (hil), ond cymysg yn yr ystyr fod Gerallt yn Gymro Normanaidd a deimlai deyrngarwch i'r ddwy genedl, a'r tensiwn o fod yn perthyn i ddwy bobl. Gwelais esiampl hynod o hyn yn ei gyfrol, *Disgrifiad o*

*Gymru*, lle mae'n awgrymu i'r Saeson sut y gellid concro Cymru, ac yn awgrymu i'r Cymry sut i wrthsefyll y Saeson ychydig o dudalennau wedyn, gan egluro'r canlynol:

Ond gan mai ar ran y Saeson, hyd yn hyn, y traethodasom yn ofalus iawn a manwl, yn yr un modd ag yr ydwyf innau'n hanfod o'r naill genedl a'r llall, felly, yn deg, gorchymyn rheswm y dylid dadlau dros y naill a'r llall, ac ar ddiwedd ein llyfryn, trown ein hysgrifbin at y Cymry drachefn, a chyfarwyddwn hwy yn fyr, ond eto i gyd yn effeithiol, ynghylch celfyddyd rhyfela.

Yn yr un modd, roedd mam Gruffudd ap Cynan yn Llychlyn-Wyddeles, a ganwyd a magwyd Brenin Gwynedd yn Iwerddon. Dyma ddau ŵr, dau uchelwr at hynny, o'r Oesoedd Canol sy'n amlddiwylliannol ac yn amlieithog. Roedd cofiannau amdanynt ac ysgrifau gan Gerallt wedi chwalu fy meddwl i, yn enwedig y syniad fod gorffennol y Cymry yn unffurf o homogenaidd o ran tras; ac fel dyn hil-gymysg efo gwreiddiau mewn gwledydd amrywiol, cymerais gysur bod pobl o dras gymysg wedi bod yn rhan o wead a chymdeithas Cymru erioed. Yn ogystal, darllenais gyfrol faleisus Gerallt Gymro am Iwerddon, *Daearyddiaeth Iwerddon*. Er sylwadau atgas Gerallt am y Gwyddelod, eu diwylliant a'u harferion, sylwais ar y cysylltiadau cryf rhwng Cymry blaenllaw'r cyfnod ac Iwerddon, a phlannodd hynny'r hedyn: byddai archwilio fy nghysylltiadau ag Iwerddon fel Cymro yn dir ffrwythlon imi fel ysgrifennwr gan y byddwn yn gwneud hynny o fewn traddodiad rhyng-Geltaidd hirhoedlog. A'm bwriad oedd cynnig portread llawer mwy cadarnhaol a theg o wlad fy mam-gu nag un Gerallt Gymro, wrth gwrs!

Fy mwriad ag *Y Delyn Aur* oedd gwerthuso fy mywyd o safbwynt fy ochr Wyddelig, oherwydd fel dyn hil-gymysg, sylweddolais y gallwn feddwl yn wahanol am fy mywyd o ystyried un agwedd benodol. Ceisiais gadw materion Barbadaidd a Du i'r ochr o *Y Delyn Aur* er mwyn ysgrifennu cyfrol ar wahân am fy mhrofiadau fel Cymro Du Cymraeg – cyfrol dwi wrthi'n ei hysgrifennu ar hyn o bryd: *Paradwys Goll*.

Fel y soniais, bûm yn meddwl am yr Oesoedd Canol cyn imi ddechrau gweithio ar *Y Delyn Aur*, ond y dylanwad pennaf ar y gyfrol hon oedd cyfres gofiannol Karl Ove Knausgaard, *Min Kamp*, a ddarllenais mewn cyfieithiad Saesneg sy'n dwyn y teitl, *My Struggle*. Mae'r gyfres o chwe llyfr yn bwrw golwg epig dros fywyd yr awdur: o'i fagwraeth yn Norwy i gwymp ei dad i alcoholiaeth; ei swyddi amrywiol, ei brofiad yn ymfudo i Sweden; ei gariadon, ei brofiad yn dad, a'r rhwystrau a wynebodd a'r ymdrech fawr a ddangosodd i lwyddo fel awdur. Darllenais y chwe llyfr rhwng 2014 a 2018 a chawsant gryn ddylanwad arnaf. Ar sail y llyfrau yma mewn gwirionedd y cymerais ddiddordeb yn Sgandinafia – diddordeb nad oedd gennyf ynghynt, ac ymwelais â Norwy, Sweden a Gwlad yr Iâ yn ystod y cyfnod pan oeddwn yn darllen y trydydd llyfr: *Boyhood Island*. Rhan o apêl y gyfres imi oedd fy mod innau'n mawr ddymuno bod yn awdur, a dyma Knausgaard yn sgwennu am ei brofiadau a'i lwybr penodol ef at gyhoeddi llyfrau ac fel y daeth i hawlio ei le ymhlith prif lenorion Norwy.

Gorffennais y chweched gyfrol, yr olaf yn y gyfres, ddechrau mis Hydref 2018. Roeddwn yn 29 oed, gyda merch 1 oed, yn gweithio ar gyfrol ffuglen hanesyddol ac ar fin symud i ogledd Cymru. Er fy mod yn darllen hunangofiant ffuglennol, ni chododd y syniad imi lunio rhywbeth tebyg fy hun gan y tueddwn i feddwl fod cofiannau'n rhywbeth roedd awduron yn sgwennu yn hydref eu gyrfaoedd. Hynny yw, hyd nes imi ddechrau ymchwilio i fy nghais am ddinasyddiaeth Wyddelig, a synio y buasai'n ddifyr sgwennu am y profiad. Nid hunangofiant ffuglennol epig fel un Knausgaard oedd gen i mewn golwg, ond cyfrol mwy cyfyngedig yn ffocysu ar un elfen o fy hunaniaeth yn unig: fy mhrofiad a'm cysylltiadau ag Iwerddon a'r rhesymau oedd gennyf dros hawlio dinasyddiaeth Wyddelig – ymadawiad y DU â'r Undeb

Ewropeaidd.

Wrth ddechrau meddwl o ddifrif am fynd ati i sgwennu *Y Delyn Aur*, model hunangofiant ffuglennol cyfres Knausgaard oedd fwyaf amlwg yn fy meddwl (do'n i ddim wedi'i gorffen ers llawer). Yn y gyfres honno, mae yna gyfuno amryw arddulliau gwahanol gyda llawer o'r llyfr yn darllen fel hunanffuglen, ond darnau eraill lle mae'n ysgrifennu darnau hir ffeithiol am hanes, llenyddiaeth, celf ac ati. Meddyliais y byddai'n syniad imi geisio gwneud rhywbeth tebyg: gallwn sgwennu darnau a fyddai'n cyfateb i draethodau bach a synfyfyrdodau am yr Ymerodraeth Brydeinig, am hanes Iwerddon, ac am artistiaid a llenorion. Dylanwadodd Knausgaard ar gynnwys y llyfr hefyd, gan iddo roi syniad imi o'r hyn yr oedd yn dderbyniol sgwennu amdano. Er enghraifft, mae'n sgwennu am enedigaeth ei blant, fel y gwnes i yn *Y Delyn Aur*. Hoffwn ddweud imi hefyd gael nerth fel sgwennwr mewn iaith leiafrifol o'r ffaith iddo ysgrifennu mewn Norwyeg, iaith fach o ran siaradwyr yng nghyd-destun Ewrop. Deuthum i'r sylweddoliad araf bod gen i rywbeth o werth i'w ddweud wrth gynulleidfa Gymraeg ac y byddai'n ddefnydd gwell o'm hamser i sgwennu am y presennol a'r gorffennol agos na threulio fy amser cyfyngedig yn sownd yn ymchwilio ac yn sgwennu cyfrol ffuglen hanesyddol am yr Oesoedd Canol.

Roedd *Ymbelydredd* gan Guto Dafydd yn gyfrol arall a gafodd ddylanwad sylweddol ar *Y Delyn Aur*. Enillodd y nofel Wobr Goffa Daniel Owen yn 2016 a dyna pryd y darllenais y gyfrol am y tro cyntaf. Dyma oedd yr esiampl gyntaf hyd y gwn i o gyfrol hunanffuglen Gymraeg. A dyma'r tro cyntaf imi ddarllen darn o waith hunanffuglen gan awdur o Gymru sydd oddeutu'r un oedran â finnau (cefais fy ngeni yn 1989 a'r awdur yn 1990). Pan gefais y syniad ar gyfer *Y Delyn Aur*, ac oherwydd y llwyddiant a brofasai *Ymbelydredd* eisoes, roeddwn yn teimlo ei bod yn iawn i mi sgwennu math o gofiant er nad oeddwn ond yn 29 oed ar y pryd. Trefnodd Guto Dafydd y gyfrol o amgylch derbyn triniaeth ar gyfer ffibromatosis ar wal ei frest. Cynlluniais innau fy nghofiant hunanffuglen o amgylch profiad penodol hefyd: ceisio am ddinasyddiaeth Wyddelig. Yn 2021, cefais gyfle mentora gan Lenyddiaeth Cymru ac oherwydd y dylanwad a gafodd *Ymbelydredd* arnaf, gofynnais am gael Guto'n fentor imi a chytunodd. Trwy'r cwrs mentora, derbyniais gyngor ac argymhellion gwerthfawr ganddo ar ddrafft cynnar iawn o'r llyfr anorffenedig. Ymhellach, trwy ddod i nabod yr awdur, deuthum i ddeall y dylanwad a gafodd cyfrol Karl Ove Knausgaard arno fe hefyd. Mae erthygl ganddo am y gyfres *Min Kamp* ar gael yn rhifyn Pasg 2017 o *O'r Pedwar Gwynt*.

Cyfrol arall a ddylanwadodd ar *Y Delyn Aur* oedd *A Portrait of the Artist as a Young Man* gan James Joyce. Roeddwn wedi cynllunio sgwennu am fy mhrofiad o gael fy magu'n Gatholig, o dan arweiniad fy mam-gu Wyddelig. Roedd fy nghyfrol i fod yn archwiliad o fy hunaniaeth Wyddelig ac mae fy Nghatholigiaeth yn rhan bwysig o'r hunaniaeth honno. Ond roeddwn yn ei chael yn anodd meddwl am sut i sgwennu am rywbeth mor fawr a chymhleth â ffydd a thraddodiad penodol o Gristnogaeth mewn modd teg a chytbwys. Felly, darllenais gyfrol led-hunangofiannol James Joyce cyn imi sgwennu penodau 'Y Datguddiad' a 'Disgwyliadau Mawr' yn 2020; y penodau hynny sy'n ymdrin â fy mhrofiad o Gristnogaeth yn fwyaf uniongyrchol. Mi wnaeth cyfrol Joyce fy atgoffa o'r cyfnodau hynny pan oeddwn yn trafod ac yn myfyrio am faterion sanctaidd efo Mam-gu, a chefais fy argyhoeddi gan y llyfr y gallwn ffocysu ym mhennod 'Y Datguddiad' ar ofn plentyn o ddamnedigaeth ac uffern. Pregethau arswydus Y Tad Ansall i fechgyn ysgol am erchyllterau uffern a wnaeth fy atgoffa o bregethau a rhybuddion tebyg a dderbyniais gan fy mam-gu (ond nid mewn iaith mor flodeuog a llenyddol!) a'i harfer o ddefnyddio fideos dychrynllyd i atgyfnerthu ei phwynt.

Datgelodd yr archwiliad o'm Catholigiaeth a'm hunaniaeth lawer iawn imi. Sgwennais *Y Delyn Aur* dros gyfnod o bedair blynedd ac felly dylanwadwyd arnaf mewn rhyw ffordd neu'i gilydd gan lawer iawn o lyfrau roeddwn wedi eu darllen cyn ac yn ystod y cyfnod sgwennu; cymaint felly fel bod yna restr llyfryddiaeth yn y gyfrol! Fan hyn, dw i wedi ceisio amlinellu sut y gadawodd y cyfrolau a drafodwyd uchod argraff arna i ac ar *Y Delyn Aur* o ran sut i sgwennu am Iwerddon o safbwynt Cymro amlddiwylliannol (ysgrifau Gerallt Cymro), i ddylanwadau ar strwythur a chynnwys y gyfrol (*Min Kamp* ac *Ymbelydredd*); yn ogystal â sut i sgwennu'n effeithiol am brofiadau bachgen yn dysgu am y ffydd Gatholig (*A Portrait of the Artist as a Young Man*).

# Bywgraffiadau

**Marged Haycock**

Brodor o Faesyfed yw Marged Haycock, ac Athro Emeritus yn Adran y Gymraeg ac Astudiaethau Celtaidd, Prifysgol Aberystwyth, lle y bu'n dysgu am 36 o flynyddoedd. Bu hefyd yn dysgu am gyfnod yn Nulyn ac yn Fienna. Llenyddiaeth yr Oesoedd Canol yw maes ei harbenigedd, ac mae ei chyhoeddiadau yn cynnwys *Blodeugerdd Barddas o Ganu Crefyddol Cynnar*, *Legendary Poems from the Book of Taliesin*, *Prophecies from the Book of Taliesin*, *Cyfoeth y Testun* (gol.) ac amrywiaeth o erthyglau beirniadol. Ar y gweill ar hyn o bryd y mae cofiant i Syr Ifor Williams, a chyfrol gyfansawdd, *Radnorshire County History*, y mae hi'n olygydd arni.

**Rebecca Thomas**

Mae Rebecca Thomas yn Uwch-ddarlithydd mewn Hanes Canoloesol ym Mhrifysgol Caerdydd. Mae wedi cyhoeddi'n eang ar hanes, diwylliant a llenyddiaeth y Gymru ganoloesol, gan gynnwys ei llyfr, *History and Identity in Early Medieval Wales* (Cambridge: D. S. Brewer, 2022) a enillodd Wobr Francis Jones yn 2022. Mae hefyd yn ysgrifennu'n greadigol ac wedi cyhoeddi tair nofel i oedolion ifanc. Cyhoeddwyd y ddiweddaraf o'r rhain, *Anturiaethau'r Brenin Arthur*, gan Wasg Carreg Gwalch yn 2024. Yn 2023, derbyniodd Fedal Dillwyn Cymdeithas Ddysgedig Cymru am ei chyfraniad i'r Dyniaethau a'r Celfyddydau Creadigol.

**Llewelyn Hopwood**

Darlithydd yn Ysgol y Gymraeg, Prifysgol Caerdydd, sy'n arbenigo mewn hanes a llenyddiaeth yr Oesoedd Canol a'r ieithoedd Celtaidd, yn enwedig barddoniaeth Gymraeg, yw

Llewelyn Hopwood. Ar hyn o bryd, mae'n golygu'r farddoniaeth gynnar Gymraeg sy'n ymwneud â Myrddin – y dewin, y bardd, a'r proffwyd – fel rhan o brosiect ymchwil Proseict Barddoniaeth Myrddin, wedi'i leoli yn Ysgol y Gymraeg, Caerdydd, ac yn y Ganolfan Uwchefrydiau Cymreig a Cheltaidd yn Aberystwyth.

## Miriam Elin Jones

Mae Miriam Elin Jones yn Ddarlithydd yn y Gymraeg ym Mhrifysgol Abertawe ac yn arbenigo ym maes ffuglen wyddonol y Gymraeg. Mae ei hymchwil a'i gwaith addysgu hefyd yn cyfuno'i diddordebau ym maes cyfieithu, beirniadaeth lenyddol yn gyffredinol ac ysgrifennu creadigol. Cyn ei swydd bresennol, bu'n newyddiadurwr gyda'r BBC am gyfnod ac yn uwch-gyfieithydd gydag awdurdod lleol. Daw o Lanpumsaint, Sir Gaerfyrddin yn wreiddiol, ond mae hi erbyn hyn wedi ymgartrefu ym Mro Morgannwg gyda'i gŵr, Eliot.

## T. Robin Chapman

Ymddeolodd T. Robin Chapman ym mis Ionawr 2025 yn sgil cyfnod fel Uwch-ddarlithydd yn Adran y Gymraeg ac Astudiaethau Celtaidd, Prifysgol Aberystwyth, lle bu'n gyfrifol am ddosbarthiadau yn ymestyn o hanes cyfieithu a theori lenyddol i farddoniaeth gyfoes a chyfrinion y gystrawen. Mae'n edrych ymlaen, yn baradocsaidd, at fyw bywyd mwy a llai amrywiol.

## Jerry Hunter

Mae Jerry Hunter yn Athro yn Ysgol y Gymraeg ac Astudiaethau Celtaidd, Prifysgol Bangor. Yn ystod blwyddyn academaidd 2023-24 bu'n athro ar ymweliad yn Adran Ieithoedd a Llenyddiaethau Celtaidd, Prifysgol Harvard. Yn ogystal â chyhoeddi chwech o lyfrau ffeithiol mae wedi cyhoeddi chwe nofel. Mae'n gyd-gyflwynydd y podlediad *Yr Hen Iaith* ac awdur y ddrama *Ledi'r Wyrcws*.

## Marta Listewnik

Mae Marta Listewnik yn Athro Cynorthwyol ym Mhrifysgol Adam Mickiewicz yn Poznań, Gwlad Pwyl. Graddiodd mewn Saesneg a'r Ieithoedd Celtaidd a chwblhaodd ei PhD ar Ieithyddiaeth y Gymraeg. Bu hefyd yn astudio yn yr Ysgol Gyfieithu, Dehongli ac Ieithoedd ym Mhrifysgol Adam Mickiewicz. Cyfieithu llenyddol a chyswllt ieithyddol rhwng Cymraeg a Saesneg yw ei phrif ddiddordebau ymchwil. Ar hyn o bryd, hi yw'r unig gyfieithydd llenyddiaeth Gymraeg yng Ngwlad Pwyl. Ymddangosodd ei phedwerydd cyfieithiad, cyfrol o ddramâu Saunders Lewis, yn 2024.

## Meinir Wyn Edwards

Ar ôl treulio blynyddoedd fel athrawes, penderfynodd Meinir Wyn Edwards newid trywydd, a chael swydd Golygydd Creadigol gyda gwasg y Lolfa, lle bu am 16 o flynyddoedd. Mae hi wedi cydweithio gyda rhai o brif awduron Cymru ac wedi golygu nifer o gyfrolau arobryn. Mae Meinir hefyd yn awdures, sydd wedi cyhoeddi bron i 40 o lyfrau gwreiddiol ac addasiadau ar gyfer plant, pobl ifanc a dysgwyr, ynghyd â chyfrolau o gerddoriaeth, gan gynnwys *100 o Ganeuon Pop*. Ers 2023, mae'n gweithio fel golygydd ac addasydd llawrydd ac yn cael mwy o amser i weithio ar gylchgrawn *Cara*. Ymhlith ei diddorebau, mae canu, teithio a choginio.

## Efa Mared Edwards

Magwyd Efa Mared Edwards yn Llandre ger Aberystwyth, ond mae hi bellach wedi ymgartrefu yn y brifddinas, ar ôl dilyn cwrs gradd ac ennill gradd Meistr yn Ysgol y Gymraeg ym Mhrifysgol Caerdydd. Ers 2016, bu'n gweithio fel cyfieithydd, yn ogystal â threulio cyfnod yn addasu llyfrau i blant o bob oed, gan gynnwys y nofel, *Merch y Bwa Hir*. Mae Efa wrth ei bodd yn darllen, teithio a mynd i gerdded, ac mae bod yn olygydd/sefydlydd cylchgrawn *Cara* wedi gwireddu breuddwyd oes iddi.

## Malachy Owain Edwards

Yn enedigol o Lundain ac wedi ei fagu yn Ffynnon Taf, mae Malachy Owain Edwards bellach yn byw yn Ynys Môn. Cyhoeddodd gofiant ffeithiol greadigol, *Y Delyn Aur*, gyda Gwasg y Bwthyn ym mis Tachwedd 2023. Yn y gyfrol, mae Malachy yn trafod ei hunaniaeth hil-gymysg, amlddiwylliannol a chrefyddol drwy olrhain hanes ei deulu yn Iwerddon a Barbados. Ar hyn o bryd, mae'n llunio dilyniant yn y gyfres o gofiannau ffeithiol greadigol, *Paradwys Goll*, a gyhoeddir yn 2025. Yn ogystal ag ysgrifennu llyfrau, mae Malachy yn golofnydd i'r cylchgrawn, *Golwg*.

## Elis Dafydd

Mae Elis Dafydd yn ddarlithydd yn Ysgol y Gymraeg ac Astudiaethau Celtaidd, Prifysgol Bangor. Cwblhaodd ddoethuriaeth ar nofelau John Rowlands, ac mae'n olygydd ar *Cerddi R. Williams Parry*, casgliad newydd o waith y bardd a fydd yn ymddangos yng nghyfres Seiri'r Canrifoedd Cyhoeddiadau Barddas yn 2026. Y mae hefyd yn fardd, a chyrhaeddodd ei gyfrol gyntaf o gerddi, *Chwilio am dân*, Restr Fer Llyfr y Flwyddyn yn 2017.

## Gareth Evans-Jones

Mae Gareth Evans-Jones yn ddarlithydd Athroniaeth a Chrefydd ym Mhrifysgol Bangor ac yn llenor. Mae ei feysydd ymchwil yn eang ac yn cynnwys caethwasiaeth a chrefydd, Seioniaeth fodern, a chynrychiolaeth mewn llenyddiaeth. Cyhoeddodd ei gyfrol academaidd gyntaf yn 2022, '*Mae'r Beibl o'n tu': ymatebion crefyddol y Cymry yn America i gaethwasiaeth, 1838-1868* (a enillodd Wobr Goffa Syr Ellis-Griffith) ac ymysg ei gyhoeddiadau creadigol, mae cyfrol o lên feicro a ffotograffau, *Cylchu Cymru* (a enillodd Wobr Ffeithiol Greadigol Llyfr y Flwyddyn 2023). Mae hefyd wedi golygu a chyd-olygu cyfrolau gan gynnwys *Curiadau: Blodeugerdd LHDTC+* a *Hunan a Chenedl: Cyfrol Gyfarch E. Gwynn Matthews* yn y gyfres Astudiaethau Athronyddol.

# Nodiadau

## Canrif Fawr *Dafydd Nanmor*: Cyfrol gyntaf Gwasg Prifysgol Cymru (1923)

1  O dan argraffnod y wasg gyda'r geiriau Gwasg Prifysgol Cymru, ceir 'The University of Wales Press Board'.

2  Gobeithir trafod eu perthynas anodd yn llawn mewn man arall.

3  Owen Jones [Owain Myfyr] a William Owen[-Pughe], *Barddoniaeth Dafydd ab Gwilym* (Llundain: H. Baldwin, 1789); John Jones a Walter Davies [Gwallter Mechain], *The Poetical Works of Lewis Glyn Cothi* (Oxford: The Cymmrodorion, or Royal Cambrian Institution, 1837). Gellid nodi hefyd Charles Ashton, *Gweithiau Iolo Goch* (Croesoswallt: Anrhydeddus Gymdeithas y Cymmrodorion, 1896), gyda'i ymgais i gyfeirio at wahanol ffynonellau llawysgrif.

4  Manylion yn T. Roberts, 'Dafydd Nanmor', *Y Traethodydd*, LXVIII (Ionawr 1913), 31 (31-41).

5  Ifor Williams, 'Fy 45 o flynyddoedd yng nghwmni'r Gymraeg', *Y Cymro*, 17 Hydref 1947; Allan James, *John Morris-Jones* (Caerdydd: Gwasg Prifysgol Cymru, 2011), 106. 'Teimlaf eto gyfaredd ei lais wrth ddarllen llinellau o gywydd', oedd atgof John Lloyd-Jones yntau (ibid., 107). Bu'r gyfrol yn rhan o ddarllen cynnar Morris-Jones: '[I] knocked my head against *Gorchestion Beirdd Cymru*, very little of which I could make out', ibid., 10.

6  Brynley F. Roberts, 'Ysgolheictod chwaethus', *Y Casglwr* 56/57 (1996), 20.

7  Series of Old Welsh Texts, I-XII (1887-1926). Cynhwyswyd hefyd ffacsimilïau ffotograffaidd mewn sawl un o'r cyfrolau.

8  34 o gerddi a geir yng ngolygiad Dylan Foster Evans, *Gwaith Hywel Swrdwal a'i Deulu*, Cyfres Beirdd yr Uchelwyr (Aberystwyth: Canolfan Uwchefrydiau Cymreig a Cheltaidd, 2000), wedi'i seilio ar yr holl lawysgrifau hysbys, gw. ibid., 233-40.

9  J. C. Morrice, *Gwaith Barddonol Howel Swrdwal a'i Fab Ieuan* (Bangor: Cymdeithas Llawysgrifau Bangor, 1908). Tebyg yw dull ei ail gyfrol yng nghyfres y Gymdeithas, sef *Detholiad o Waith Gruffudd ab Ieuan ab Llewelyn Vychan* (Bangor: Cymdeithas Llawysgrifau Bangor, 1910), ond bod y cyfeiriadau'n fanylach.

10  *Casgliad o Waith Ieuan Deulwyn* (Bangor: Cymdeithas Llawysgrifau
     Bangor, 1909), xii. Oherwydd swmp y gyfrol (120 tudalen) fe'i
     cyfrifid yn gyfrol ddwbl (cyfrolau 3 a 4): 38 tudalen oedd yn y ddwy
     gyfrol gyntaf, y naill gan Morrice a'r llall, *Vita Sancti Tathei and*
     *Buched Seint y Katrin* (Bangor, 1909) gan H. Idris Bell o'r Amgueddfa
     Brydeinig, gŵr a ddeuai ymhen hir a hwyr yn un o gyfeillion pennaf
     Ifor Williams.

11  Ifor Williams, *Casgliad o Waith Ieuan Deulwyn*, vi.

12  Thomas Roberts, *Gwaith Dafydd ab Edmwnd* (Bangor: Cymdeithas
     Llawysgrifau Bangor, 1914), 149.

13  Ifor Williams a Thomas Roberts, *Cywyddau Dafydd ap Gwilym a'i*
     *Gyfoeswyr* (Bangor: Cymdeithas Llawysgrifau Bangor, 1914), iii.

14  'Ceisiwyd cael gafael ar y testun cywir trwy gymharu y
     llawysgrifau gorau, ond methiant fu'r cynnyg yn aml oherwydd ein
     hanwybodaeth. Printiwyd fel rheol y darlleniad caletaf o'r llinell,
     weithiau heb i ni ei ddeall ein hunain', ibid., lxxxv.

15  Ibid., iv.

16  Ibid., iii–vi.

17  Llythyr gan Ifor Williams at J. Glyn Davies, s.d., Llyfrgell
     Genedlaethol Cymru, Papurau J. Glyn Davies, rhif 12539.

18  *Cywyddau Iolo Goch ac Eraill 1350-1450*, golygwyd gan Henry Lewis,
     Thomas Roberts ac Ifor Williams (Bangor: Cymdeithas Llawysgrifau
     Bangor, 1925).

19  Nodwyd bod y ddau Thomas Roberts, ac Ifor Williams ei hun yn
     barod i fuddsoddi '£10 neu £20 yr un', a bod cynlluniau ar droed
     i werthu yn y Wladfa gyda chymorth Eluned Morgan, ac yn UDA
     drwy hysbysebu yn *Y Drych*: llythyr Ifor Williams at Henry Lewis, 18
     Medi 1912, Papurau Henry Lewis, Llyfrgell Genedlaethol Cymru.

20  Elen Wyn Simpson, 'Syr Ifor Williams a milwyr y Rhyfel Byd
     Cyntaf', *Trafodion Cymdeithas Hanes Môn*, 2013, 17-37.

21  Nodir hyn gyntaf mewn llythyr dyddiedig 10 Mehefin 1911:
     Archifau a Chasgliadau Arbennig Prifysgol Bangor, Papurau Syr Ifor
     Williams, IW/1230. Ar 16 Awst 1911 (IW/1231) dywed y bydd
     angen cyfarwyddyd arno.

22  IW/1232 (26 Awst 1911); IW/2260 (4 Hydref 1911). Diau fod rhai
     o'i gopïau i'w gweld yn ffeil fawr y Cywyddwyr, IW/2260.

23  IW/2260 (14 Mehefin 1912).

24  IW/2260 (llythyrau dyddiedig 14 Chwefror 1915; 28 Mawrth 1911;
     s.d. ?1914).

25  IW/2260 (llythyrau dyddiedig 14 Chwefror 1915; 3 Gorffennaf

1915). Nid yw'n hysbys pa lawysgrif oedd hon. Roedd llawysgrif
Mostyn 136, tt. 109-71, yn gasgliad helaeth o waith Dafydd Nanmor
yn llaw Robert Vaughan, *c.* 1650-60 (LlGC 3044B bellach). Roedd
casgliad pwysig arall o'i waith yn Mostyn 160 (16/17g, yn llaw
Wmffre Dafis, Darowen; LlGC 3056D erbyn hyn). Nid oedd y
llawysgrifau hyn ar gael i Tom pan oedd wrthi'n llunio ei draethawd
M.A., ond roedd eu cynnwys wedi'i ddisgrifio'n fanwl yn *Report*
Gwenogrvyn (cyfrol I) yn 1898. Ymddengys mai Ifor a sicrhaodd
gopïau o destunau Mostyn 136 drwy'r Llyfrgell Genedlaethol, a
thrwy gymwynas T. H. Parry-Williams (gw. isod, t. 18).

26   *Poetical Works,* vii-viii.

27   Thomas Roberts, 'Dafydd Nanmor', *Y Traethodydd* LXVIII (Ionawr
1913), 31-41; 'Barddoniaeth Dafydd Nanmor', *Y Traethodydd,* LXIX
(Ionawr 1914), 28-42.

28   Roberts, 'Dafydd Nanmor', 40.

29   Simpson, 'Syr Ifor Williams a milwyr y Rhyfel Byd Cyntaf' (gw. n.
20 uchod).

30   IW/1238 (llythyr dyddiedig 10 Mai 1917); gw. Simpson, 'Syr Ifor
Williams a milwyr y Rhyfel Byd Cyntaf', 22-23. Cymh. cywydd 'Y
Daran' (*Dafydd ap Gwilym a'i Gyfoeswyr* (1935), t. 80, ll. 50), a llinell
Gruffydd ap Llywelyn Fychan 'Sens i ŵr a senser euraid', gw. GPC
s.v. *senser.*

31   Eglurodd Ifor Williams mai copïau Tom a fu'n sail i'r golygiadau
o waith Rhys Goch Eryri a Llywelyn ab y Moel a gyhoeddwyd yn
1925 yn *Cywyddau Iolo Goch ac Eraill* (tt. iv-v).

32   Fe'i claddwyd ym mynwent Heol Bucquoy, Ficheux yn y Pas de
Calais.

33   *Poetical Works,* v. Ar frig y copi (IW/13553) mae Ifor wedi
ysgrifennu, 'Yn ei ewyllys gadawodd Tom ei draethawd i mi, Ifor
Williams, ac os caf fyw gofalaf y gwel ei lafur olau dydd'.

34   Pennill o gerdd goffa gan dad Gwladys, y Parchedig Richard Roberts
Morris a oedd yn ewythr i T. H. Parry-Williams (brawd ei fam,
Ann), IW/1244. Canodd R. Williams Parry yntau am y 'tragywydd
lonydd-lenor'.

35   Henry Lewis, 'Syr Ifor Williams', *Y Genhinen,* XVI (Gaeaf 1965-66),
10-13.

36   Cydnabyddir ei gyfraniad yn y rhagymadrodd i'r *Poetical Works,* viii.

37   E.e. BL Add. 14866, Llyfr David Johns, blodeugerdd fawr 1586-7,
wedi'i thrafod gan Daniel Huws, *A Repertory of Welsh Manuscripts and
Scribes,* 3 cyfrol (Aberystwyth: Llyfrgell Genedlaethol Cymru, 2022),

I, 604, ac idem, *Cynnull y Farddoniaeth* (Aberystwyth: Canolfan Uwchefrydiau Cymreig a Cheltaidd, 2004), 24-28. Defnyddiodd y rhai canlynol hefyd: 14875 (*c.* 1570), 14902 (16/17g), 14966 (1644-8), 14967 (canol y 16g), 14997 (*c.* 1500), 14894 (16/17g), 14882 (1591), 14999 (*c.* 1527), 31076 (18/19g).

38  Syrthiodd ar ei fai am ddweud mai Rhys Nanmor, nid Dafydd a enwyd gan Tudur Aled yn ei farwnad i Dafydd ab Edmwnd, *Poetical Works*, xxix.

39  Y nodiadau i'r *Poetical Works*, rhif XXII.

40  *Poetical Works,* rhif XXV.

41  Llythyr Ifor Williams at Ysgrifennydd y Cymmrodorion, 3 Chwefror 1919: LlGC, Papurau Anrhydeddus Gymdeithas y Cymmrodorion, ASC 1/30/8. Cyfaddefodd mai 'poenus i mi oedd y golygu, a chymysglyd iawn yw fy nheimlad. ... A ddylaswn fod wedi newid mwy ni wn, ond ... gwnes fy ngorau, er mwyn ei goffadwriaeth ef': LlGC, Papurau J.H. Davies, C1/27. Ym marn Idris Foster, roedd 'moving act of pietas' Ifor yn 'noble testimony to the ideals and industry of this group of young scholars', 'Sir Ifor Williams 1881-1965', *Proceedings of the British Academy*, 53 (1968), 365 (360-78).

42  *Report*, cyfrol I, rhan 2 (1899), 492; Huws, *Repertory*, cyfrol I, 360.

43  Huws, *Repertory*, cyfrol I, 360.

44  Diolch i Dr Antur am yr wybodaeth hon. Noder hefyd, sylwadau Gruffydd Aled Williams ar Beniarth 52 , 'Gwrthrych un o awdlau Dafydd Nanmor (PWDN, XXIII)', *Llên Cymru* 25 (2002), 156 (155-57), n. 11.

45  *Poetical Works*, rhifau V, VI, VIII, X, XXII, XXIII.

46  *Poetical Works,* rhif I ('Rhys orau 'nhir Is Aeron') a *Poetical Works,* rhif II ('Genau'r Glyn, Towyn, finteioedd').

47  *Poetical Works,* rhif III ('Anodd bod hebod ynys — o Dywyn').

48  Owen Thomas, 'Awdl Dafydd Nanmor i Rys ap Maredudd (*PWDN* cerdd III)', *Dwned* 12 (2006), 86 (73-91).

49  Gilbert E. Ruddock, 'Sylwadau ar sefydlu testun newydd o waith Dafydd Nanmor', *Llên Cymru* 13 (1974-81), 164-83: idem, *Dafydd Nanmor,* Cyfres Llên y Llenor (Caernarfon: Gwasg Pantycelyn, 1992); Owen Thomas, 'Trwy lygaid Peniarth 52', yn *Llenyddiaeth mewn Theori*, gol. Owen Thomas (Caerdydd: Gwasg Prifysgol Cymru, 2006), 73-112; a gw. n. 51 isod am gyfraniad Helen Fulton ac eraill i'r dadleuon.

50  Am drosolwg o'r maes, a chyfeiriadau pellach, gw. Patrick Sims-Williams, 'Literary autographs and the recording of medieval Welsh

literature', *Cambrian Medieval Celtic Studies* 86 (Gaeaf 2023), 29-53.

51 Bu gwrthwynebiad i'r fethodoleg hon, yn arbennig gan Helen Fulton a ddadleuodd dros argraffu cerddi ar sail un copi llawysgrif (ond mewn orgraff ddiweddar) yn lle creu fersiwn cyfansawdd, damcaniaethol: gw. Helen Fulton, *Dafydd ap Gwilym: Apocrypha* (Llandysul: Gomer, 1996), xxxii-xxxiii; eadem, 'Awdurdod ac awduriaeth: golygu'r Cywyddwyr', yn *Cyfoeth y Testun: Ysgrifau ar Lenyddiaeth Gymraeg yr Oesoedd Canol*, gol. Iestyn Daniel, Marged Haycock, Dafydd Johnston a Jenny Rowland (Caerdydd: Gwasg Prifysgol Cymru, 2003), 50-76. Bu adwaith i hyn yn ei dro, e.e. gan Daniel Huws, 'Apocryffa Dafydd ap Gwilym', *Y Traethodydd*, CLII, rhif 643 (Hydref 1997), 200-205.

52 E. Stanton Roberts ac W. J. Gruffydd, *Peniarth 76* (1927); E. Stanton Roberts a Henry Lewis, *Peniarth 53* (1927); T. Parry, *Peniarth 49* (1929); Ifor Williams, *Gwyneddon 3* (1931); Elizabeth Louis Jones a Henry Lewis, *Mynegai i Farddoniaeth y Llawysgrifau* (1928).

53 Carneddog, 'Dafydd Nanmor', *Cymru*, 26 (1904), 74 (71-74). Argraffodd Carneddog restr o weithiau'r bardd a roddwyd at ei gilydd gan Edward Owen o lawysgrifau Owain Myfyr.

54 W. J. Gruffydd, *Llenyddiaeth Cymru, 1450-1600* (Lerpwl: Hugh Evans a'i Feibion, 1921), 24, 17, 15, 19 (12-24).

55 T. Gwynn Jones, 'Dafydd Nanmor: ei weithiau barddonol', *Baner ac Amserau Cymru*, 10 Mai 1923, 5.

56 Saunders Lewis, 'Dafydd Nanmor: first book of Welsh Press Board', *Cambria Daily Leader*, Sadwrn 12 Mai 1923. Cyhoeddwyd ei adolygiad ar *Awen y Gwyddyl* T. Gwynn Jones yn yr un rhifyn.

57 Ifor Williams, *Lectures on Early Welsh Poetry* (Dublin: Dublin Institute for Advanced Studies, 1944 (ailargraffwyd 1970, 2009). Gw. ymhellach y drafodaeth yn Marged Haycock, 'Ifor Williams's *Lectures on Early Welsh Poetry*, Dublin Institute for Advanced Studies, 1943', i ymddangos yn *Craobh Eoluis*, gol. Gregory Toner ac eraill (Maynooth, 2025).

58 Cyhoeddwyd yn *Studies: An Irish Quarterly Review*, cyfrol 34, rhif 133 (Mawrth 1945), 130-32.

59 Tudur Hallam, 'The legacy of Saunders Lewis', yn *The Cambridge History of Welsh Literature*, gol. Helen Fulton a Geraint Evans (Cambridge: Cambridge University Press, 2019), 528 (507-28).

60 E.e. ym mhenodau cyntaf ei *Braslun i Lenyddiaeth Cymru* (Caerdydd, 1932); 'The tradition of Taliesin', *Trafodion Anrhydeddus Gymdeithas y Cymmrodorion* (1968), 293-98; a rhannau o'i ymdriniaethau â'r Pedair

Cainc, wedi'u hailgargraffu yn Saunders Lewis, *Meistri'r Canrifoedd*, gol. R. Geraint Gruffydd (Caerdydd, 1973), 1-33.

61 Peredur I. Lynch, 'Dic yr Hendre, y bardd llawyryfog a Saunders' yn Tudur Hallam ac Angharad Price (goln), *Ysgrifau Beirniadol* XXXI (Dinbych: Gwasg Gee, 2012), 141 (119-58).

62 Heddiw mae ysgolheigion yn nodi fod darn neu ddau yn Lladin yn moli'r brenin Alffred yn null y llys Carolingaidd, cerddi mawl Neo-Ladin yng nghyfnod y Dadeni a moliant i Dduw a Mair.

63 Hallam, 'The legacy of Saunders Lewis', 510.

64 Ambrose Bebb, 'Cip ar hanes Cymru', *Cymru*, cyfrol 65 (Hydref 1923), 104-6.

65 Saunders Lewis, 'Arluniaeth mewn drama', *Y Darian*, 10 Mehefin 1920, 7, a ddyfynnir gan T. Robin Chapman, *Un Bywyd o Blith Nifer: Cofiant Saunders Lewis* (Llandysul: Gomer, 2006), 58.

66 Yn yr Almaen o'r 19g hwyr ymlaen, arddelid yr arwyddair *Blut und Boden* 'gwaed a thir' gan wahanol fudiadau cenedlaethol a ddyrchafai'r bywyd gwledig a'r werin amaethyddol. Daeth yr ymadrodd yn ddrwgenwog oherwydd ei gysylltiad ag ideoleg hiliol y Drydedd Reich.

67 Saunders Lewis, 'Welsh literature', *Western Mail*, 4 Mawrth 1922, 9.

68 T. Robin Chapman, *Golwg ar Genedlaetholdeb cyn 1925* (Cymdeithas Hanes Plaid Cymru, 2019).

69 Saunders Lewis, 'The critical writings of T. Gwynn Jones, I', *Welsh Outlook*, cyfrol 7 (Tachwedd 1920), 266 (265-67).

70 Mae awgrym o hyn gan Hallam, 'The legacy of Saunders Lewis', 517: 'No more would the critic reduce the words of a literary text to etymological study or historical commentary, but rather, in a more creative manner, they would discuss its poetics and value and, furthermore, evaluate its meaning and relevance to contemporary life'; a thrachefn gan John Rowlands, *Saunders y Beirniad* (Caernarfon: Gwasg Pantycelyn, 1990), 13: 'Mae'n amlwg ein bod wedi troedio ymhell iawn o'r crastir ysgolheigaidd ieithyddol.'

71 D. Gwenallt Jones, 'Beirniadu beirniad', *Y Llenor*, cyfrol 12, rhifyn 1 (1933), 32 (23-33).

72 Ruddock, *Dafydd Nanmor*, 30.

73 Chapman, *Un Bywyd o Blith Nifer*, 107.

74 Dyfynnir gan Ruddock, *Dafydd Nanmor*, 32.

75 Rowlands, *Saunders y Beirniad*, 18-19

76 Dafydd Johnston, s.v. 'Cywyddwyr', *Oxford Dictionary of National Biography* (2004).

77 R.M. Jones, *Llenyddiaeth Gymraeg 1902-1936* (Abertawe: Barddas, 1987), 384.

Hoffwn ddiolch yn gynnes iawn i Elen Wyn Simpson, Pennaeth Archifau a Chasgliadau Arbennig Prifysgol Bangor, a'r staff yno am lu o gymwynasau, ac i Dr T. Robin Chapman am gywiriadau ac awgrymiadau gwerthfawr.

## Canoloesoldeb Rhiannon Davies Jones: Iaith ac Amlieithrwydd

1   Papurau Rhiannon Davies Jones, Llyfrgell Genedlaethol Cymru, Bocs 1.5.

2   Enid Jones, *FfugLen: y Ddelwedd o Gymru yn y Nofel Gymraeg o Ddechrau'r Chwedegau hyd at 1990* (Caerdydd: Gwasg Prifysgol Cymru, 2008), trafodaeth ar Rhiannon Davies Jones ar dudalennau 48–64. Ceir trafodaeth ar gymeriadau benywaidd Rhiannon Davies Jones yn Marged Pritchard, 'Pwy yw chwiorydd Heledd?: Merched ein Merched Llên', *Y Traethodydd* CXLIV (1989), 115–30. Gw. hefyd y crynodeb o waith Rhiannon Davies Jones gan John Rowlands yn 'The Novel', yn Dafydd Johnston (gol.), *A Guide to Welsh Literature c. 1900–1996* (Caerdydd: Gwasg Prifysgol Cymru, 1998), 189-90 (159-203).

3   Ceir sôn am y cyd-destun hwn yn Angharad Price, 'Er cof am R. Cyril Hughes', *O'r Pedwar Gwynt,* cyhoeddwyd ar-lein 13.04.2022: https://pedwargwynt.cymru/adolygu/er-cof-am-r-cyril-hughes-1932-2022 [mynediad 06/01/24]. Gw. hefyd Rowlands, 'The Novel', 189–91.

4   Mae darlith Simon Brooks ar gael ar-lein yma: https://www.cymmrodorion.org/cy/sgyrsiau/marion-eames-novelist-of-the-welsh-diaspora/ [mynediad: 06/01/24]; Price, 'Er cof am R. Cyril Hughes'.

5   Cymh. sylwadau Angharad Price ar nofelau R. Cyril Hughes: 'confensiynol realaidd oedd y nofelau hyn o ran techneg ac arddull': 'Er cof am R. Cyril Hughes'.

6   Am drafodaeth o dwf ôl-foderniaeth gw. Llŷr Gwyn Lewis, 'Amlhau Lleisiau'n Llên: 1990–2014', yn Geraint Evans a Helen Fulton (goln), *The Cambridge History of Welsh Literature* (Cambridge: Cambridge University Press, 2019), 670-5 (669-95). Fodd bynnag, noder sylwadau Lewis (tudalen 674), bod nifer o awduron ar ddiwedd y ganrif yn

parhau i ysgrifennu'n llwyddiannus heb gynhyrchu gwaith ôl-fodern. Gw. hefyd drafodaeth Angharad Price *Rhwng Gwyn a Du: Agweddau ar Ryddiaith Gymraeg y 1990au* (Caerdydd: Gwasg Prifysgol Cymru, 2002), 24–30, sydd yn trafod anesmwythder cyfoes ynghylch y label 'ôl-fodern', hyd yn oed gan yr awduron y disgrifir eu gwaith felly.

7 Trafodir egwyddorion ôl-foderniaeth yn John Rowlands, 'Chwarae â Chwedlau: Cip ar y nofel Gymraeg ôl-fodernaidd', *Y Traethodydd* CLI (1996), 5–24.

8 Ibid., 15. Cymh. sylwadau tebyg yn Rowlands, 'The Novel', 191–2. Gw. hefyd grynodeb o arwyddocâd gwaith Wiliam Owen Roberts wrth sefydlu cyfeiriad newydd yn Lewis, 'Amlhau Lleisiau'n Llên', 670.

9 Rowlands, 'Chwarae â Chwedlau', 15.

10 Ceir cymhariaeth estynedig o *Y Pla* a nofelau Rhiannon Davies Jones (ymysg eraill) yn Jones, *FfugLen*, 78–106.

11 Am drafodaeth gw. Jones, *FfugLen*, 89–91.

12 Gruffydd Aled Williams, 'Jones (Sarah), Rhiannon Davies (1921–2014)', *Oxford Dictionary of National Biography*: https://doi. org/10.1093/odnb/9780198614128.013.108038. Cymh. sylwadau Angharad Price ar bwysigrwydd cymeriadau benywaidd R. Cyril Hughes wrth 'dorri tir newydd': 'Cofio R Cyril Hughes'. Am drafodaeth feirniadol ar gymeriadau benywaidd Rhiannon Davies Jones ac ystyriaeth o ddatblygiad ei chymeriadu gw. Jones, *FfugLen*, 101–2.

13 Jones, *FfugLen*, 48–64. Gw. hefyd sylwadau R. Cyril Hughes yn *Papur Menai, 3* (Papurau Rhiannon Davies Jones, Llyfrgell Genedlaethol Cymru, Bocs 1.6).

14 Am drosolwg gw. Jerry Hunter, 'Llywelyn's Breath, Arthur's Nightmare: the Medievalism within Welsh Modernism', *CMCS* 53/4 (2007), 114-17 (113–32).

15 Jerry Hunter, 'Cerddi Gwleidyddol Gerallt Lloyd Owen: Canoloesoldeb a Chyfoesedd', *Barn* 406 (1996), 37–9; Jerry Hunter, 'O'r Tywysog Canoloesol i'r Genedl Gyfoes', *Barn* 407/8 (1996–7), 110–12; Jerry Hunter, 'Y Gŵr sydd ar y Gorwel: Cywydd Brud Cyfoes', *Barn* 409 (1997), 141; Jerry Hunter, 'Maen y Cof a'r Gofeb Fydryddol', *Barn* 410 (1997), 57–8.

16 Hunter, 'Llywelyn's Breath, Arthur's Nightmare', 131.

17 Ibid.

18 Rhiannon Davies Jones, *Cydio mewn Cwilsyn* (Caernarfon: Gwasg Gwynedd, 2002), 123–6.

19  Jones, *FfugLen*, 41.

20  Am drafodaeth ar y themâu hyn yn *Llys Aberffraw a Lleian Llan Llŷr*, a'r cysylltiad â'r cyd-destun gwleidyddol, gw. Jones, *FfugLen*, 52–7.

21  Sylwadau a ddyfynnwyd ar glawr *Eryr Pengwern* (Llandysul: Gwasg Gomer, 1981); Jones, *FfugLen*, 48.

22  Ceir trosolwg o'r maes yn Dylan Foster Evans, '"Bardd arallwlad": Dafydd ap Gwilym a Theori Ôl-drefedigaethol' yn Owen Thomas (gol.), *Llenyddiaeth mewn Theori* (Caerdydd: Gwasg Prifysgol Cymru, 2006), 43–7 (39–72). Ynghylch statws Cymru fel trefedigaeth gw. hefyd Chris Williams, 'Problematizing Wales: An Exploration in Historiography and Postcoloniality' yn Jane Aaron a Chris Williams (goln), *Postcolonial Wales* (Cardiff: University of Wales Press, 2005), 3–22.

23  R. R. Davies, 'Colonial Wales', *Past and Present* 65 (1974), 3–23. Ynghyd â'i drafodaeth ef ei hun ar gerddi Dafydd ap Gwilym, rhy Dylan Foster Evans restr o astudiaethau diweddar yn 'Bardd arallwlad', 47. Ceir trafodaeth ar ddadansoddiad o ddadl Rees Davies ar 41–3. Gw. hefyd A.W. George, '"Mwtlai wyd di"? Ôl-drefedigaethedd, Cymru'r Oesoedd Canol a Dafydd ap Gwilym' (Traethawd PhD anghyhoeddedig, Prifysgol Caerdydd, 2009).

24  Am drafodaeth o arwyddocâd cymeriad Llywarch gw. Jones, *FfugLen*, 84.

25  Jane Aaron, 'Bardic Anti-colonialism' yn *Postcolonial Wales*, 138 (137–58).

26  Ceir trafodaeth ar strwythur 'Stafell Gynddylan' a'r defnydd o ailadrodd yn Jenny Rowland, *Early Welsh Saga Poetry: a Study and Edition of the Englynion* (Cambridge: D. S. Brewer, 1990), 153–7. Am drafodaeth ar y berthynas rhwng y llys a'r gymdeithas ehangach gw. 157.

27  Ibid., 147.

28  Ibid., 159.

29  Aaron, 'Bardic Anti-colonialism', 138. Am drafodaeth ehangach ar bwysigrwydd tir i hunaniaeth yng Nghymru'r Oesoedd Canol gw. Rebecca Thomas, *History and Identity in Early Medieval Wales* (Cambridge: D. S. Brewer, 2022), pennod 1.

30  Jones, *FfugLen*, 49.

31  Rowland, *Early Welsh Saga Poetry*, 149.

32  Papurau Rhiannon Davies Jones, Llyfrgell Genedlaethol Cymru, Bocs 1.5.

33  Jones, *FfugLen*, 48.

34   Ngũgĩ wa Thiong'o, *Decolonising the Mind: the Politics of Language in African Literature* (London: J. W. Currey, 1986), 16.

35   Ibid., yn enwedig xiv a 4–33.

36   Gw. traethawd doethurol Sara Orwig, sydd yn ymchwilio i 'gyfnewid cod' mewn nofelau Cymraeg, gan gynnwys ystyried defnydd y nofelau o iaith yng nghyd-destun theori ôl-drefedigaethol: "'Jysd enjoia'r geiria fel tasa nhw'n dda-da yn dy geg di": Cyfnewid cod mewn llenyddiaeth o Gymru a Chanada' (Traethawd PhD anghyhoeddedig, Prifysgol Caerdydd, 2018), yn enwedig 370–99. Fe wnaeth beirniadaeth Gwobr Goffa Daniel Owen 2022 esgor ar drafodaeth diweddar ar y pwnc, gw. W. Gwyn Lewis (gol.), *Cyfansoddiadau a Beirniadaethau: Eisteddfod Genedlaethol Cymru, Ceredigion 2022* (Llandysul: Gwasg Gomer, 2022), 137–8.

37   Dafydd Jenkins, *Cyfraith Hywel* (Llandysul: Gwasg Gomer, 1970), 71–4; J. E. Lloyd, *A History of Wales from the Earliest times to the Edwardian Conquest*, 3ydd arg., 2 gyfrol (London: Longmans, 1939), t. i., 287–8; *Geiriadur Prifysgol Cymru*, s.v. *galanas* 1 a 2.

38   S. J. Williams a J. Enoch Powell, *Cyfreithiau Hywel Dda yn ôl Llyfr Blegywryd (Dull Dyfed)* (Caerdydd: Gwasg Prifysgol Cymru, 1961), 32; Dafydd Jenkins, *The Law of Hywel Dda: Law Texts from Medieval Wales translated and edited* (Llandysul: Gwasg Gomer, 1986), 149–50. Ni cheir cyfeiriad at hyn yn nhrafodaeth Jenkins na Lloyd (gw. nodyn blaenorol).

39   Jenkins, *Cyfraith Hywel*, 71.

40   Papurau Rhiannon Davies Jones, Llyfrgell Genedlaethol Cymru, Bocs 1.3.

41   Jones, *FfugLen*, 92.

42   Jones, *FfugLen*, 95.

43   D. G. Jones, 'His Politics' yn Alun R. Jones a Gwyn Thomas, *Presenting Saunders Lewis* (Cardiff: University of Wales Press, 1973), 32–3 (23–78).

44   Saunders Lewis, *Egwyddorion Cenedlaetholdeb* (Machynlleth: Evan Jones, 1926), 2. Am drafodaeth bellach o'r pamffled hwn gw. Jones, 'His Politics', 27–9; T. Robin Chapman, *Un Bywyd o Blith Nifer: Cofiant Saunders Lewis* (Llandysul: Gwasg Gomer, 2006), 112–13.

45   Jones, *FfugLen*, 49.

46   Gw. er enghraifft Patrick Geary, *The Myth of Nations: the Medieval Origins of Europe* (Princeton NJ: Princeton University Press, 2002). Ceir trosolwg o'r berthynas rhwng cenedlaetholdeb modern a

hunaniaeth ganoloesol (gyda chyfeiriadau pellach) yn Thomas, *History and Identity*, 7–10.

47 Gw. er enghraifft y cyfeiriadau niferus at y *Freinc* yn *Historia Gruffud vab Kenan*, bywgraffiad Gruffudd ap Cynan (*m.* 1137) a droswyd o'r Lladin i'r Gymraeg yn y drydedd ganrif ar ddeg: D. Simon Evans, *Historia Gruffud vab Kenan* (Caerdydd: Gwasg Prifysgol Cymru, 1977).

48 I roi amcan o'r patrwm, dyma'r cyfeiriadau at *Freinc* yn fersiwn Llyfr Coch Hergest o *Brut y Tywysogyon* (gol. a chyf. Thomas Jones (Caerdydd: Gwasg Prifysgol Cymru, 1955)): s.a. 1072; 1073; 1074; 1093; 1094; 1095; 1096; 1097; 1098; 1099; 1100; 1105; 1106; 1108; 1114; 1115; 1116; 1127; 1136; 1140; 1146; 1156; 1159; 1160; 1164; 1166; 1167; 1175. Cyfeiriadau at y *Fflemisseit*: s.a. 1110; 1115; 1116; 1136; 1146; 1159; 1164; 1166; 1187; 1193.

49 *Brut y Tywysogyon* (Llyfr Coch Hergest), gol. Jones: s.a. 1211. Gw. hefyd s.a. 1197; 1198; 1200; 1215; 1217; 1220; 1240; 1263; 1277. Cyfeiriadau at *Freinc*: s.a. 1208; 1213; 1217; 1248. Cyfeiriadau at *Fflemisseit*: s.a. 1217; 1220. Ceir trafodaeth yn R. R. Davies, *The First English Empire: Power and Identities in the British Isles 1093–1343* (Oxford: Oxford University Press, 2000), 144–5. Tyn Davies sylw at y ffordd y mae'r croniclwyr yn gwahaniaethu rhwng y Saeson, y Ffrancod a'r Fflandryswyr, gan nodi hefyd mai'r Saeson oedd y grŵp mwyaf niferus i ymsefydlu yng Nghymru yn y cyfnod hwn.

50 Cyfeiriadau at y *Normanyeit*: *Brut y Tywysogyon* (Llyfr Coch Hergest), gol. Jones, s.a. 1087; 1136; 1137; 1159.

51 Gw. trafodaeth uchod, 34–5.

52 Gw. trafodaeth uchod, 35–6.

53 Cymh. Jones, *FfugLen*, 61: 'Pa faint bynnag o sail sydd i ddamcaniaethu rhai haneswyr i'r Ffrangeg ddod yn iaith llys Aberffraw, gallwn fod yn weddol hyderus mai gwir symbyliad y sylwadau hyn yw'r mewnlifiad Seisnig cyfoes'.

54 R. R. Davies, *The Age of Conquest: Wales 1063–1415* (Oxford: Oxford University Press, 1987), 104–7. Ceir trafodaeth fwy estynedig o ddylanwad y Ffrangeg ar y Gymraeg yn Llinos Beverley Smith, 'Yr Iaith Gymraeg cyn 1536', yn Geraint H. Jenkins (gol.), *Y Gymraeg yn ei Disgleirdeb: Yr Iaith Gymraeg cyn y Chwyldro Diwydiannol* (Caerdydd: Gwasg Prifysgol Cymru, 1997), 27–31 (15–44); Marie E. Surridge, 'Romance Linguistic Influence on Middle Welsh: a review of some problems', *Studia Celtica* 1 (1966), 62–93; Morgan Watkin, 'The French Linguistic Influence in Mediaeval Wales',

*THSC* (1918–19), 146–222. Am drafodaeth ar gysylltiad rhwng y Rhamantau Cymraeg a Rhamantau Chrétien de Troyes gw. R. M. Jones, 'Y Rhamantau Cymraeg a'u cysylltiadau â'r Rhamantau Ffrangeg', *Llên Cymru* 4 (1956–7), 208–27.

55 Huw Pryce, 'Welsh Rulers and European Change, c. 1100–1282', yn Huw Pryce a John Watts (goln), *Power and Identity in the Middle Ages: Essays in Memory of Rees Davies* (Oxford: Oxford University Press, 2007), 37–51.

56 Am drosolwg o gynghreiriau priodasol gw. A. J. Roderick, 'Marriage and politics in Wales, 1066–1282', *Cylchgrawn Hanes Cymru* 4 (1968–9), 3–20; R. Avent, *Cestyll Tywysogion Gwynedd / Castles of the Princes of Gwynedd* (Caerdydd: HMSO, 1983), 9–20.

57 Charles Insley, 'Imitation and independence in native Welsh administrative culture, c.1180–1280', yn David Crook a Louise J. Wilkinson (goln), *The Growth of Royal Government under Henry III* (2015), 104–20. Ar y pwynt hwn gw. hefyd Pryce, 'Welsh Rulers and European Change'; Huw Pryce, 'Culture, Power and the Charters of the Welsh Rulers' yn Marie Therese Flanagan a Judith A. Green (goln), *Charters and Charter Scholarship in Britain and Ireland* (Basingstoke: Palgrave Macmillan, 2005), 184–202.

58 Huw Pryce gyda Charles Insley, *The Acts of Welsh Rulers 1120–1283* (Cardiff: University of Wales Press, 2005), 74–9; Huw Pryce, 'Grym y Gair Ysgrifenedig: Tywysogion Cymru a'u Dogfennau, 1120–1283', *Cof Cenedl* 22 (2007), 13–14, 28–30 (1–31); Michael Ritcher, 'The Political and Institutional Background to National Consciousness in Medieval Wales' yn T. M. Moody (gol.), *Nationality and the Pursuit of National Independence* (Belfast: The Appletree Press, 1978), 37–55.

59 Dyfynnwyd ei sylwadau yn *Y Faner*, 26 Tachwedd 1947 yn I. M. Williams (gol.), *Dramâu Saunders Lewis: Y Casgliad Cyflawn, Cyfrol I* (Caerdydd: Gwasg Prifysgol Cymru, 1996), 522–3.

60 Davies, *Age of Conquest*, 104. Dengys trafodaeth Llinos Beverley Smith hefyd ddylanwad Ffrangeg yn bennaf mewn trefi ac ymysg yr uchelwyr: 'Yr Iaith Gymraeg cyn 1536', 27–31.

61 Bruce Griffiths, *Saunders Lewis* (Cardiff: University of Wales Press, 1979), 20.

62 Jones, *FfugLen*, 60–1.

63 Homi K. Bhabha, *The Location of Culture* (London: Routledge, 1994), 70–5. Ceir crynodeb defnyddiol o waith Bhabha yn Foster Evans, '"Bardd arallwlad"', 48.

64 Foster Evans, '"Bardd arallwlad"', 48–50.

65 Foster Evans, '"Bardd arallwlad"', 50.

## Taith Ewropeaidd Twrch Trwyd fab Tared Wledig: cysylltiadau posibl rhwng llenyddiaeth ganoloesol Cymru a Sbaen

1 Rachel Bromwich a D. Simon Evans (goln), *Culhwch ac Olwen* (Caerdydd: Gwasg Prifysgol Cymru, 2022) [CO o hyn allan]; Cristina González (gol.), *Libro del Caballero Zifar*, chweched golygiad (Madrid: Cátedra, 2010) [CZ o hyn allan].

2 Yr unig archwiliad o gysylltiadau llenyddiaeth Gymraeg ganoloesol â llenyddiaeth Sbaeneg o'r un cyfnod sy'n hysbys i mi yw: Huw Lewis, 'The otherworld in popular medieval Spanish literature, with Celtic analogues', traethawd doethur (University of Oxford, 1995). Serch hynny, mae maes ymchwil llenyddiaeth Arthuraidd Sbaen, o bob cyfnod, yn un bywiog. Dwy gyfrol bwysig a defnyddiol yw: Juan Miguel Zarandona (gol.), *De Britania a Britonia: La leyenda artúrica en tierras de Iberia: cultura, literatura y traducción* (Bern: Peter Lang, 2014); a David Hook (gol.) The Arthur of the Iberians: *The Arthurian Legends in the Spanish and Portuguese Worlds*, (Cardiff: University of Wales Press, 2015).

3 Am y crynodeb diweddaraf o'r dadleuon ynghylch dyddio'r chwedl, gw. Simon Rodway, 'Culhwch ac Olwen' yn Ceridwen Lloyd Morgan, Erich Poppe (goln), *Arthur in the Celtic Languages* (Cardiff: University of Wales Press, 2019), 69 (67–79). Mae ail gopi'r chwedl yn Llyfr Coch Hergest (Oxford, Jesus College 111, 200v–210r).

4 Rodway, 'Culhwch ac Olwen', 68–9.

5 Ar 'anoethau', gw. e.e. CO, 31, ac ar ei ystyr gw. CO xxi, ac Andrew Hawke et al (goln), *Geiriadur Prifysgol Cymru Ar Lein* (Aberystwyth: Canolfan Uwchefrydiau Cymreig a Cheltaidd, 2014–) s.v. *anoeth*.

6 Defnyddiaf olygiad Cristina González (CZ) bob tro. Am nodiadau ar ddyddio, gw. CZ, 20–3, a hefyd Joaquín González Muela (gol.), *Libro del Caballero Zifar* (Madrid: Castalia, 1982), 12–22. Ceir cyfieithiad a chyflwyniad Saesneg yn: Charles L. Nelson (cyf.), *The Book of the Knight Zifar* (Kentucky: The University Press of Kentucky, 1983).

7 CZ, 21–3; Muela (gol.) *Libro del Caballero Zifar*, 12–22.

8 Dorothy Sherman Severin a Matie Cabello (goln), Fernando de Rojas, *La Celestina*, unfed golygiad ar bymtheg (Madrid: Cátedra,

2007); Peter R. Bush (cyf.), Fernando de Rojas, *Celestina* (New York: Penguin Books, 2010).

9   Colin Smith (gol.), *Poema de mio Cid*, ail olygiad ar hugain (Madrid: Cátedra, 2001); Burton Raffel a Maria Rosa Menocal (goln), *The song of the Cid: a dual-language edition with parallel text* (New York: Penguin, 2009). Am gyflwyniad cyffredinol i lenyddiaeth ganoloesol Sbaen, gw. Colbert Nepaulsing, *Towards a History of Literary Composition in Medieval Spain* (Toronto: Toronto University Press, 1986); a Joseph F. O'Callaghan, *A History of Medieval Spain* (Ithaca, NY: Cornell University Press, 1975). Fy nghyfieithiadau Cymraeg innau sydd yn yr erthygl hon bob tro.

10   Gw. Carlos Alvar, 'The Matter of Britain in Spanish Society and Literature from Cluny to Cervantes' yn David Hook (gol.), *The Arthur of the Iberians: The Arthurian Legends in the Spanish and Portuguese Worlds* (Cardiff: University of Wales Press, 2015), 122-29 (114–59).

11   Gw. D. Simon Evans, *Grammar of Middle Welsh* (Dublin: Dublin Institute for Advanced Studies, 2006), §9; a Steven N. Dworkin, *A Guide to Old Spanish* (Oxford: Oxford University Press, 2018), 17–31. Fel y noda Dowrkin, 3–16, nid oedd 'Sbaeneg' yn iaith unffurf cyn uno'r deyrnas ar ddiwedd y bymthegfed ganrif, ac felly mae hwnnw'n derm anacronistig sy'n pylu gwahaniaethau ieithoedd Románs Iberia. Noder hefyd yr anghytgord sydd rhwng yr ansoddeiriau 'hen' a 'chanol' wrth gyfnodoli'r ddwy iaith dan sylw: ni cheir 'Sbaeneg Canol' nes yr unfed ganrif ar bymtheg tra mai dechrau 'Cymraeg Modern (Cynnar)' yw'r cyfnod hwnnw. Er gwaethaf yr amherffeithrwydd, defnyddir 'Sbaeneg canoloesol' drwy gydol yr erthygl hon er hwylustod.

12   Cred gyffredinol golygyddion *Culhwch ac Olwen* yw mai /ð/ sydd yma: 'Taredd' yw'r ffurf sy'n ymddangos mewn diweddariadau a chyfieithiadau. Gw. Sioned Davies (gol.) *The Mabinogion* (Oxford: Oxford University Press, 2007), 197–8; Gwyn Thomas a Thomas Jones (goln), *The Mabinogion*, ail olygiad (London: Everyman, 1993), 98. Er mwyn osgoi cymhlethdod, dilynaf y sillafu gwreiddiol: 'Tared'.

13   Cf. 'Aedán Gabráin' y Wyddeleg yn troi'n 'Aeddan Gafran' yn y Gymraeg, neu ynganiadau gwahanol 'Arthur' yn y Gymraeg a'r Saesneg.

14   'Nyt oes yn y byt crib a guelleu y galler gwrteith vyg uallt ac wy, rac y rynhet, namyn y grib a'r guelleu yssyd kyfrwg deu yskyuarn Twrch Trwyth mab Tared Wledic'. CO, 25. Fy aralleiriad Cymraeg Modern innau sydd yn yr erthygl hon bob tro os na nodir yn wahanol.

15   'Brenhin uu, ac am y bechawt y rithwys Duw ef yn hwch'. CO, 38.

16 'por sus malas costunbres llego a pobredat e ouose de perder [su reino] [...] de guisa que los de su linaje nunca podieron cobrar aquel lograr que el rey Tared perdio'. CZ, 95.

17 Carlos Dubner (gol.), *Los mabinogion: romances galeses del medioevo* (Barcelona: Teorema, 1984); Luciana Cordo Russo (gol.) *Mabinogion: relatos galeses medievales* (Santiago: LAM, 2019). Gw. hefyd Carlos Sanz-Mingo, 'Un texto galés en España: la recepción y traducción de «Culhwch ac Olwen» de los *Mabinogion*' yn Juan Miguel Zarandona (gol.), *De Britania a Britonia: La leyenda artúrica en tierras de Iberia: cultura, literature y traducción* (Bern: Peter Lang, 2014), 41–67.

18 Ceir crynodeb a thrafodaeth ddefnyddiol yn Patrick Sims-Williams, *Irish influence on medieval Welsh literature* (Oxford: Oxford University Press, 2010), 39–44.

19 'Esgeir Oeruel yn Iwerdon', CO, 37. Mae hefyd yn arwyddocaol bod yr anifail yn glanio yn Nyfed pan ddaw i Gymru, sef ardal â thystiolaeth gref o fewnfudo Gwyddelig. Gw. Melville Richards, 'The Irish settlements in South-west Wales', *Journal of the Royal Society of Antiquaries of Ireland 90* (1960), 133–62.

20 John Carey, 'A *Tuath Dé* Miscellany', *Bulletin of the Board of Celtic Studies 39* (1992), 24–45. Gwêl Carey berthynas rhwng y ffurf Gelteg ★*Trêtos*, G. *Tríath* a C. *Trwyd*, a dadleua fod Twrch Trwyth *Culhwch ac Olwen* â'i wreiddiau mewn stori onomastig Wyddelig sydd yn ymwneud â baedd arallfydol gydag enw sy'n deillio o ★*Trêtos*. Gw. hefyd John Koch et al. (goln.), *Celtic Culture: A Historical Encyclopedia*, 5 cyfrol (Santa Barbara, CA; ABC-CLIO, 2006), V, 1698–99.

21 'quando venatus est porcum Troit'. 'Historia Brittonum' yn Theodor Mommsen (gol.), *Chronica Minora Saec IV, V, VI, VII* (Berlin: Weidmann, 1892), III, 217 (111–222). Daw hyn yn yr adran glo a elwir y 'Mirabilia' ('y Rhyfeddodau').

22 H.y. 'A gŵr gwyn a llwyd, Twrch Trwyd mewn brwydr', Dafydd Johnston (gol.), *Iolo Goch: Poems* (Llandysul: Gomer, 1993), 2.19; 'Anffodus wyt, Twrch Trwyth trist brwydr', R. Iestyn Daniel (gol.), *Gwaith Casnodyn* (Aberystwyth: Canolfan Uwchefrydiau Cymreig a Cheltaidd, 1999), 11.65.

23 Gw. G. Toner et al (goln), *Electronic Dictionary of the Irish Language* (2019), s.vv. *torc*[1], *tríath*[1], *tríath*[2]. Gw. hefyd Sims-Williams, *Irish influence on medieval Welsh literature*, 40–41.

24 'maic ind ríg'. Whitley Stokes, 'The Colloquy of the Two Stages', *Revue Celtique 26* (1905), 26–7 (4–64).

25 'nomen domac ríg'. Whitley Stokes, 'On the Bodleian Fragment of

Cormac's Glossary', *Transactions of the Philological Society* 22.1 (1891), 174–75 (149–206). Yn y testun hwn, ceir 'orc tréith', sef amrywiad ar 'torc tríath' lle mae 'orc' yn golygu 'baedd' yn ogystal â 'mab' a lle mae 'tríath' yn y cyflwr genidol: 'tréith'.

26   Am yr holl ystyron, gw. *Electronic Dictionary of the Irish Language*, s.vv. *tríath*[1–5].

27   '[Torc] Tríath, rí torcraide'. Carey, 'A *Tuath Dé* Miscellany', 28. Er nad yw'r union air 'Torc' yn ymddangos yn y testun, mae Carey yn dadlau ei fod yn ymhlyg.

28   Golygwyd 'Úgaine uallach amra', sydd yn ymddangos yn nhestun enwog *Lebor Gabála Érenn* ('Llyfr Ymosodiadau Iwerddon', unfed ganrif ar ddeg) yn Carey, 'A *Tuath Dé* Miscellany', 32.

29   David N. Dumville, '"Nennius" and the *Historia Brittonum*', *Studia Celtica*, 10 (1975), 78–95.

30   'Historia Brittonum', 217.

31   H.y. 'Ceir ymgynnull o amgylch un tebyg i Drwyd, / [Un fel y] Twrch tanbaid uwchben [ei] fwyd'. Nerys Ann Jones ac Ann Parry Owen (goln), *Gwaith Cynddelw Brydydd Mawr* (Caerdydd: Gwasg Prifysgol Cymru, 1991–95), II, 6.206–07.

32   *Gwaith Cynddelw Brydydd Mawr*, II, 148.

33   Noder, serch hynny, y bu sawl copi yn Ffrainc, e.e. y 'Vatican recension' a gopïwyd ym mynachlog Saint-Médard de Soissons yn y ddegfed ganrif. David N. Dumville, 'Textual history of the Welsh-Latin *Historia Brittonum*', traethawd doethur (University of Edinburgh, 1975), 345–445.

34   Gw. Meritxell Simó, 'La Estoria de las Bretaŷas en la General Estoria', *Anuario de estudios medievales* 47.2 (2017), 889–916. Ceir golygiad o *De Gestis Brittonum* yn Michael D. Reeve (gol.), *The History of the Kings of Britain*, cyf. Neil Wright (Cambridge: Boydell & Brewer, 2007), ac ar ei daith i Sbaen, gw. William J. Entwistle, *The Arthurian legend in the literatures of the Spanish Peninsula* (London: J. M. Dent, 1925), 29–63. Noder nad oes copi Lladin o Sbaen wedi goroesi.

35   Noder nad oes sôn am hela Twrch Trwyd mewn unrhyw destun canoloesol o Sbaen.

36   Disgwylid i'r diddanwr Guerau de Cabrera fod yn gyfarwydd â'r chwedlau yn 1196–98. Paloma Gracia, 'Arthurian Material in Iberia' yn David Hook (gol.), *The Arthur of the Iberians: The Arthurian Legends in the Spanish and Portuguese Worlds* (Cardiff: University of Wales Press, 2015), 17 (17–29).

37   'Señor [...] non se vio el rey Artur en mayor priesa e en mayor peligro

con el Gato Paul, que nos viemos con aquellos maldichos'. CZ, 232.

38 'Kei Win a aeth Von / y dilein lleuon / y iscuit oed mynud / erbin Cath Paluc. / Pan gogiueirch tud / puy guant Cath Paluc? / Nau ugein kinlluc / a cuytei in y buyd; / nau ugain kinran / a..'. Nerys Ann Jones (gol.), *Arthur in Early Welsh Poetry* (Cambridge: Modern Humanities Research Association, 2019), 29–59.

39 Yn chwedlau'r Trioedd, magwyd Cath Palug gan 'feibion Paluc' ar ynys Môn, cyn i'r anifail droi yn eu herbyn: Rachel Bromwich (gol.), *Trioedd Ynys Prydein: the triads of the island of Britain*, pedwerydd golygiad (Cardiff: University of Wales Press, 2014), §26, §26WR.

40 'Rimé ont de lui li Franceis [...], / Que bote fu par Capalu / Li reis Artur ên la palu / Et que le chat l'oçist de guerre'. Emile Freymond, 'Artus Kampf mit dem Katzenungetüm' yn Eduard Koschwitz et al (gol.), *Beiträge zur Romanischen Philologie, Festgabe fur Gustav Gröber* (Halle a. S.: M. Niemeyer, 1899), 332–33 (311–97). Ceir crynodeb defnyddiol o'r gerdd yn adolygiad Gaston Paris, *Romania* 29.113 (1900), 121–22 (117–26).

41 '"don Yuan, fijo del rey Orian'. CZ, 412.

42 'las Islas Dotadas'. CZ, 410. Gw. Charles P. Wagner, 'The Sources of *El Cavallero Cifar*', *Revue Hispanique* 10.33–34 (1903), 5–104.

43 Ifor Williams (gol.), *Canu Taliesin* (Caerdydd: Gwasg Prifysgol Cymru, 1960), 12; Melville Richards (gol.), *Breudwyt Ronabwy* (Caerdydd: Gwasg Prifysgol Cymru, 2012), 1.

44 Noder nad oes cysylltiadau amlwg eraill rhwng *Caballero Zifar* a gwaith Chrétien. Mae'r cysylltiad â *lais* Marie de France (*fl.* 1160–1215) yn gryfach, yn enwedig yng ngolygfa'r 'Islas Dotadas', ac felly mae'n debygol bod ei gwaith hithau yn gorwedd ar y bont rhwng Owain a Don Yuan. Am drafodaeth ar ddylanwad y *lais*, gw. Entwistle, *The Arthurian legend*, 64–75.

45 Mae'r tystion yn amrywio rhwng 'Tors' a 'Tor'. Gw. R. S. Loomis, *Arthurian Tradition and Chrétien de Troyes* (New York: Columbia University Press, 1941), 491. Noder hefyd wrth fynd heibio y ffurf 'Torfilaret' yn y testun Almaeneg *Lanzelet* a gyfansoddwyd gan Ulrich von Zatzikhoven tua 1194. Trafodir rhwydwaith yr enwau hyn, ond nid 'Tared', gan Ruth Roberts: 'Twrch Trwyth, Tortain, Tors fils Ares', *Bulletin Bibliographique de la Société Internationale Arthurienne* 14 (1962), 91–98.

46 Chrétien oedd awdur y *Perceval ou le Conte du Graal* gwreiddiol – rhyw 9,000 o linellau – ond ni orffennodd y gwaith. Aeth awduron ati yn ddiweddarach i ehangu'r testun – gan ychwanegu dros 50,000 o

linellau – mewn cyfres a elwir y Pedwar Estyniad. Ceir cyfieithiadau Saesneg yn *The Complete Story of the Grail: Chrétien de Troyes' Perceval and its continuations*, cyf. Nigel Bryant (Cambridge: D. S. Brewer, 2015), 79–235. Ar y berthynas rhwng chwedlau Peredur a Perceval, a rhwng y chwedlau Cymraeg a Ffrangeg yn gyffredinol, gw. Ceridwen Lloyd-Morgan ac Erich Poppe, 'The first adaptations from French: history and context of a debate' yn *Arthur in the Celtic Languages: the Arthurian legend in Celtic literatures and traditions*, 97–101.

47 *The Complete Story of the Grail*, 79–235.

48 O ran yr -*s* yn y Ffrangeg a'r -*d* yn y Gymraeg, mae'n bosibl y dylid ystyried cyfrwng Llydaweg rhywle ar hyd y daith. Datblygodd geiriau sy'n gorffen â /d/ neu /ð/ yn y Gymraeg yn eiriau sy'n gorffen â /z/ yn Llydaweg, cf. C. *trugaredd*, Ll. *trugarez*; C. *buchedd*, Ll. *buhez*. Gw. *Geiriadur Prifysgol Cymru Ar Lein*, s.vv. *trugaredd*, *buchedd*.

49 Theori Ruth Roberts yw bod 'Heliares' yn deillio o 'Twrch Trwyth eil Taredd Wledig', lle mae 'eil' yn golygu 'mab'. Roberts, 'Twrch Trwyth', 93. Tra bod hynny'n bosib, rhaid nodi oes cofnod o 'eil Tared(d)' mewn unrhyw destun.

50 Gaston Paris a Jacob Ulrich (goln), *Huth Merlin* (Paris: SATF, 1886), II, 69–72, 100–15, 131–33.

51 Esbonnir y berthynas gymhleth hon yn Fanni Bogdanow a Richard Trachsler, 'Rewriting prose romance: the Post-Vulgate *Roman du Graal* and related texts' yn Glyn S. Burgess a Karen Pratt (goln), *Arthur of the French: The Arthurian Legend in French and Occitan Literature* (Cardiff: University of Wales Press), 342–92.

52 Ceir trafodaeth o'r rhain yn Paloma Gracia, 'The Post-Vulgate Cycle in the Iberian Peninsula' yn David Hook (gol.), *The Arthur of the Iberians: The Arthurian Legends in the Spanish and Portuguese Worlds* (Cardiff: University of Wales Press, 2015), 160–69.

53 H. Oskar Sommer, 'The Queste of the Holy Grail: Forming the third part of the trilogy indicated in the *Suite Du Merlin* Huth Ms.', *Romania* 36.144 (1907), 369–402, 550 (543–590).

54 Roger M. Walker, *Tradition and Technique in 'El Libro del Caballero Zifar'* (London: Tamesis, 1974).

55 'la estoria [...] fue trasladada de caldeo en latin e de latin en romançe'. CZ, 70. Cadwaf y cyfieithiad yn llythrennol ond noder mai 'Sbaeneg' yw gwir ystyr 'romançe' yma a chredai Walker mai 'Arabeg' yw ystyr 'caldeo' (Walker, *Tradition and Technique*, 27–33) tra bod Nelson yn deall 'Syrieg' (*The Book of the Knight Zifar*, cyf. Charles L. Nelson, 5).

56 Walker, *Tradition and Technique*, 27–33.

57 Walker, Tradition and Technique, 27–33; Alexander H. Krappe, 'La Leggenda di S. Eustachio', *Nuovi Studi Medievali* 3 (1926–27), 223–58; Alexander H. Krappe, 'Le mirage celtique et les sources du Chevalier Cifar', *Bulletin Hispanique* 33.2 (1931), 97–103.

58 James F. Burke, *History and Vision: The Figural Structure of the «Libro del Cavallero Zifar»* (London: Tamesis, 1972), 122.

59 Roger Walker, 'The Genesis of *El Libro del Cavallero Zifar*', *The Modern Language Review* 62.1 (1967), 67 (61–69).

60 Walker, 'The Genesis of *El Libro del Cavallero Zifar*', 68.

61 Erich von Richthofen, 'Los crímenes del rey "Tared" histórico y el orígen del nombre de su redentor "Cifar"', *Revista Canadiense de Estudios Hispánicos*, 10.3 (1986), 423–31.

62 Tra bod *x* fel aɪfer yn cynrychioli /ʃ/ mewn Sbaeneg canoloesol, gall hefyd gynrychioli /ts/ neu /θ/ fel y gwna *z*. Gw. Dworking, *A Guide to Old Spanish*, 17–31.

63 Er nad yw'n berthnasol i'r llwybr dwyreiniol, yn dilyn y drafodaeth uchod ar Twrch Trwyd y llwybr Arthuraidd, mae'n anodd anwybyddu y motiff trawsffurfio dyn yn faedd, sef cyd-ddigwyddiad llwyr mae'n debyg.

## 'Dim Newydd Dan Haul'?: Y tensiynau rhwng traddodiad a newydd-deb yn ffuglen wyddonol Islwyn Ffowc Elis

1 Dyfed Rowlands, 'Holi Islwyn Ffowc Elis gan Dyfed Rowlands', *Y Traethodydd*, 147 (Gaeaf 1992), 165.

2 T. Robin Chapman, *Rhywfaint o Anfarwoldeb: Bywgraffiad Islwyn Ffowc Elis* (Llandysul: Gwasg Gomer, 2003), 122.

3 Johan Schimanski, 'Wythnos yng Nghymru Fydd – unwaith eto', *Taliesin*, 88 (1994), 39-42.

4 Kate Crockett, 'Cenedl! Cenedl!: Kate Crockett ar ddystopia', *Tu Chwith*, 6 (1996), 70-7.

5 Gerwyn Wiliams, 'Islwyn Ffowc Elis: Llenor', *Y Traethodydd*, 150 (1995), 232-38.

6 Dylan Iorwerth, 'Rhagymadrodd' yn Islwyn Ffowc Elis, *Wythnos yng Nghymru Fydd* (3ydd arg.; Llandysul: Gwasg Gomer, 2007), t. ix.

7 Craig Owen Jones, '"Magnifique, n'est-ce pas?": Representations of Wales and the world in Islwyn Ffowc Elis's *Wythnos yng Nghymru Fydd*', *Almanac*, 13, 2008-9, 162-90.

8 Gareth Llŷr Evans, 'Ymlaen mae Canaan: dyfodoldeb yn hanesyddiaeth y theatr Gymraeg', yn Anwen Jones, *Perfformio'r*

*Genedl: ar drywydd Hywel Teifi Edwards* (Caerdydd: Gwasg Prifysgol Cymru, 2017), 1-30.

9  David Seed, *Science Fiction: A Very Short Introduction* (Oxford: Oxford University Press, 2011), 117.

10  Hall Caine, 'The New Watchwords of Fiction', *Contemporary Review*, 57 (1890), 488.

11  Islwyn Ffowc Elis, 'Islwyn Ffowc Elis' yn Meic Stephens (gol.), *Artists in Wales* (Llandysul: Gwasg Gomer, 1971), 152.

12  W. J. Jones, 'Islwyn Ffowc Elis' yn D. Ben Rees (gol.), *Dyrnaid o Awduron Cyfoes* (Lerpwl: Cyhoeddiadau Modern Cymreig, 1975), 101.

13  Simon J. James, *Maps of Utopia: H. G. Wells, Modernity and the End of Culture* (Oxford: Oxford University Press, 2012), 41-2.

14  T. Robin Chapman, 'Islwyn Ffowc Elis', *Planet*, 164 (2004), 89.

15  Johan Schimanski, 'Wythnos yng Nghymru Fydd – unwaith eto', *Taliesin*, 88 (1994), 25 (24-30).

16  *Wythnos yng Nghymru Fydd*, 20.

17  Ibid., 22.

18  Ibid., 21.

19  Golygydd, 'Deg Pwynt Polisi'r Blaid', *Y Ddraig Goch*, 8.3 (1934), 1.

20  Richard Wyn Jones, 'From Utopia to Reality: Plaid Cymru and Europe', *Nations and Nationalism*, 15 (2009), 132.

21  F. T. Marinetti, 'The Founding and Manifesto of Futurism' yn Lawrence Rainey, Christine Poggi & Laura Wittman, *Futurism: An Anthology* (Yale University Press, 2009), 49.

22  Anne Bowler, 'Politics as Art: Italian Futurism and Fascism', *Theory and Society*, 6 (1991), 764.

23  'The Founding and Manifesto of Futurism', 53

24  Richard Wyn Jones, 'Syniadaeth Wleidyddol Gwynfor Evans', *Efrydiau Athronyddol*, 63 (2000), 52.

25  Darryl Jones, '"I Failed Utterly": Saunders Lewis and the Cultural Politics of Welsh Modernism', *The Irish Review*, 19 (1996), 22-43.

26  H. G. Wells, *Anticipations of the Reaction of Mechanical and Scientific Progress Upon Human Life and Thought* (2il arg.; London: Champman & Hall, 1902), 228-9.

27  Ytasha L. Womack, *Afrofuturism: The World of Black Sci-Fi and Fantasy Culture* (Chicago: Chicago Review Press, 2013), 7.

28  Rhodri ap Dyfrig, 'Cymroddyfodoliaeth', *Medium*, 24 Tachwedd 2014, https://medium.com/@nwdls/cymroddyfodoliaeth-574f23a5fdd3 [Cyrchwyd 19 Tachwedd 2023].

29   *Wythnos yng Nghymru Fydd*, 138.

30   E. Tegla Davies, 'Adolygiadau: Wythnos yng Nghymru Fydd', *Y Ddraig Goch*, Hydref 1957, 5.

31   Ibid., 5.

32   Kate Roberts, 'Ysgol Haf Machynlleth 1976', *Y Ddraig Goch*, 4 (1929), 6.

33   Dylid nodi bod T. Gwynn Jones wedi cyhoeddi nofel gyfres ar droad yr ugeinfed ganrif yn 1905. Cyhoeddwyd y penodau yn gyfrol yn 2024: T. Gwynn Jones, *Enaid Lewys Meredydd* (Sir Fynwy: Melin Bapur, 2024).

34   *Rhywfaint o Anfarwoldeb*, 120-1.

35   Craig Owen Jones, '"Magnifique n'est-ce pas?"', 169 Representations of Wales and the world in Islwyn Ffowc Elis' Wythnos yng Nghymru Fydd', *Almanac*, 13 (2008-9), 169.

36   *Wythnos yng Nghymru Fydd*, 47.

37   Ibid., 55.

38   Ibid., 57.

39   Ibid., 204.

40   Ibid., 214.

41   Ibid., 215.

42   Ibid., 241.

43   Ibid., 236.

44   Ibid., 236.

45   Arwel Vittle, *Talu'r Pris* (Talybont: Y Lolfa, 2000), 115.

46   Ibid., 115.

47   Ibid., 118.

48   Ibid., 118.

49   *Wythnos yng Nghymru Fydd*, 237.

50   Ibid., 237-8.

51   *Talu'r Pris*, 119.

52   Ibid., 135.

53   Johan Schimanski, 'Hen Wraig y Bala', *Barn*, 414-5 (Gorffennaf/ Awst 1997), 73.

54   Gerwyn Wiliams, 'Islwyn Ffowc Elis: Llenor', 234.

55   *Wythnos yng Nghymru Fydd*, 180.

56   Ibid., 183.

57   Islwyn Ffowc Elis, 'Y Golau Estron', *Y Gwyddonydd*, 2 (1964), 84.

58   Ibid., 86.

59   Ibid., 90.

60   *Y Blaned Dirion*, 10.

61  Ibid., 11.
62  'Y Golau Estron', 87.
63  Ibid., 87.
64  Ibid., 90.
65  Ibid., 91.
66  *Y Blaned Dirion*, 21.
67  Ibid., 63.
68  'Y Golau Estron', 84.
69  Islwyn Ffowc Elis, 'Byd y Gwyddonydd 1963-1993', *Y Gwyddonydd*, 30 (1993), 104.
70  Ibid., 103.
71  *Y Blaned Dirion*, 14.
72  Ibid., 144.
73  Ibid., 145.
74  Ibid., 24.
75  Ibid., 145.
76  Mari Williams, *Y Trydydd Posibilrwydd* (Llandysul: Gwasg Gomer, 1991), 98.
77  Roger D. Launius, *Reaching for the Moon: A Short History of the Space Race* (New Haven & London: Yale University Press, 2019), 219.
78  'Y Golau Estron', 89.
79  Ibid., 91.
80  Manon Steffan Ros, *Llyfr Glas Nebo* (Talybont: Y Lolfa, 2018), 141-2.
81  *Y Blaned Dirion*, 143.
82  Robert Crossley, 'In the Palace of Green Porcelain: Artefacts from the Museums of Science Fiction', *Science Fiction Essays and Studies*, 43 (1990), 77-8.
83  'The Founding and Manifesto of Futurism (1909)', 52.
84  *Y Blaned Dirion*, 124.
85  Ibid., 126.
86  Ibid., 125.
87  Ibid., 129.
88  Ibid., 182.
89  Ibid., 182.
90  T. Robin Chapman, *Writers of Wales: Islwyn Ffowc Elis* (Cardiff: University of Wales Press, 2000), 77.
91  Ibid., 10-1.
92  *Wythnos yng Nghymru Fydd*, 36.
93  Ibid., 37.

94  *Y Blaned Dirion*, 10.

95  Ibid., 195.

96  Gweler Miriam Elin Jones, 'Taro'r hanes ar Bapur 'rhen ddyn':
    Cipolwg ar nofel-ddyddiaduron ffuglen wyddonol y Gymraeg', *Llên
    Cymru*, 44 (2021), 126-147, am ddadansoddiad pellach o'r cysyniad
    hwn.

97  Jordan Kistler, 'I Cannot Tell You All the Story: Narrative,
    Historical Knowledge, and the Museum in H. G. Wells's The Time
    Machine', *Configurations*, 30.3 (2022), 257-83.

98  Ibid., 88.

99  Islwyn Ffowc Elis, *Cyn Oeri'r Gwaed* (4ydd arg.; Llandysul: Gwasg
    Gomer, 1965), 71.

100 Delyth George, *Llên y Llenor: Islwyn Ffowc Elis* (Caernarfon: Gwasg
    Pantycelyn, 1990), 42.

101 H. G. Wells, *The Time Machine* (London: Penguin Books, 2005), 49.

102 Islwyn Ffowc Elis, 'Rhagair' yn D. Griffith Jones, *Pe Symudai y
    Ddaear* (Abertawe: W. Walters a'i Fab Cyf., 1964), 5.

103 *Y Blaned Dirion*, 33.

104 'Y Golau Estron', 89.

105 H.G. Wells, 'Utopias', *Science Fiction Studies*, 9 (1982), 119.

106 'Politics as Art: Italian Futurism and Fascism', 788.

107 'Rhagymadrodd', xv.

108 T. James Jones, 'Yn Angladd Islwyn Ffowc (Ionawr 2004)', *Taliesin*,
    121 (2004), 34.

## Byth yn ddigon a wastad yn ormod: Yr hyn sy'n digwydd (ac nad yw'n digwydd) yn nofelau Tony Bianchi

1  Trafodir y nofelau a ganlyn: *Esgyrn Bach* (EB) (Y Lolfa, 2006), *Pryfeta*
   (P) (Y Lolfa, 2007), *Chwilio am Sebastian Pierce* (ChSP) (Gwasg
   Gomer, 2009), *Ras Olaf Harri Selwyn* (ROHS) (Gwasg Gomer,
   2012), *Dwy Farwolaeth Endaf Rowlands* (DFER) (Gwasg Gomer,
   2015), *Sol a Lara* (SL) (Gwasg Gomer, 2016).

2  Tony Bianchi, 'Anghytuno â sylwadau'r beirniaid', *Golwg*, 22/11 (12
   Tachwedd 2009), 28, 29.

3  Anthony Bianchi, Samuel Beckett's Gemini Myth: A Study of the
   Shorter Prose Works (PhD Wales, 1974).

4  Tony Bianchi, 'Cofeb', *Rhwng Pladur a Blaguryn* (Barddas, 2018), 61-
   71,.

5    Siân Melangell Dafydd, 'Close Reading: Tony Bianchi', *In Other Words: The Journal for Literary Translators*, 41 (2013), 14-17.

6    Tony Bianchi, 'No Place Like Home?', *Planet, 159* (June / July 2003), 49.

7    Tony Bianchi, 'Aztecs in Troedrhiwgwair: recent fictions in Wales', yn Ian A., Bell (gol.), *Peripheral Visions: Images of Nationhood in Contemporary British Fiction* (Cardiff, 1995), 47.

8    Tony Bianchi, 'Y tu ôl i'r masg', *Barn*, 563 (Ionawr 2009/2010), 59.

9    Tony Bianchi, 'Llefaru mewn Tafodau', *Taliesin*, 156 (Gaeaf 2015), 53.

10   Tony Bianchi, 'Hocws-pocws am Byth', *Taliesin*, 144 (Gaeaf 2011), 47.

11   Tony Bianchi, 'La Petite Mort', *Taliesin*, 150 (Gaeaf 2013), 46, 47. Y cyflwr a noda yw TGA (Transient Global Amnesia).

12   Samuel Beckett, *Three Novels by Samuel Beckett: Molloy, Malone Dies, The Unnamable*. Trans. Samuel Beckett and Patrick Bowles (New York: Grove Press, 1955), 232.

## Perygl Geiriau, Oferedd Print: Cyd-destunoli Pryderon Llenyddol Morgan Llwyd

1    Morgan Llwyd, *Gair o'r Gair: neu, Son am Swm. Y Lleferydd Anfarwol, Yr hwn trwy'r Byd a glywir ym mhôb Iaith tan y Nefoedd; ac ym mhob Tafod-Iaith hyd Eithafoedd y Ddaiar* (Llundain, 1645). Ad-argraffiad: John H. Davies (gol.), *Gweithiau Morgan Llwyd o Wynedd*, cyfrol II (Bangor: Jarvis & Foster, 1908), 131.

2    Gw. Thomas Richard, *A History of the Puritan Movement in Wales from the Institution of the Church at Llanfaches in 1639 to the Expiry of the Propagation Act in 1653* (Llundain: Cymdeithas yr Eisteddfod Genedlaethol, 1920), ac yn enwedig 10-40, 73-77, 156, a 186-189.

3    Gw. Thomas Richard, ibid., 218, am awgrym bod perthynas rhwng syniadaeth Morgan Llwyd a chredoau'r Crynwyr. Am awdur sy'n mynnu mai Calfiniaeth 'uniongred' oedd y prif ddylanwad, gw. R. M. Jones, *Cyfriniaeth Gymraeg* (Llandybïe: Gwasg Dinefwr, 1994), ac am un sy'n pwysleisio dylanwadau Calfin a Böhme, gw. Goronwy Wyn Owen, *Rhwng Calfin a Böhme[:] Golwg ar Syniadaeth Morgan Llwyd* (Caerdydd: Gwasg Prifysgol Cymru, 2001). Gw. hefyd E. Lewis Evans, 'Morgan Llwyd' yn Geraint Bowen (gol.), *Y Traddodiad Rhyddiaith* (Llandysul: Gwasg Gomer, 1970), 199-203 a M. Wynn Thomas, *Morgan Llwyd[:] Ei Gyfeillion, Ei Gyfoeswyr A'i Gyfnod* (Caerdydd: Gwasg Prifysgol Cymru, 1991).

4 Gw. R. M. Jones, *Cyfriniaeth Gymraeg*, 39-74. Dywed *Geiriadur Prifysgol Cymru* mai yng ngwaith William Owen Pughe, *A Welsh and English Dictionary* (1794) y ceir yr enghraifft gynharaf o'r gair 'cyfriniaeth'.

5 April DeConick, 'Mysticism Before Mysticism[:] Teaching Christian Mysticism as a Historian of Religion', yn William B. Parsons (gol.), *Teaching Mysticism* (Oxford: Oxford University Press, 2011), 28.

6 Goronwy Wyn Owen, *Rhwng Calfin a Böhme*, 43.

7 Ibid., 43.

8 Morgan Llwyd, *Gair o'r Gair*, yn John H. Davies (gol.), *Gweithiau Morgan Llwyd o Wynedd*, 133.

9 Ibid., 133.

10 Ibid., 131.

11 Ibid., 133-4.

12 Ibid., 144 a 146.

13 Eva Brann, *Heraclitus* [:] *The First Philosopher of the West on its Most Interesting Term* (Philadelphia: Paul Dry Books, 2011), 9-13 a 15-18.

14 Marian Hillar, *From Logos to Trinity* [:] *The Evolution of Religious Beliefs from Pythagoras to Tertullian* (Cambridge: Cambridge University Press, 2012), 6-35; Ekaterina V. Haskins, *Logos and Power in Isocrates and Aristotle* (Columbia SC: South Carolina University Press, 2004).

15 Marian Hillar, *From Logos to Trinity*, 36-63.

16 Ibid., 56-111.

17 *Testment Newydd ein Arglwydd Iesu Christ* (Llundain, 1567), 131r.

18 *Y Beibl Cyssegr-Lan, Sef yr Hen Destament a'r Newydd* (Llundain, 1588), 479v.

19 *Y Beibl Cyssegr-lan sef Yr Hen Destament a'r Newydd* (Llundain, 1630), [398].

20 Ludwig Klages, *Der Geist als Widersacher der Seele*, cyfrol 1: *Leben und Denkvermögen* (Leipzig: Barth, 1929), 121, 129-30 a 232.

21 Jacques Derrida, *De la grammatologie* (Paris: Minuit, 1967), 71-72. Am gyfieithiad Saesneg, gw. Gayatri Chakravorty Spivak, *Of Grammatology* (Baltimore, Maryland: John Hopkins University Press, 1997), 49.

22 Gayatri Chakravorty Spivak, 'Translator's Preface', *Of Grammatology*, lxviii.

23 Graham Ward, *Barth, Derrida and the Language of Theology* (Cambridge: Cambridge University Press, 1995), 5.

24 Ibid., 5.

25  Morgan Llwyd, *Gair o'r Gair*, 166.

26  M. Wynn Thomas, *Writers of Wales* [:] *Morgan Llwyd* (Cardiff: University of Wales Press, 1984), 54.

27  Morgan Llwyd, *Llythur ir Cymru Cariadus* (Llundain (?), 1653). Adargraffiad: Thomas E. Ellis (gol.), *Gweithiau Morgan Llwyd o Wynedd*, cyfrol 1 (Bangor: Jarvis & Foster, 1899).

28  ibid., 123.

29  Thomas Richard, *The Puritan Movement in Wales*, 270; M. Wynn Thomas, *Morgan Llwyd*, 11-12.

30  John H. Davies, 'Rhagymadrodd', *Gweithiau Morgan Llwyd o Wynedd*, cyfrol 2, lx-lxiv.

31  E. Lewis Evans, 'Morgan Llwyd', 203.

32  *Llythur ir Cymru Cariadus* yn *Gweithiau Morgan Llwyd o Wynedd*, 115.

33  M. Wynn Thomas, 'Seventeenth-Century Puritan Writers: Morgan Llwyd and Charles Edwards' yn R. Geraint Gruffydd (gol.), *A guide to Welsh literature* c. *1530-1700* (Cardiff: University of Wales Press, 1997), 202.

34  Morgan Llwyd, *Gwaedd Ynghymru Yn Wyneb Pob Cydwybod* (Llundain (?), 1653): Adargraffiad: Thomas E. Ellis (gol.), *Gweithiau Morgan Llwyd o Wynedd*, cyfrol 1.

35  Ibid., 127.

36  Ibid., 127-8.

37  Gw. Jerry Hunter, 'The Red Sword, the Sickle and the Author's Revenge: Welsh Literature and Conflict in the Seventeenth Century', *The 2016 J.V. Kelleher Lecture, Proceedings of the Harvard Celtic Colloquium*, vol. XXXVI (Cambridge, MA: Harvard University, 2017), 1-3.

38  Stephen Porter, *Destruction in the English Civil Wars* (Dover, NH: Sutton Publishing, 1994). 79.

39  Ibid., 79.

40  Charles Carlton, *Going to the Wars[:] The Experience of the British Civil Wars 1638-1651* (London & New York: Routledge, 1992), 61.

41  Thomas E. Ellis (gol.), *Gweithiau Morgan Llwyd o Wynedd*, cyfrol 1: 'Charles the Last King of Britain', 55, a 'The English Triumph Over Scottish Traitors', 49-50.

42  Ibid., 'Cwynfan, Cyssur, Cryfder y Ffyddloniaid Ynghymru Ynghanol y Rhyfeloedd', 4.

43  Ibid., 128.

44  Gw., e.e., John H. Davies, 'Rhagymadrodd', xxv-xl.

45  Avihu Zakai, 'Orthodoxy in England and New England: Puritans

and the Issue of Religious Toleration, 1640-1650', *Proceedings of the American Philosophical Society*, 135, 3 (Medi 1991), 409.

46 Diane Purkiss, *The English Civil* War [:] *A People's* History (London: Harper, 2006), 408. Gw. hefyd D. Freist, *Governed by Opinion. Politics, Religion and the Dynamics of Communication in Stuart London, 1637-1660* (London: I.B. Tauris, 1997).

47 Jason Peacey, '"Wandering with Pamphlets": The Infrastructure of News Circulation in Civil War England', yn Roeland Harms, Joad Raymond and Jeroen Salman (goln), *Not Dead Things*[:] *The Dissemination of Popular Print in England and Wales, Italy, and the Low Countries, 1500-1820* (Leiden a Boston: Brill, 2013), 100-101.

48 Ibid., 104 a 107.

49 Awdur anhysbys, *The Welsh-Mans Postures, OR, The true manner how her doe exercise her company of Souldiers in her own Countrey in a warlike manners . . .and pretty extravagants fitting for all Christian podies . . . .* (Llundain, 1642); awdur anhysbys, *The Welch-mans COMPLEMENTS: OR, The true manner how* Shinkin *woed his Sweet-heart* Maudlin *after his return from KENTON Battalie. Also fair* Maudlins *Reply and answer to all* Shinkins *Welch Complements, full of merry wit and pleasant mirth* (Llundain, 1642); awdur anhysbys, *The Welsh-mans publique and hearty SORROW AND RECANTATION, that ever her tooke up Armes against her cood Parliament, declaring to all the world how her hath been abused by faire urds and flatterings, telling what booties and honours her should get if her would but helpe to conduct her King to her crete Councell the Parliament. Also her new Oath and Protestation never to beare Armes against the cood Parliament any more* (Llundain?, 1646).

50 John Milton, *Areopagitica; A Speech of Mr. John Milton For the Liberty of Unlicenc'd Printing, to the Parlament of England* (London, 1644).

51 Andrew Cambers, *Godly Reading: Print, Manuscript and Puritanism in England, 1580-1720* (New York: Cambridge University Press, 2011), 1-2.

52 Morgan Llwyd, *Dirgelwch i rai iw Ddeall Ac i eraill iw Watwar, sef Tri aderyn yn ymddiddan yr Eryr, a'r Golomen, a'r Gigfran. Neu Arwydd i Annerch y Cymru. Yn y flwyddyn mil a chwechant a thair ar ddêc a deugain, Cyn Dyfod 666* (Llundain, 1653): Adargraffiad: *Gweithiau Morgan Llwyd o Wynedd*, cyfrol 1, 153.

53 Gw., e.e., M. Wynn Thomas, *Morgan Llwyd*, 27-30.

54 *Gweithiau Morgan Llwyd o Wynedd*, cyfrol 1, 155.

55 Gw. hefyd, e.e., M. Wynn Thomas, 'Rhagymadrodd', *Llyfr y Tri*

*Aderyn* (Caerdydd: Gwasg Prifysgol Caerdydd, 1988), xxviii; M. Wynn Thomas, *Morgan Llwyd* [:] *Ei Gyfeillion a'i Gyfnod* (Caerdydd: Gwasg Prifysgol Cymru, 1991), 25-6.

56  *Gweithiau Morgan Llwyd o Wynedd*, cyfrol 1, 191-3

57  Ibid., 195.

58  'Sisial y Sarff: Ymryson oddi mewn i Forgan Llwyd', yn M. Wynn Thomas, *Morgan Llwyd[:] Ei Gyfeillion A'i Gyfnod* (1991); Saunders Lewis, *Meistri'r Canrifoedd* (Caerdydd: Gwasg Prifysgol Cymru, 1982), 161. Gw. hefyd M. Wynn Thomas, Writers of Wales, t. 57.

59  *Gweithiau Morgan Llwyd o Wynedd*, cyfrol 1, 260.

60  Ibid., 260.

61  Ibid., 260.

62  Ibid., 261.

63  'Richard can ras DYW Episcop Menew, yn damuno adnewyddiat yr hen ffydd', yn *Testament Newydd ein Arglwydd Jesv Christ* (Llundain, 1567), via–vib.

64  *Gweithiau Morgan Llwyd o Wynedd*, cyfrol 2, 199.

65  Aled Llion Jones, *Darogan*[:] *Prophecy, Lament and Absent Heroes in Medieval Welsh Literature* (Cardiff: University of Wales Press, 2013), 5, 120-1, 122-6; Jerry Hunter, *Soffestri'r Saeson* [:] *Hanesyddiaeth a Hunaniaeth yn Oes y Tuduriaid* (Caerdydd: Gwasg Prifysgol Cymru, 2000), 82-4, 124-8 a 132-6.

66  Hunter, *Soffestri'r Saeson*, 78-87.

## Cyfieithu: swydd gachu rwtsh

1  Will Dahlgreen, '37% of British workers think their jobs are meaningless', https://yougov.co.uk/society/articles/13005-british-jobs-meaningless?redirect_from=%2Fnews%2F2015%2F08%2F12%2Fbritish-jobs-meaningless%2F [Cyrchwyd 8 Tachwedd 2024]

## 'Codi'r allwedd': Cyfieithu dramâu Saunders Lewis i Bwyleg

1  Saunders Lewis, 'Thomas Hudson-Willliams a Chyfieithu' yn Gwynn ap Gwilym (gol.), *Meistri a'u Crefft*[:] *Ysgrifau Llenyddol* (Caerdydd: Gwasg Prifysgol Cymru, 1981), 12-13 (yn wreiddiol yn *Y Faner*, 3 Ionawr 1951).

2  Ioan Williams, *A Straitened Stage: A Study of the Theatre of J. Saunders Lewis* (Bridgend: Seren Books, 1991), 8.

3 Y tair stori yw: *Manawydan fab Llŷr* ac *Iarlles y Ffynnon* yn Elżbieta Nogieć ac Andrzej Nowak, cyf., *Mabinogion: Pani na źródlech jako też inne historie z pradawnej Walii rodem* (Kraków: Oficyna Literacka, 1997) a *Geraint* ac *Enid* yn *Mabinogion – Romanse Arturiańskie* (Sandomierz: Armoryka, 2008); cafodd gweddill storïau Mabinogion eu cyfieithu gan gyfieithwyr eraill o fersiwn Saesneg Charlotte Guest. Cyn hynny, cyfieithwyd ambell stori gan Maria Skibniewska o addasiad Saesneg Gwyn Jones *Welsh Legends and Folk-Tales* yn *Baśnie i legendy Wysp Brytyjskich* (Warszawa: Nasza Księgarnia, 1985).

4 Ychydig o lenyddiaeth Bwyleg a gyfieithwyd i Gymraeg hyd yn hyn hefyd. O ran rhyddiaith, cyfrol T. Hudson-Williams *Bannau Llên Pwyl* (1953) a chyfieithiadau/addasiadau John Elwyn Jones *Storïau Byr o'r Bwyleg* (1974) a *Lludw a Diemwnt* (1976) gan Jerzy Andrzejewski yw'r unig rai y gwn amdanynt. Ceir hefyd nifer fach o gerddi – naill ai wedi'u trosi yn uniongyrchol o Bwyleg gyda chymorth cyfieithiadau eraill (fel cyfieithiadau barddoniaeth Julia Fiedorczuk gan Morgan Owen ar gyfer Her Cyfieithu 2019) neu, yn fwy aml, trwy gyfieithiadau Saesneg (fel *Nostra Vita* gan Tadeusz Pióro, cyf. Christopher Meredith, neu *Vermeer* gan Wisława Szymborska, cyf. John Edwards).

5 Er enghraifft, 'Kos', cyfieithiad Adam Zdrodowski o 'Ceiliog Mwyalchen' gan Ifor ap Glyn a gomisiynwyd fel rhan o brosiect 'Cerddi yn y Ddinas' yn 2018 a oedd yn dangos cerddi o wahanol ieithoedd ar strydoedd Warsaw (https://2018.wierszewmiescie. eu/wiersze/wielka-brytania). Noder i'r Cyngor Prydeinig fynnu i'r gerdd gael ei throsi o gyfieithiad Saesneg sydd wedi effeithio ar ffyddlondeb y fersiwn Pwyleg i'r gwreiddiol.

6 Stanisław Barańczak, *Ocalone w tłumaczeniu* (Kraków: Wydawnictwo a5, 2007), 13–62. Defnyddir y gair 'llywydd' yma yn yr ystyr cerddorol.

7 Ystyriaf *Esther* yn ddrama farddonol hefyd er mai mewn rhyddiaith y'i hysgrifennwyd. Serch hynny, cytunaf gyda J. E. Williams 'cawn ynddi [yn *Esther*] "farddoniaeth siarad" ar ei gorau gwych', J. Ellis Williams, *Tri Dramaydd Cyfoes: Saunders Lewis, John Gwilym Jones, Huw Lloyd Edwards* (Dinbych: Gwasg Gee, 1961), 55.

8 Sef *domestication* yn Saesneg a ddiffiniwyd gan Laurence Venuti fel 'an ethnocentric reduction of the foreign text to target-language cultural values', *The Transator's Invisibility, A History of Translation* (London, New York: Routledge, 1995), 15.

9 Saunders Lewis, *Blodeuwedd* (Llandysul: Gwasg Gomer, 2009), 22.

10  Ibid., 28.

11  Ibid., 25.

12  Ibid., 93.

13  Olga Zadurska, 'Dziwożona', yn *Słownik Polskiej Bajki Ludowej*, gol. gan Violetta Wróblewska (Toruń: Wydawnictwo Naukowe Uniwersytetu Mikołaja Kopernika, 2018).

14  *Blodeuwedd*, 34, 90.

15  Ibid., 46.

16  Saunders Lewis, *Esther a Serch Yw'r Doctor* (Abertawe: Christopher Davies, 2000), 43.

17  Noder, er enghraifft, pwysigrwydd eicon cysegredig o Fam Duw yn Jasna Góra yn hanes Pwyl a'r traddodiad sydd yn dyddio o'r ail ganrif am bymtheg o alw Mair yn Frenhines Gwlad Pwyl.

18  *A Straitened Stage*, 15.

## Taith *Cara* o'r dechrau'n deg

1  Un o sylfaenwyr a golygyddion cylchgrawn *Cara* ynghyd â'i merch, Efa.